Ahmed Osman, geboren in Kairo, lebt seit 1965 in Großbritannien, wo er Arabisch lehrt und ägyptische Geschichte sowie Hebräisch studiert. Durch seine Forschungen und Entdeckungen war er der erste, der eine Verbindung zwischen einer biblischen Gestalt und einer Figur aus der ägyptischen Geschichte herstellte, als er herausfand, daß Juja – dessen Mumie 1905 im Tal der Könige gefunden wurde – mit Joseph – der die Israeliten von Kanaan nach Ägypten brachte – identisch ist.

Dieses Buch wurde auf
chlor- und säurefreiem Papier gedruckt.

Deutsche Erstausgabe April 1994
© 1994 für die deutschsprachige Ausgabe
Droemersche Verlagsanstalt Th. Knaur Nachf., München
Das Werk einschließlich aller seiner Teile ist urheberrechtlich
geschützt. Jede Verwertung außerhalb der engen Grenzen
des Urheberrechtsgesetzes ist ohne Zustimmung des Verlages
unzulässig und strafbar. Das gilt insbesondere für
Vervielfältigungen, Übersetzungen, Mikroverfilmungen und die
Einspeicherung und Verarbeitung in elektronischen Systemen.
Titel der Originalausgabe »The House of Messiah«
© 1992 Ahmed Osman
Originalverlag HarperCollins Publ., London
Umschlaggestaltung Adolf Bachmann, Reischach
Umschlagfoto Hoa-Qui/Silvestris, Kastl
Satz Ventura Publisher im Verlag
Druck und Bindung Elsnerdruck, Berlin
Printed in Germany
ISBN 3-426-77094-6

3 5 4 2

Ahmed Osman

WER WAR JESUS WIRKLICH?

Aus dem Englischen von
Gabriele Gockel, Rita Seuß
und Robert Weiß, Kollektiv Druck-Reif

Für meine Frau Nagla

INHALT

DANKSAGUNG

Mein Dank gilt Harry Weaver, der sich trotz anfänglicher Vorbehalte aufgrund seiner persönlichen Glaubensanschauungen vom Beweismaterial überzeugen ließ und mir eine wertvolle Hilfe beim Vorbereiten des Manuskripts für dieses Buch war. Danken möchte ich auch Richard Johnson, meinem Redakteur bei Harper-Collins, für sein Verständnis, seine Unterstützung und seinen Rat.

BILDQUELLEN

Das heutige Jerusalem: Sammlung des Autors,
die Isis-Statue aus dem sechsten Jahrhundert: Museum von Turin,
»Jungfrau und Kind« von Masaccio: The National Gallery, London,
das Katharinenkloster: Sammlung des Autors,
»Die Enthauptung von Johannes dem Täufer« von Puvis de Chavannes: The National Gallery, London,
alle anderen Fotos mit freundlicher Genehmigung des Kairoer Museums.

WAS IST WAHRHEIT?

Pilatus ging wieder in das Prätorium hinein, ließ Jesus rufen und fragte ihn: Bist du der König der Juden?

Jesus antwortete: Sagst du das von dir aus, oder haben es dir andere über mich gesagt?

Pilatus entgegnete: Bin ich denn ein Jude? Dein eigenes Volk und die Hohenpriester haben dich an mich ausgeliefert. Was hast du getan?

Jesus antwortete: Mein Königtum ist nicht von dieser Welt. Wenn es von dieser Welt wäre, würden meine Leute kämpfen, damit ich den Juden nicht ausgeliefert würde. Aber mein Königtum ist nicht von hier.

Pilatus sagte zu ihm: Also bist du doch ein König? Jesus antwortete: Du sagst es, ich bin ein König. Ich bin dazu geboren und dazu in die Welt gekommen, daß ich für die Wahrheit Zeugnis ablege. Jeder, der aus der Wahrheit ist, hört auf meine Stimme.

Pilatus sagte zu ihm: Was ist Wahrheit? Nachdem er das gesagt hatte, ging er wieder zu den Juden hinaus und sagte zu ihnen: Ich finde keinen Grund, ihn zu verurteilen.

Evangelium nach Johannes, 18, 33–38

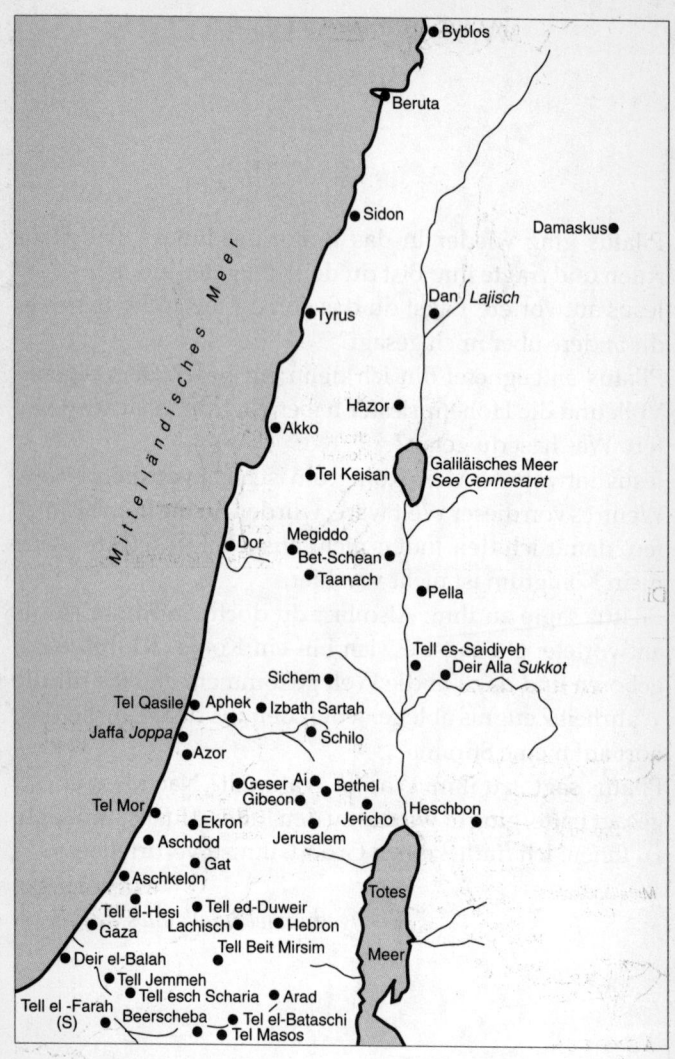

Das Land Kanaan zur Zeit des israelitischen Einzugs ins Gelobte Land
ca. 1200-1000 v.Chr.

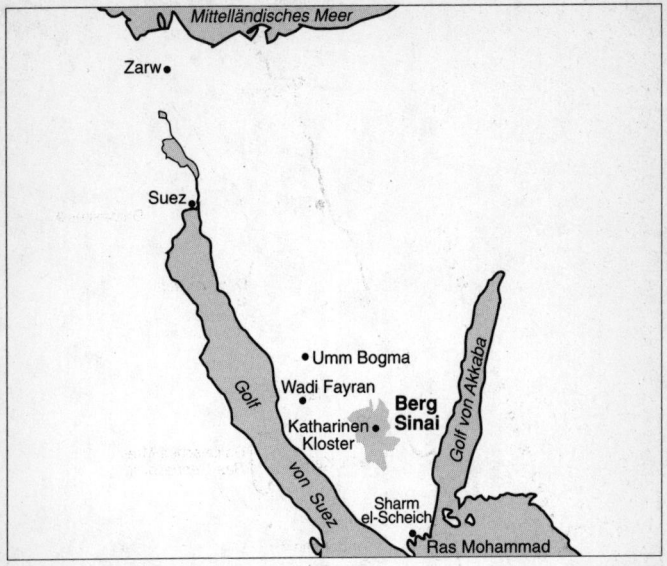

Die Lage des Berges Sinai

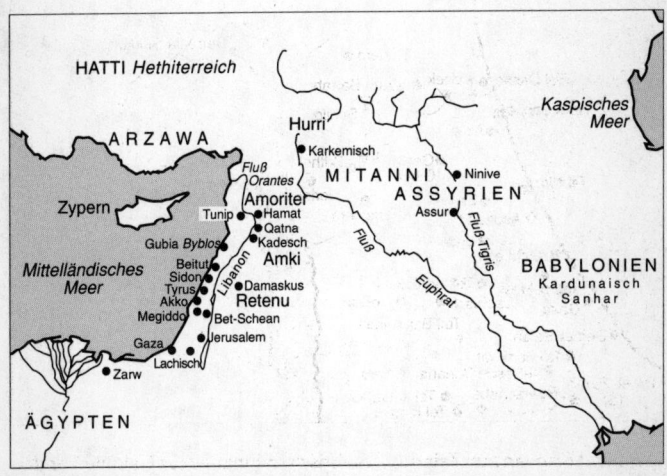

Das Reich von Thutmosis III. Zwischen Nil und Euphrat im 15. Jh. v. Chr.

EINLEITUNG

Die verschiedenen Auffassungen von der Bibel lassen sich im wesentlichen in drei Kategorien einteilen: Erstens, trotz der zahlreichen Widersprüche seien alle ihre Aussagen wörtlich zu nehmen; zweitens, die Bibel sei im Grunde als historisches Werk zu betrachten, das allerdings durch die langjährige mündliche Überlieferung sowie in gewissem Maße auch durch die schriftliche Fixierung verfälscht wurde; und schließlich drittens, die Bibel sei lediglich eine Sammlung märchenhafter und phantastischer Geschichten, die sprachlich ausgeschmückt wurden.

Ich selbst betrachte die Bibel grundsätzlich als historisches Werk – und diese Haltung war es auch, die mich vor mehr als fünfundzwanzig Jahren aus Ägypten, wo ich geboren bin, nach London führte. Die Wahl fiel deshalb auf London, weil dort ausgezeichnete Forschungsbedingungen vorhanden sind. Ich hoffte, dadurch der Lösung eines Problems näherzukommen, an dem die Bibelforscher seit dem achtzehnten Jahrhundert herumrätseln: die Frage, ob nicht eine der herausragenden Persönlichkeiten der ägyptischen Geschichte mit einer herausragenden Persönlichkeit der Bibel identisch sei.

Die Bemühungen, eine Antwort auf diese Frage zu finden, waren meinen Erkenntnissen zufolge bisher aus zwei Gründen gescheitert. Erstens war es immer das vorrangige Ziel der Forschung gewesen, die ägyptische Geschichte in die Bibel statt umgekehrt die Bibel in die ägyptische Geschichte einzupassen, was naheliegender wäre. Zweitens

neigten die Wissenschaftler dazu, von den beiden im Alten
Testament genannten Zeiträumen für die Dauer des Aufenthalts der Israeliten in Ägypten – vier Generationen
beziehungsweise vierhundert Jahre – die unrichtige Angabe von vier Jahrhunderten zugrunde zu legen. Und dies
bedeutete, daß die Bibelwissenschaftler ihre Beweise zur
falschen Zeit und am falschen Ort suchten.

Nach fünfundzwanzig Jahren Studium und Forschung
kann ich nun nicht behaupten, ich hätte seit jenem – wie
mir im Rückblick scheint – ersten Geistesblitz große Fort-
schritte gemacht. Jene Idee kam mir eines Nachts, als ich
nicht schlafen konnte und mich mit einer Kanne Tee hin-
setzte, das Buch Genesis aufschlug und die Geschichte vom
Patriarchen Josef, dem Lieblingssohn Jakobs, nachlas, der
von seinen eifersüchtigen Halbbrüdern als Sklave nach
Ägypten verkauft worden war. Als Josef dann, der Bibel
zufolge, sieben magere Jahre vorhersagte, die auf sieben
fette folgen würden, stieg er zum eigentlichen Herrscher
des Landes auf, das bis dahin von einem nicht namentlich
genannten Pharao regiert wurde. Als ich dies las, blieb ich
an der Stelle hängen, wo Josef seinen Halbbrüdern, die in
einer Zeit der Hungersnot zum zweitenmal aus Kanaan
nach Ägypten gekommen waren, seine wahre Identität
enthüllte. Er sagte zu ihnen, sie sollten sich ihrer bösen Tat
wegen keine Vorwürfe machen, denn »nicht ihr habt mich
hierhergeschickt, sondern Gott: Er hat mich zum Vater des
Pharao, zum Herrn über sein ganzes Haus und zum Ge-
bieter über ganz Ägypten gemacht.« Und er erhielt die
Erlaubnis des Pharao, seinen Vater, seine Halbbrüder
und den ganzen Stamm Israels zu sich nach Ägypten zu
holen.

Zum Vater des Pharao. Sofort dachte ich – und es war mir
unbegreiflich, weshalb ich nicht schon früher darauf ge-

kommen war – an Juja, einen Minister des Pharao Thutmosis IV. (ca. 1413–1405 v. Chr.), und seinen Sohn Amenophis III. (ca. 1405–1367 v. Chr.). Obwohl offensichtlich
nicht königlicher Abstammung, wurde Jujas Grab im Jahr
1905 im Tal der Könige gefunden. Und, was noch bedeut-
samer ist: Er ist die einzige Persönlichkeit der ägyptischen
Geschichte, die den Titel *it ntr n nb tawi* (Heiliger Vater des
Gebieters über die beiden Länder, der formelle Titel des
Pharaos) trug. Diese Bezeichnung findet sich einmal auf
einem seiner Uschebtis (der königlichen Begräbnisstatuet-
te Nr. 51028 laut Museumskatalog von Kairo) und mehr als
zwanzigmal auf seiner Totenrolle. Waren Josef und Juja gar
ein und dieselbe Person?

Diese Frage wird in meinem ersten Buch, *Stranger in the
Valley of the Kings*, erörtert. Eine solche These wurde mit
der Entdeckung des beinahe unversehrten Grabs von
Aper-el gestützt, dem bis dahin unbekannten Wesir des
Pharao Echnaton, des Sohns von Amenophis III. Der Name
»Aper-el« stellt ein semantisches Bindeglied dar zwischen
den Israeliten und der Amarna-Zeit, deren erster von vier
Herrschern Echnaton war. Ähnliche Titel sind aus dem
Ägypten jener Zeit bekannt, jedoch niemals wurden sie für
hohe Beamte gebraucht. Der Name »Aper« entspricht dem
ägyptischen Wort für »Hebräer«, was für die alten Ägypter
soviel wie Nomade bedeutet; und die Endsilbe »el« ist die
Kurzform für »Elohim«, einer der biblischen Begriffe für
»Gott, der Herr«.

Die Tatsache, daß Echnatons Wesir ein Hebräer und ein
Verehrer von El war, bestätigt die Verbindung zwischen
dem König und den Israeliten, die zu jener Zeit in Ägypten
lebten. Darüber hinaus verweist die Tatsache, daß Königin
Teje, Echnatons Mutter, sich ihrem Gemahl, Amenophis III., anschloß, indem sie zu den Grabbeigaben Aper-

els ein Kästchen beisteuerte, auf eine mögliche Verwandtschaft des Wesirs mit der Königin, wahrscheinlich durch
ihren israelitischen Vater Juja (Josef).

Sobald Juja aber erst einmal als Josef identifiziert war,
fügten sich eine Reihe anderer Aspekte der Geschichte
Israels in dieses Muster: etwa der Zeitpunkt für die Ankunft der Israeliten in Ägypten, der mehr als zweihundert
Jahre später stattfand als bisher angenommen; etwa die
Dauer ihres Aufenthalts, der vier Generationen und nicht
vier Jahrhunderte lang währte; etwa auch die Herkunft der
vier Amarna-Könige – Echnaton, Semenchkare, Tutanchamun und Eje (die in jener Umwälzungsepoche der ägyptischen Geschichte regierten, als man den großen ägyptischen Götterhimmel durch einen einzigen Gott ersetzen
wollte) –, die allesamt Nachkommen Josefs des Patriarchen
waren.

Der erste, der den Aufstand am Götterhimmel probte, war
Echnaton in jenen Jahren (ca. 1367–1361), in denen er, nach
einer gewissen Zeit als Mitregent, nach dem Tod seines
Vaters Amenophis III. der alleinige Herrscher war. In meinem zweiten Buch mit dem Titel *Moses: Pharaoh of Egypt*
versuchte ich zu beweisen, daß Echnaton niemand anderer
als der biblische Mose sein kann. Der Zweck des vorliegenden Buches ist es nun, die Identität Davids zu entschlüs-
seln, aus dessen Haus der angekündigte Messias hervorgehen sollte, und den historischen Standort Jesu zu
bestimmen, der Jahrhunderte früher, als bisher angenommen, lebte, litt und starb.

BUCH EINS

DER ROTE FADEN

1
DER SKANDAL DER SCHRIFT-
ROLLEN VOM TOTEN MEER

Jesus ist – historisch betrachtet – eine rätselhafte Gestalt. Unser Wissen über ihn stammt in der Hauptsache aus den Evangelien und dem Koran. Vor zweitausend Jahren, zu der Zeit, in der er gelebt haben soll, war Palästina Teil des Römischen Weltreiches. Doch keine einzige römische Quelle bezeugt direkt oder indirekt das, was in den Evangelien über Jesus erzählt wird. Noch erstaunlicher ist die Tatsache, daß in keiner der überlieferten Schriften jüdischer Autoren, die zu jener Zeit in Jerusalem oder Alexandria lebten, in irgendeiner Weise auf Jesus Bezug genommen wird – zumal wir aus den talmudischen Schriften wissen, daß die Juden von Jesus wußten, auch wenn sie ihn weder als Messias (Christus) noch als Nachkommen des Hauses David anerkannten.

Einige Wissenschaftler haben daraus den Schluß gezogen, daß Jesus in Wirklichkeit nie gelebt hat, sondern eine uralte mythologische Figur ist, der später ein historischer Charakter zugesprochen wurde. Andererseits gibt es Tausende von Büchern über Jesus als historische Persönlichkeit. Einige Verfasser behaupten, den historischen Christus dargestellt zu haben. Kein einziger von ihnen hat jedoch auch nur den Ansatz eines *historischen* Beweises für diese Behauptung geliefert. Derartige Werke sollten als reine Spekulation abgelehnt werden – als bloße Aufbereitung jener Geschichten und Lehren, die im Neuen Testament geschrieben stehen, angereichert mit zusätzlichen Informationen über das Leben in Palästina und im Römischen Reich zu der Zeit, die als der Beginn der christlichen Zeitrechnung gilt.

Die früheste Darstellung des Lebens Jesu im Neuen Testament stammt aus dem letzten Viertel des ersten nachchristlichen Jahrhunderts, also mindestens fünfzig Jahre nach dem angeblichen Tod Jesu. Höchste Aufregung herrschte deshalb in Fachkreisen, als im Sommer 1947 die Schriftrollen vom Toten Meer in einigen Höhlen nahe Qumran entdeckt wurden, also nordwestlich des Toten Meeres, in der – heute von Israel besetzten – Westbank. Wie sich herausstellte, waren die Schriftrollen Teile der Bibliothek der Essener, einer geheimen jüdischen Sekte. Diese hatten sich von der jüdischen Gemeinschaft und der Jerusalemer Priesterschaft getrennt, deren Glauben und Lehren sie als falsch ablehnten.

Die Manuskripte, in hebräischer und aramäischer Sprache geschrieben, wurden in die Zeit zwischen zweihundert vor und fünfzig nach Christus datiert und enthalten biblische und sektiererische Texte, jüdische Literatur und andere Dokumente. Wissenschaftlich nachgewiesen wurde das Alter der Schriftrollen erst Ostern 1991, nachdem sie einem Radiokarbontest unterzogen worden waren. Dr. Magen Broshi, Kurator des *Shrine of the Book* im Rockefeller Museum in Jerusalem, in dem einige der Schriftrollen ausgestellt sind, meinte dazu: »Bis jetzt konnten wir das Alter der Rollen mit Hilfe der Paläographie (dem Studium der antiken Schrift) bestimmen. Von Zeit zu Zeit wurde die Kritik laut, diese Methode sei nicht exakt genug; doch jetzt ist das, was wir immer schon vermuteten, auch wissenschaftlich untermauert.«

Da die Schriftrollen aus dem Heiligen Land und aus jener

Zeit stammen, in der die Lebensdaten Jesu im allgemeinen angesiedelt werden, hoffte man weithin, daß die Qumrantexte einen direkten Beweis liefern und ein neues Licht auf die jüdische und christliche Historie werfen würden. In den späten fünfziger Jahren waren praktisch alle Dokumente aus Höhle eins wie auch ein großer Teil des Materials, das in anderen Höhlen gefunden worden war, veröffentlicht worden. Diese Texte waren nicht dazu angetan, die althergebrachten Vorstellungen über die Ursprünge des Christentums zu bestätigen, ganz im Gegenteil. Einerseits gaben sie keinerlei Auskunft über Jesus von Nazaret. Andererseits aber lieferten sie eindeutige Informationen über einen gewissen Christus und eine christliche Kirche, wonach der Beginn der christlichen Ära mindestens zweihundert Jahre früher zu datieren ist.

Die Essener hielten sich für das Volk des Neuen Bundes (Glaubt an mich und ihr werdet das ewige Leben haben), den sie sowohl als Erneuerung des von Gott mit Mose geschlossenen Alten Bundes (Haltet meine Gebote) wie auch als Ewigen Bund betrachteten, der – exakt im Sinne des Neuen Testaments – geschlossen wird, wenn der Lehrer am Ende der Welt wiederkehrt. Der messianische Führer der Essener hieß einfach Lehrer der Gerechtigkeit, der, genau wie Jesus, zu einem unbestimmten Zeitpunkt in der Vergangenheit einen gewaltsamen Tod erlitt; er starb durch die Hand des sogenannten »Frevelpriesters«, doch, wie es im *Kommentar zu Habakuk*, einem in Qumran gefundenen Manuskript, heißt: »Gott ließ ihn alle Geheimnisse der Worte seiner Diener, der Propheten, wissen.«

Nach der Veröffentlichung der Schriftrollen vom Toten Meer herrschte unter den Wissenschaftlern Uneinigkeit in der Bewertung der Texte: Die einen versuchten, den Beitrag der Schriftrollen zu einem besseren Verständnis der

Evangelien und der frühchristlichen Geschichte als uner-
heblich abzutun und bestritten jede engere Verbindung
zwischen der Essener-Gemeinde und der frühchristlichen
Kirche. Die anderen indes sahen in den Essenern die frühen
Christen. So lautete etwa ein vielzitierter Satz von W. F.
Albright, einem der renommiertesten amerikanischen
Orientalisten, der selbst an zahlreichen archäologischen
Ausgrabungen im Heiligen Land teilgenommen hatte:
»Die neuen Dokumente ... sind dazu angetan, unsere bis-
herige Betrachtungsweise der Anfänge des Christentums
grundlegend in Frage zu stellen.«[1]
Dr. J. L. Teicher, selbst Jude und renommierter Wissen-
schaftler der Universität von Cambridge, ging sogar so
weit, die Manuskripte vom Toten Meer als »schlicht und
einfach christliche Zeugnisse«[2] zu bezeichnen. Obwohl die
Manuskripte teilweise schon aus dem zweiten Jahrhundert
vor Christus stammen, bestand er darauf, daß der Führer
der Essener, der Lehrer der Gerechtigkeit, kein anderer als
Jesus Christus selbst gewesen sei.
Der französische Wissenschaftler André Dupont-Sommer
kam nach der Lektüre des *Kommentars zu Habakuk* zu dem
Schluß, Jesus erscheine nunmehr als eine »verblüffende
Reinkarnation des Lehrers der Gerechtigkeit«. Genau wie
bei Jesus, so der Wissenschaftler, sahen die Schüler in
ihrem Lehrer den Auserwählten Gottes, den Messias, den
Erlöser der Welt. Sowohl zu Jesus wie auch zum Lehrer der
Gerechtigkeit trat die Priesterschaft in Opposition; beide
wurden verurteilt und getötet; beide prophezeiten ein
Strafgericht über Jerusalem; beide gründeten Gemein-
schaften, deren Mitglieder ihre Wiederkunft als Welten-
richter erwarteten.[3]
Ein Mitglied des achtköpfigen Forscherteams, das sich mit
der Edition der Schriftrollen beschäftigte, war der britische

Semitist John Marco Allegro, Dozent für Alttestamentliche Theologie an der Universität Manchester. Auch er hatte anfangs die Meinung vertreten, Jesus sei mit dem Lehrer der Gerechtigkeit gleichzusetzen. Doch in einem 1970[4] erschienenen Buch trug er die bizarr anmutende These vor, »Jesus« sei der Name eines als heilig verehrten, Rauschzustände hervorrufenden Pilzes, der von den Verfassern der Evangelien in eine historische Persönlichkeit umgebildet worden war.

Der anerkannte amerikanische Kritiker und Verfasser einer allgemeinverständlichen Abhandlung über die Schriftrollen vom Toten Meer, Edmund Wilson, kam zu dem Schluß, die Wiege der Christenheit sei nicht Betlehem, sondern die Mönchsgemeinschaft jener Männer, in deren Umkreis die Schriftrollen entstanden sind. Wilson äußerte auch die Vermutung, christliche Bibelwissenschaftler schreckten davor zurück, sich mit den Schriftrollen zu beschäftigen, da »die Einzigartigkeit von Christus auf dem Spiel stehe«. Er war auf Widerstand gestoßen, als er die Vermutung äußerte, »die Sittenlehre und der Mystizismus der Evangelien kann ohne weiteres als das Werk mehrerer Generationen von Juden nachgewiesen werden, die abgeschlossen und für sich lebten und ihre eigenen religiösen Traditionen ausarbeiteten …«[5]

Mit der Untersuchung der Schriftrollen beschäftigen sich hauptsächlich römisch-katholische Priester der *École Biblique et Archéologique* in Jerusalem. Die *École* wiederum steht in enger Verbindung zur Päpstlichen Bibelkommission, die um die Jahrhundertwende vom Vatikan gegründet wurde, um »das Wort Gottes« vor »vorschnellen Meinungen« zu schützen, »die Autorität der Schriften zu gewährleisten und ihre richtige Deutung zu befördern«. Seit 1956 war jeder Direktor der *École* zugleich Mitglied der Bibelkommission. Einer von ihnen, der inzwischen verstorbene Roland de Vaux, erklärte gegenüber Edmund Wilson: »Mein Glaube hat von meiner Forschung nichts zu befürchten.« Dieser Satz provozierte die Verfasser eines neueren Buches über die Schriftrollen zu der Replik: »Vielmehr ging es um die Frage, ob seine Wissenschaftlichkeit und Verläßlichkeit etwas von seinem Glauben zu befürchten hatten.«[6]

Daß das Geheimnis, das die (mittlerweile veröffentlichten) Schriftrollen umgab, in ihrem prekären religiösen Inhalt liegt, wird auch durch die Entlassung von Professor John Strugnell nahegelegt, einem britischen Katholiken, der mit der Leitung des Editionsteams der Schriftrollen beauftragt war, an deren Herausgabe er seit 1952 arbeitete. Mangelnde Gesundheit und emotionale Labilität wurden von seiner Forschungsgruppe als Gründe für seine Entlassung im Dezember 1990 angegeben. Ein paar Wochen später wurde bekannt, daß Dr. Strugnell, der auch Theologieprofessor an der Universität Harvard war, in einem Krankenhaus in Massachusetts wegen eines Beinleidens sowie wegen Alkoholismus und psychologischer Probleme behandelt werde. Spekulationen zufolge lag der wahre Grund für seine Entlassung in einem Interview, das er einer israelischen Zeitung gegeben und darin erklärt hatte, das Judentum sei eine »fürchterliche Religion«, sie »basiere auf Folklore« und sei eine »christliche Irrlehre«, die »überlebt hat, obwohl sie längst schon dem Untergang geweiht war«. Die einzige Rettung des Judentums, fügte er hinzu, sei die »massenweise Konversion«.

Das sind maßlose und für gläubige Juden höchst beleidigende Äußerungen. Doch sie stammen von einem Mann, der praktisch sein ganzes Leben der Erforschung der Schriftrollen vom Toten Meer gewidmet hatte. Will er mit solchen Äußerungen etwa sagen, daß jene alten Zeugnisse, die bis vor kurzem vor der Welt versteckt und so eifersüchtig bewacht wurden, auf ganz andere als die bisher angenommenen Ursprünge des Christentums hinweisen?

2
EINE FALSCHE
MORGENRÖTE?

Die orthodoxe christliche Lehre basiert auf den Evangelien, die Matthäus, Markus, Lukas und Johannes verfaßten, und zwar mehrere Jahrzehnte nachdem sich die in ihnen beschriebenen Ereignisse zugetragen hatten. Den Evangelien zufolge wurde Jesus zur Zeit Herodes' des Großen (37–4 v. Chr.) in Judäa geboren, trat im Alter von dreißig Jahren öffentlich auf, wurde drei Jahre danach zum Tod verurteilt und erlitt den Tod am Kreuz. Zu jenem Zeitpunkt war Judäa bereits eine römische Provinz, deren Statthalter Pontius Pilatus (26–36 n. Chr.) war. Als dann im vierten Jahrhundert nach Christus das Christentum im Römischen Reich zur Staatsreligion erklärt wurde, legte man einen Zeitpunkt für Jesu Geburt fest, der fortan als der Beginn der christlichen Ära galt.

Judäa – im heutigen Israel – liegt zwischen dem Mittelmeer und der Senke entlang des Jordan, des Toten Meers und des Wadi al-Arabi. Es gilt Juden und Christen als ihr Heiliges Land, und es gilt auch den Muslimen als heilige Stätte. Der strategisch bedeutsamen Lage Judäas auf der Route, die Ägypten mit dem Euphrat-Tal und Kleinasien verband, ist ihr politisches Schicksal im Laufe der Jahrhunderte zuzuschreiben: Judäa geriet unter die Herrschaft Ägyptens, Assyriens, Babyloniens, Persiens, Makedoniens, der Ptolemäer (einer Dynastie makedonischer Könige, die Ägypten eroberten), der Seleukiden (griechischer Könige,

die Babylon und Syrien kontrollierten) und schließlich
Roms.

Der römische General Pompejus besiegte im Jahr 64 v. Chr.
die griechischen Herrscher Kleinasiens und Syriens und
machte diese Gebiete zu neuen römischen Provinzen. Zu
jener Zeit konnte Judäa den Status als selbständiger Vasal-
lenstaat unter einem regionalen Herrscher erreichen. Im
Jahr 40 v. Chr. jedoch übertrug der römische Senat Herodes
dem Großen die Herrschaft über Judäa und Idumäa südlich, über Samaria und Galiläa nördlich sowie über Peräa
östlich des Jordan. Herodes war der Sohn von Antipater,
dem Berater der letzten jüdischen Hasmonäer-Prinzen, die
Judäa regierten. Mark Antonius ernannte nach Antipaters
Tod Herodes zum Statthalter, und drei Jahre danach wurde
er de facto König. Seine Position wurde im Jahr 31 v. Chr.
durch Octavian gestärkt, der Mark Antonius und Kleo-
patra, die letzte Herrscherin aus dem Geschlecht der Ptolemäer, in der Seeschlacht von Actium besiegte. Vier Jahre danach verlieh der Senat dem siegreichen Octavian
den Titel Augustus Caesar. Dies war zugleich das Ende
der Römischen Republik und der Beginn des Römischen Kaiserreiches, das sich über den gesamten Mittel-
meerraum sowie im Norden bis Britannien und Germanien
erstreckte.

Als im Jahr 4 v. Chr. Herodes der Große starb, wurde sein
Reich unter seinen drei Söhnen aufgeteilt. Archelaus jedoch, der über das Gebiet Judäa herrschte, wurde im Jahr
6 n. Chr. von den Römern abgesetzt und das Territorium
der römischen Herrschaft direkt unterstellt. Von da ab
herrschte über Judäa ein römischer Prokurator, der seine
Residenz wohl in Cäsarea am Mittelmeer, nordwestlich
von Jerusalem, hatte. Der erste jener Prokuratoren wurde
im Jahr 6 n. Chr. unter der Oberaufsicht von Quirinius, dem

Statthalter von Syrien, ernannt. Pontius Pilatus war der
fünfte, ernannt unter der Regierung von Kaiser Tiberius
(14–37 n. Chr.), dem Stiefsohn und Nachfolger des Augustus.

Es sind die Evangelien selbst, die in den Geschichten über
Geburt und Tod Jesu den Schluß nahelegen, der bisher
angenommene Zeitpunkt des Beginns der christlichen Ära
sei eine »falsche Morgenröte«. Nur zwei der vier Evangelien berichten von der Geburt Jesu; und selbst sie weichen
in den Einzelheiten voneinander ab.
Matthäus legt die Geburt Jesu genau in die Zeit von Herodes dem Großen: »Als Jesus zur Zeit des Königs Herodes
in Betlehem in Judäa geboren wurde« (Matthäus 2,1). Dann
erfahren wir, daß König Herodes, als er erfuhr, daß ein
König der Juden geboren worden war, erschrak, »sehr
zornig [wurde] und ... in Betlehem und der ganzen Umge-
bung alle Knaben bis zum Alter von zwei Jahren töten« ließ
(Matthäus 2,16). Inzwischen jedoch war Josef, der Mann
Marias, von einem Engel gewarnt worden: »Steh auf,
nimm das Kind und seine Mutter und flieh nach Ägypten;
dort bleibe, bis ich dir etwas anderes auftrage« (Matthäus
2,13). Josef tat, wie ihm befohlen wurde, und er blieb in
Ägypten, »bis zum Tod des Herodes. Denn es sollte sich
erfüllen, was der Herr durch den Propheten gesagt hat:
Aus Ägypten habe ich meinen Sohn gerufen« (Matthäus
2,15). Nach dem Tod des Herodes erschien der Engel abermals dem Josef und befahl ihm: »Steh auf, nimm das Kind
und seine Mutter, und zieh in das Land Israel: denn die
Leute, die dem Kind nach dem Leben getrachtet haben,
sind tot. Da stand er auf und zog mit dem Kind und dessen
Mutter in das Land Israel« (Matthäus 2,20-21). Diese Geschichte suggeriert, daß wir es mit einer kurzen Zeitspanne

zu tun haben; denn Jesus, der bei der Flucht nach Ägypten noch »ein Kind« gewesen war, war noch nicht erwachsen, als die Familie nach dem Tod des Königs Herodes nach Israel zurückkehrte (im Jahre 4 v. Chr.).

Lukas ist der andere Evangelist, der von der Geburt Jesu erzählt. Er verknüpft Jesu Geburt mit dem Auftreten Johannes des Täufers, der ebenfalls »zur Zeit des Herodes, des Königs von Judäa« (Lukas 1,5) geboren wurde, nachdem ein Engel dem Zacharias verkündet hatte: »Fürchte dich nicht, Zacharias ... deine Frau Elisabeth wird dir einen Sohn gebären: dem sollst du den Namen Johannes geben« (Lukas 1,13). Lukas erzählt weiter, daß im sechsten Monat der Schwangerschaft Elisabeths »der Engel Gabriel von Gott in eine Stadt in Galiläa namens Nazaret zu einer Jungfrau gesandt (wurde). Sie war mit einem Mann namens Josef verlobt, der aus dem Hause David stammte. Der Name der Jungfrau war Maria ... Und der Engel sagte: Fürchte dich nicht, Maria; denn du hast Gnade gefunden bei Gott. Du wirst ein Kind empfangen, einen Sohn wirst du gebären: dem sollst du den Namen Jesus geben. Er wird groß sein und Sohn des Höchsten genannt werden. Gott, der Herr, wird ihm den Thron seines Vaters David geben« (Lukas 1,26–27 und 30–32).

Bis hierher stimmen beide Verfasser in der Zeitangabe der Geburt Jesu – der Regierungszeit des Königs Herodes – überein. Nun jedoch verstrickt sich Lukas in Widersprüche, wenn er die bekannte christliche Geschichte der Geburt Jesu erzählt: »In jenen Tagen erließ Kaiser Augustus den Befehl, alle Bewohner des Reiches in Steuerlisten einzutragen. Dies geschah zum erstenmal; damals war Quirinius Statthalter von Syrien. Da ging jeder in seine Stadt, um sich eintragen zu lassen. So zog auch Josef von der Stadt Nazaret in Galiläa hinauf nach Judäa in die Stadt Davids, die Betlehem heißt; denn er war aus dem Haus und dem Geschlecht Davids« (Lukas 2,1–4).

Wir wissen aus römischen Quellen, daß dieses Ereignis nicht vor dem Jahr sechs nach Christus stattgefunden haben kann, als Quirinius Statthalter von Syrien und Judäa eine römische Provinz wurde. Der Zweck einer solchen Volkszählung im Jahr 6 n. Chr., die von anderen nichtbiblischen Quellen bestätigt wird, war die Festsetzung des Tributs, den die neue Provinz Judäa in Zukunft zu entrichten hatte.

Das nächste Kapitel der Erzählung des Lukas jedoch nennt ein drittes mögliches Datum für die Geburt Jesu. In diesem Kapitel wird die Taufe Jesu durch Johannes beschrieben, die in allen vier Evangelien übereinstimmend unmittelbar vor dem Beginn des öffentlichen Auftretens Jesu liegt: »Es war im fünfzehnten Jahr der Regierung des Kaisers Tiberius; Pontius Pilatus war Statthalter von Judäa … Hohepriester waren Hannas und Kaiphas. Da erging in der Wüste das Wort Gottes an Johannes, den Sohn des Zacharias. Und er zog in die Gegend am Jordan und verkündigte dort überall Umkehr und Taufe zur Vergebung der Sünden« (Lukas 3,1–3). »… Zusammen mit dem ganzen Volk ließ auch Jesus sich taufen. Und während er betete, öffnete sich der Himmel, und der Heilige Geist kam sichtbar in Gestalt einer Taube auf ihn herab, und eine Stimme aus dem Himmel sprach: Du bist mein geliebter Sohn, an dir habe ich Gefallen gefunden« (Lukas 3,21–22).

Da Tiberius erst im Jahr 14 n. Chr. Kaiser wurde, müßte man die Taufe Jesu auf das Jahr 29 n. Chr. datieren. Lukas aber fährt fort: »Jesus war etwa dreißig Jahre alt, als er zum erstenmal öffentlich auftrat« (Lukas 3,23). Wenn er im Jahr 29 n. Chr. dreißig Jahre alt war, dann ist er nicht schon vor dem Ende der Regierungszeit des Herodes (im Jahr 4 v.

Chr.) und auch nicht zur Zeit der Volkszählung im Jahr 6
n. Chr. geboren, sondern im letzten Jahr vor Beginn der
christlichen Zeitrechnung. Zweifellos war es diese Geschichte des Lukas, die die römisch-katholische Kirche
dazu bewogen hat, dieses Jahr als den Wendepunkt der
Weltgeschichte festzusetzen.

Ähnliche Schwierigkeiten tauchen auf, wenn man den ge-
nauen Zeitpunkt für die Kreuzigung bestimmen will. Alle
vier Evangelien berichten einmütig, daß sie stattfand, als
Pontius Pilatus Statthalter von Judäa war (26–36 n. Chr.),
und daß der Hohepriester des jüdischen Jerusalem zu jener
Zeit Kaiphas hieß, der aus anderen Quellen als Josephus
Kaiphas bekannt ist und das Amt von 18 n. Chr. bis 37 n.
Chr. innehatte. Die Sache wird dadurch noch komplizierter, daß die Evangelien über die Dauer des öffentlichen
Wirkens Jesu unterschiedliche Angaben machen: Matthäus, Markus und Lukas geben ein Jahr an, Johannes
hingegen zwei oder drei.

Die meisten neutestamentlichen Exegeten sind sich darin
einig, daß Jesus etwa um das Jahr 30 n. Chr. gestorben ist.
Wenn das stimmt, so muß er zu jenem Zeitpunkt sechsund-
dreißig Jahre alt oder sogar älter gewesen sein – falls er
gegen Ende der Regierungszeit des Königs Herodes geboren wurde und wir Herodes mindestens zwei Jahre für die
Ermordung aller Kinder bis zum Alter von zwei Jahren
zugestehen. Dagegen muß er fünfundzwanzig Jahre alt
gewesen sein, falls er im Jahr der Volkszählung (6 v. Chr.)
geboren wurde; und einunddreißig, wenn man Lukas'
Schilderung der Taufe Jesu und sein Alter zu Beginn seines
öffentlichen Wirkens zugrunde legt.

Zusammenfassend läßt sich auf der Basis der historischen
Tatsachen über jenen Jesus der Evangelien nur so viel
sagen: Er lebte und starb zwischen 27 v. Chr., als der

römische Senat Octavian den Titel Kaiser Augustus verlieh, und 37 n. Chr., dem Todesjahr von Augustus' Nachfolger Tiberius.

3
STUMME ZEUGENSCHAFT

Wenn Jesus tatsächlich in der Zeit der römischen Herrschaft über Palästina lebte, litt und starb, so ist es allerdings seltsam, daß sein Name in den Schriften der drei herausragenden zeitgenössischen Geschichtsschreiber nicht auftaucht: gemeint sind Philo von Judäa, Justus von Tiberias und Flavius Josephus.

Diese Lücke ist besonders bei Philo von Judäa auffallend, der ein achtunddreißig Bände umfassendes Werk hinterließ. Er wurde etwa 15 v. Chr. geboren und starb etwa zwei Jahrzehnte nach dem angeblichen Zeitpunkt der Kreuzigung. Philo war eine der bedeutendsten Persönlichkeiten seiner Zeit. Sein Bruder war der Vorsteher der jüdischen Gemeinde in Alexandria, sein Sohn hatte eine Enkelin von König Herodes geheiratet, und Philo selbst war als Sprecher einer Abordnung nach Rom geschickt worden, um mit Caligula, dem dritten römischen Kaiser (37–41 n. Chr.), zu verhandeln. Caligula hielt sich für göttlich, und Ziel der Verhandlungen war es, einen Erlaß rückgängig zu machen, in dem die Juden aufgefordert wurden, das Bildnis des Kaisers in ihrem Tempel in Alexandria aufzustellen und anzubeten.

Obwohl jüdischen Glaubens, war Philo zugleich auch ein Anhänger des griechischen Philosophen Plato. Er gilt als der erste Neuplatoniker, der sich bemühte, die griechische Philosophie mit der Offenbarung des Alten Testaments zu versöhnen. Sein Werk steht dem christlichen Gedankengut

sehr nahe, und häufig wird Philo als das Bindeglied zwischen griechischem Denken und dem Neuen Testament
gesehen. Manche glauben sogar, der Apostel Paulus sei
von der Philosophie Philos beeinflußt gewesen. Eusebius
(ca. 260–342 n. Chr.), einer der frühen Kirchenväter und
Verfasser einer bis in seine Zeit reichenden Kirchenge-
schichte, behauptete sogar, Philo habe die Bekanntschaft
des Apostels Petrus in Rom gemacht, doch für diese Behauptung gibt es keine Belege.

Obwohl Philo mit Bewunderung über die zu seiner Zeit
existierende Mönchsgemeinschaft der Essener schrieb,
und trotz seiner großen Nähe zum christlichen Gedankengut, findet nur eine einzige neutestamentliche Gestalt in
seinem Werk Erwähnung: Pontius Pilatus.

Ähnlich liegen die Dinge bei Justus aus Tiberias, einem in
den Evangelien häufig genannten Ort an der Westküste des
Sees von Galiläa. Justus schrieb über die Zeit Herodes' des
Großen. An keiner einzigen Stelle jedoch erwähnt er Jesus
oder den Befehl des Herodes, alle Kinder unter zwei Jahren
töten zu lassen. Sein Werk ist heute verschollen, doch es
war Photius, dem Bischof von Konstantinopel, im neunten
Jahrhundert n. Chr. noch bekannt, und Photius bestätigt,
daß Jesus bei Justus nirgends erwähnt wird.[1]

Unter diesen Voraussetzungen war es – nachdem das Werk
des jüdischen Geschichtsschreibers Flavius Josephus aus
dem ersten Jahrhundert n. Chr. ins Lateinische übersetzt
worden war – für die Christen ein gewisser Trost, daß
hierin nicht nur Pontius Pilatus, sondern auch Johannes
der Täufer, Jesus und dessen Bruder Jakobus Erwähnung
fanden.

Josephus, ein palästinensischer Jude aus priesterlicher Familie, wurde im Jahr 37 n. Chr. geboren, also kurz nach
dem vermeintlichen Zeitpunkt der Kreuzigung Christi. In

den späteren Jahren seines Lebens, während der Regierungszeit des elften römischen Kaisers Domitian (81–96 n. Chr.), ließ er sich in Rom nieder. Dort schrieb er die *Jüdischen Altertümer*, ein umfangreiches, zwanzig Bücher umfassendes historisches Werk, das noch in Abschriften existiert und in vielen Fällen die einzige Quelle darstellt, die uns Detailkenntnisse von Ereignissen im Raum Syrien/Palästina im ersten Jahrhundert der christlichen Zeitrechnung vermittelt.

So enthält Buch achtzehn eine Schilderung des Krieges zwischen Aretas, dem arabischen König von Nabatea, im Süden und Osten des Toten Meeres, und Herodes Antipas, dem Tetrarchen von Galiläa und Sohn Herodes' des Großen. Die Ursache für jenen Konflikt lag in der Tatsache, daß Herodes Antipas, der mit der Tochter des Aretas verheiratet war, diese zu ihrem Vater zurückgeschickt und seine Schwägerin Herodias zur Frau genommen hatte. Im Zuge der kriegerischen Auseinandersetzungen, die darauf folgten, wurde die Armee des Herodes zerschlagen. Die Juden betrachteten diese Niederlage als Strafe Gottes für das, was Herodes »Johannes, dem Täufer [angetan hatte]. Den letzteren nämlich hatte Herodes hinrichten lassen, obwohl er ein edler Mann war, der die Juden anhielt, nach Vollkommenheit zu streben, indem er sie ermahnte, Gerechtigkeit gegeneinander und Frömmigkeit gegen Gott zu üben und zur Taufe zu kommen. Dann werde, verkündigte er, die Taufe Gottes angenehm sein, weil sie dieselbe nur zur Heiligung des Leibes, nicht aber zur Sühne für ihre Sünden anwendeten; die Seele nämlich sei dann ja schon vorher durch ein gerechtes Leben entsündigt.«

Dies ist keine sehr präzise Beschreibung der Taufe Johannes' des Täufers. Das griechische Wort für »taufen« ist *baptizein*, was soviel wie eintauchen, untertauchen oder waschen bedeutet. Der symbolische Gehalt der Taufe und die ihr zugrundeliegende psychologische Absicht wird als das eigentliche Wesen des Taufritus betrachtet, der gewöhnlich eine religiöse Initiation bedeutet. Johannes der Täufer verband das Eintauchen in fließendes Wasser mit dem Reinwaschen von Sünde. Seine Taufe war ein Zeichen göttlicher Vergebung und scheint ein Ersatz für die gängige Praxis gewesen zu sein, ein Sühneopfer für die Sünden zu bringen. Jedoch unterschied sie sich, wie wir noch sehen werden, ganz beträchtlich sowohl von der Taufpraxis der Essener als auch von der Taufe der christlichen Kirche.

Es kann nicht überraschen, daß das Angebot Johannes' des Täufers, Sünden zu vergeben, ihm bei den Israeliten viele Anhänger eintrug; sein Wirken drang sogar bis zu Herodes, der beunruhigt war von den begeisterten Menschenmengen, die sich versammelten, um ihn predigen zu hören: »Da nun infolge der wunderbaren Anziehungskraft solcher Reden eine gewaltige Menschenmenge zu Johannes strömte, fürchtete Herodes, das Ansehen des Mannes, dessen Rat allgemein befolgt zu werden schien, möchte das Volk zu Aufruhr treiben, und hielt es daher für besser, ihn rechtzeitig aus dem Wege zu räumen, als bei Eintritt einer Wendung der Dinge in Gefahr zu geraten und dann, wenn es zu spät sei, Reue empfinden zu müssen. Auf diesen Verdacht hin ließ also Herodes den Johannes in Ketten legen, nach der Festung Machaerus [an der Grenze zu Nabatea im Osten des Toten Meeres am Rande des Herrschaftsgebiets des Herodes] bringen und dort hinrichten.«[2] Dies berichtet Josephus, der Johannes den Täufer damit als historische Gestalt bestätigt, gleichzeitig aber in mancherlei Hinsicht von den Evangelien abweicht. So gibt es zum Beispiel keinen Hinweis auf Jesus, nichts, was die Behauptung der Evangelien bestätigt, Johannes »bereite« Jesus

»den Weg«. Im Unterschied zu den Evangelien schreibt Josephus auch nicht, daß die Verurteilung der neuen Eheschließung des Herodes durch Johannes den Ausschlag für dessen Hinrichtung gegeben hat:

»Herodes hatte nämlich Johannes festnehmen und ins Gefängnis werfen lassen. Schuld daran war Herodias, die Frau seines Bruders Philippus, die er geheiratet hatte« (Markus 6,17). Josephus beschreibt Herodias auch nicht als Frau des Philippus, sondern als Frau eines anderen Bruders mit Namen Herodes, »der sein Bruder war, jedoch von einer anderen Mutter stammte«.[3]

Im dritten Kapitel von Buch achtzehn wird auch Jesus erwähnt: »Um diese Zeit lebte Jesus, ein weiser Mensch – wenn man ihn überhaupt einen Menschen nennen darf. Er war nämlich der Vollbringer ganz unglaublicher Taten und der Lehrer aller Menschen, die mit Freude die Wahrheit aufnahmen. So zog er viele Juden und auch viele Heiden an sich. Er war der Christus. Und obgleich ihn Pilatus auf Betreiben der Vornehmen unseres Volkes zum Kreuzestod verurteilte, wurden doch seine früheren Anhänger ihm nicht untreu. Denn er erschien ihnen am dritten Tage wieder lebend, wie gottgesandte Propheten dies und tausend andere wunderbare Dinge von ihm vorher verkündet hatten. Und noch bis auf den heutigen Tag besteht das Volk der Christen, die sich nach ihm nennen, fort.«[4]

Dieser Abschnitt erfreute sich insbesondere im Mittelalter höchster Wertschätzung, ist es doch das einzige Zeugnis eines Außenstehenden aus dem ersten nachchristlichen Jahrhundert, das Hinweise darauf gibt, daß Jesus zu jener Zeit wirklich gelebt hat. Leider wurde dieser Abschnitt dann aber – peinlich genug – als Fälschung entlarvt, als Einfügung eines christlichen Autors oder Redakteurs, der enttäuscht war über das Stillschweigen des Historikers zu

Geburt, Leiden und Tod Jesu. Der Fälschungsverdacht
kam zum erstenmal auf, als die *Jüdischen Altertümer* im
sechzehnten Jahrhundert ins Englische und Französische
übersetzt wurden – was die Aufmerksamkeit einiger be-
deutender Kritiker weckte. Die Authentizität des oben zitierten Abschnitts wurde aus zwei Gründen in Frage gestellt: zum einen deshalb, weil kein einziger früherer Autor
sich über Jesus geäußert hatte; und zum anderen wegen
der Wortwahl.

Bis zum Jahr 320 n. Chr., zweieinviertel Jahrhunderte nach
der Veröffentlichung des Werks des Josephus, wurde dieser Abschnitt nirgends erwähnt. Origenes (185–254 n.
Chr.), einer der frühen Kirchenväter, dessen Schriften die
christliche Lehre in allen Einzelheiten behandeln, kannte
das Werk des Josephus, ja er bezog sich in seinen eigenen
Schriften auf den Bericht von Leben und Tod Johannes' des
Täufers, wie er in Buch achtzehn der *Jüdischen Altertümer*
beschrieben wird. Doch an keiner Stelle nimmt Origenes
Bezug auf Jesus – eine seltsame Unterlassung für jemanden, der an ihn glaubte. Der erste, der sich auf das Zeugnis
des Josephus beruft, war Eusebius in seiner *Evangelica
Praeparatio*, entstanden um 320 n. Chr.

Die literarische Kritik der Textpassage läßt sich in drei
Kategorien einteilen. Erstens erscheint der Satz »…wenn es
überhaupt gerechtfertigt ist, ihn einen Menschen zu nennen« als der Versuch eines orthodoxen Christen, die Leser
daran zu erinnern, daß Jesus göttlicher Natur war. Zweitens ist der Satz »Er war (der) Christus« ein unverhülltes
Bekenntnis des Glaubens an Jesus als jüdischen Messias.
Doch eine solche Äußerung kann wohl kaum aus der Feder
des Josephus stammen – zumal schon Origenes in seiner
Schrift *Contra Celsum* den jüdischen Historiker als einen
Mann beschreibt, der »unseren Jesus nicht als Christus

anerkennt«. Drittens erweckt die Erwähnung der Auferstehung den Eindruck, daß der Verfasser selbst daran glaubt. Aus all diesen Gründen ist die Wissenschaft zu dem Ergebnis gekommen, daß dieser Abschnitt von einem christlichen Autor oder Redakteur eingefügt worden ist – und zwar im Zeitraum zwischen Origenes im dritten Jahrhundert und Eusebius hundert Jahre später.

Der britische Bibelkritiker Howell Smith meinte zusammenfassend, dieser Abschnitt »paßt tatsächlich schlecht zu dem, was vorausgeht und was danach kommt, und er scheint darüber hinaus im Text an wechselnden Stellen gestanden zu haben ... seine Echtheit ist wissenschaftlich unhaltbar. Nur ein christlicher Verfasser konnte ein solches Loblied auf Jesus als den Christus schreiben und ihn als einen Wundertäter darstellen, der die Prophezeiungen der alttestamentarischen Propheten erfüllte; der auferstanden ist, nachdem er durch Pontius Pilatus zum Tod am Kreuz verurteilt worden war.«[5]

Im Jahr 1906 sorgte eine lange verschollene, aus dem Mittelalter stammende, slawonische (altrussische) Version des *Jüdischen Krieges*, einem weiteren Werk des Flavius Josephus, für einiges Aufsehen. Der *Jüdische Krieg* war nicht nur zwanzig Jahre älter als die *Jüdischen Altertümer*, in dieser Schrift fand sich vielmehr ein weiterer Hinweis auf Jesus. Er wurde beschrieben als »Wundertäter«, der von seinen Anhängern zum Aufstand gegen die Römer gedrängt wurde. Zuerst meinte man, diese russische Übersetzung habe den verschollenen ursprünglichen, in aramäischer Sprache verfaßten Text des Josephus zur Grundlage. Doch nach eingehender Prüfung kam man zu dem eindeutigen Ergebnis, daß die Übersetzung im 12. Jahrhundert n. Chr. auf der Grundlage des griechischen Textes angefertigt worden sein mußte. Die Übersetzung lieferte keine Hinweise auf

das semitisch-aramäische Original, und der Anfang des
Abschnittes, der von Jesus handelt, ist eindeutig eine erweiterte Version jenes interpolierten Zeugnisses, das oben
zitiert wurde: »In der Tat, es gibt im Bereich der literarischen Textkritik keinen Zweifel daran, daß diese Passagen
nicht von Josephus stammten, sondern ins griechische Manuskript, welches die Grundlage der altrussischen Übersetzung bildete, interpoliert wurden.«[6]
Eine weitere Erwähnung Jesu findet sich in Buch zwanzig
der *Jüdischen Altertümer*, wo Josephus berichtet, daß der
römische Prokurator Festus etwa im Jahr 62 n. Chr. plötzlich verstarb und erst drei Monate später sein Nachfolger
Albinus in Judäa eintraf. Daraufhin versammelte der Hohepriester Ananus »den hohen Rat zum Gericht und stellte
vor dasselbe den Bruder des Jesus, der Christus genannt
wird, mit Namen Jakobus, sowie noch einige andere, die er
der Gesetzesübertretung anklagte und zur Steinigung führen ließ«.[7]
Die Beschreibung des Jakobus als des Bruders Jesu stimmt
überein mit dem, was der heilige Paulus im Brief an die
Galater sagt: »Von den anderen Aposteln habe ich keinen gesehen, nur Jakobus, den Bruder des Herrn« (Galater 1,19). Auch dies wurde von Bibelwissenschaftlern als
eine spätere Einfügung in das Werk des Josephus erkannt.
Doch muß diese Interpolation, wie Origenes im 3. Jahrhundert erkannte, früher als die oben genannte datiert
werden.
Wir stehen also vor folgender Situation: Der Bericht vom
Leben und von der Hinrichtung Johannes des Täufers bei
Josephus wird von den Bibelwissenschaftlern als Beschreibung aktueller historischer Ereignisse bewertet. Jedoch
gibt es keinen Grund, ihn, wie es üblich ist, als »Wegbereiter« Jesu zu sehen. Und wenn wir jene Einfügungen in die

Schriften des jüdischen Historikers außer acht lassen, bleibt uns kein zeitgenössisches Zeugnis über Jesu Leben, sein Leiden und seinen Tod.

4
EIN SCHÄDLICHER
ABERGLAUBE

Über Jesus und seine Kreuzigung existiert kein offizieller Bericht des Pontius Pilatus, wenn auch einige hundert Jahre später unter dem Namen *Pilatus-Akten* gefälschte Schriften auftauchten, die einen Bericht über Jesus von Nazaret enthalten. Ihre Urheber sind entweder Christen, die die Historizität ihres Herrn unter Beweis stellen wollten, oder Feinde des Christentums, die die Religion angreifen wollten.

Die frühesten Hinweise auf das Christentum in römischer Zeit sind in den Schriften der Historiker Sueton und Tacitus zu finden sowie bei Plinius dem Jüngeren, die alle drei miteinander befreundet waren und unter den römischen Kaisern wirkten.

Sueton, geboren etwa 69 n. Chr., war Sekretär unter Hadrian, dem vierzehnten römischen Kaiser (117–38 n. Chr.), und besaß Zutritt zu den kaiserlichen Archiven. Sein historisches Hauptwerk, *Vitae Caesarum*, veröffentlicht etwa 120 n. Chr., berichtet über die Regierungszeit Julius Cäsars und jener elf Kaiser, die auf ihn folgten. Eine Erwähnung Christi findet sich im fünfundzwanzigsten Kapitel, in dem der Verfasser Ereignisse der Regierungszeit des Kaisers Claudius (41–54 n. Chr.) beschreibt, der als vierter Kaiser nach der Ermordung des Caligula regierte. Sueton beschreibt in wenigen Worten die Aufstände, die in Rom im Jahr 49 n. Chr. stattfanden: »Da die Juden, angestiftet von

Chrestus, ständig Aufstände organisierten, vertrieb er
(Claudius) sie aus Rom.«[1]

Chrestus, in Rom ein häufig gebrauchter Name, muß die
lateinische Fassung des griechischen Christus sein, denn
diese beiden Namen wurden gleichartig ausgesprochen,
und Sueton nahm – fälschlicherweise – an, daß ein gewisser
Christus im Rom jener Zeit die Aufstände angezettelt hatte.
Diese Unruhen in Rom waren allerdings nicht das Ergebnis
römischer Unterdrückung, sondern müssen auf Konflikte
innerhalb der jüdischen Gemeinde zurückgeführt werden.
Auf der einen Seite standen die Juden (Christen), die glaubten, der Messias (Christus) sei schon gekommen, auf der
anderen die Juden, die meinten, er werde erst noch kommen. Ein Hinweis auf jene Unruhen findet sich in der
Apostelgeschichte (18,2–3), wo von einem Juden namens
Aquila und seiner Frau Priscilla die Rede ist, die durch ein
Edikt des Kaisers Claudius aus Rom vertrieben wurden,
sich daraufhin in Korinth niederließen und dort im Zelt-
macherhandwerk tätig waren, wo sie Paulus begegneten.
Später jedoch mäßigte sich die Haltung des Claudius gegenüber den Juden, was insbesondere dem Einfluß seines
engen Freundes Agrippa zuzuschreiben ist, dem Enkel
Herodes' des Großen. Der Kaiser erließ ein Edikt, in dem
er den Juden Alexandrias die gleichen Privilegien wie den
griechischen Bewohnern der Stadt zusicherte und es ihnen
erlaubte, ihre Sitten und Gebräuche auszuüben. Ein weiteres Edikt wurde nach Syrien geschickt und garantierte den
Juden im gesamten römischen Reich die gleichen Rechte
und Privilegien.

Wenn das Werk Suetons auch das älteste schriftliche Zeugnis über die Anhänger Christi in Rom darstellt, bezieht es
sich nicht auf den historischen Jesus, sondern nur auf die
Überzeugung seiner Anhänger, daß der Messias schon

gekommen sei, und auf die Tatsache, daß die übrigen
Juden dies ablehnten. Es gibt kein Datum und keine Orts-
angabe, geschweige denn einen Namen für den Messias
(Christus) – ein Begriff, der lediglich einen Titel oder Bei-
namen bezeichnet.

Nach dreizehnjähriger Herrschaft wurde Claudius von
seiner Frau Agrippina getötet. Sie vergiftete ihn, um Nero,
ihrem Sohn aus erster Ehe, die Thronnachfolge zu sichern.
Nero (54–68 n. Chr.) war ein Sadist, der bald nach seiner
Machtübernahme seine Mutter für ihre Hilfsbereitschaft
mit der öffentlichen Hinrichtung belohnte und auch seine
Frau tötete. Im Jahr 64 n. Chr. wurde Rom durch ein
verheerendes Feuer verwüstet, und der Verdacht wurde
laut, Nero selbst habe den Brand gelegt, um die Stadt nach
seinen eigenen Vorstellungen neu aufbauen zu können.
Auf diesen Vorwurf reagierte Nero, indem er die Christen
der Brandstiftung beschuldigte. Sueton geht noch einmal
kurz auf die Christen ein, und zwar in jenem Kapitel, das
von Nero handelt: »Die Christen, eine Gruppe von Personen, die einem neuartigen und schädlichen Aberglauben
anhingen, wurden bestraft.«

Auch hier bezieht sich Sueton nicht auf Jesus von Nazaret,
sondern nur auf die Christen, die in Rom lebten. Das
gleiche gilt für Tacitus, der in seinen *Annalen* über diese
Ereignisse folgendermaßen schreibt: »Nero verdächtigte
gewisse Personen als Urheber des Verbrechens und be-
strafte sie mit der grausamsten Folter. Es waren diejenigen,
die, verhaßt wegen ihrer Niedertracht, im Volk Christen
genannt wurden. Dieser Name leitet sich ab von einem
gewissen Christus, der in der Regierungszeit des Kaisers
Tiberius durch den Prokurator Pontius Pilatus zum Tode
verurteilt worden war.«

Zu der Zeit, als Tacitus seine *Annalen* schrieb, existierte

keine historische Quelle, die die Behauptung gestützt hätte, Pontius Pilatus habe Jesus in der Regierungszeit des
Kaisers Tiberius zum Tod verurteilt. Auf welche Grundlage stellte Tacitus also seine Ausführungen? Im zweiten
Jahrhundert nach Christus lebten viele Christen, die an
einen schon erschienenen Messias glaubten, bereits eine
beträchtliche Zeit in Rom, und die traditionelle Version des
Evangeliums hatte sich schon etabliert. Der französische
Wissenschaftler P. L. Couchoud meinte, Tacitus habe lediglich die damals schon etablierte und bis heute weithin
gültige Überlieferung zitiert, der zufolge Jesus unter Pontius Pilatus gelitten hat: »... Wahrscheinlich bringt er (Tacitus) nur den Glauben der Christen zum Ausdruck, wenn
er die Herkunft ihres Namens erläutert ... Es wäre ziemlich
kühn, Tacitus als unabhängigen Zeugen der Existenz Jesu
zu betrachten.«[2]
Plinius der Jüngere, der dritte römische Autor, erwähnt
Christus ebenfalls. Im Jahr 102 n. Chr. schickte ihn der
dreizehnte Kaiser Trajan (97–117 n. Chr.) als Regenten nach
Bithynien und Pontus, eine Provinz im nördlichen Kleinasien am Schwarzen Meer. Man brachte ihm Christen zur
Verurteilung, und da er unsicher war, wie er sie behandeln
sollte, schrieb er nach Rom und bat um Rat: »... Dies ist die
Art und Weise, wie ich mit denjenigen verfahren bin, die
als Christen angeklagt worden sind. Ich fragte sie, ob sie
Christen seien ... unter Androhung von Strafe. Falls sie
daran festhielten, befahl ich ihre Hinrichtung ... Diejenigen, die antworteten, sie seien niemals Christen gewesen,
entließ ich ungestraft, wenn sie mir ein Gebet an die Götter
nachsprachen und mit Brandopfer und Wein vor Eurer
Statue niederknieten ... und darüber hinaus Christus ver-
fluchten – alles Dinge, zu denen sich wirkliche Christen
nicht zwingen lassen würden.«

Plinius der Jüngere ist ein Zeuge für die Existenz von christlichen Gemeinden in Kleinasien und für deren Verehrung Christi als Gott. Aber ebensowenig wie bei den beiden anderen römischen Historikern finden wir auch hier einen Bezug zur historischen Gestalt Jesu. Dies ist de facto alles, was wir aus römischen Quellen über Christus und das Christentum erfahren können. Erst mit den Kirchenvätern änderte sich diese Situation.

Was machten die Juden mit Jesus? Das Evangelium beschreibt, daß der jüdische Hohepriester Kaiphas und andere Priester und Ältesten jener Zeit an den Anklagen gegen Jesus und an seiner Verhaftung, Verurteilung und Hinrichtung maßgeblich beteiligt waren. Es heißt sogar, sie hätten das Angebot des Pilatus abgelehnt, ihn aus Anlaß des Paschafests freizulassen, das zum Gedenken an die Befreiung der Israeliten aus der ägyptischen Knechtschaft gefeiert wurde. Statt dessen forderten sie die Freilassung eines anderen Gefangenen mit Namen Barabbas. Unter diesen Umständen sollten wir erwarten, daß im jüdischen Schrifttum irgendein Hinweis auf ihn erhalten ist.

Das komplizierte und zusammenhanglose rabbinische Schrifttum, das aus den ersten fünf Jahrhunderten nach Christus stammt, zeigt, daß die Juden Jesus tatsächlich gut kannten, es aber vermieden, ihr *ganzes* Wissen über ihn preiszugeben. Sein Name Yeschu, die hebräische Form des griechischen Jesus, findet sich mindestens zwanzigmal im Talmud, dem Kompendium jüdischer Kommentare und Interpretationen, die zu jener Zeit entstanden, im Vergleich zu den Schriften des Alten Testaments jedoch als zweitrangig eingestuft werden. In jenen talmudischen Schriften also ist zu beobachten, daß in der Regel von Jesus als einer »gewissen Person« gesprochen und sein Name möglichst vermieden wird. In einigen Abschnitten wird er auch Balaam oder Ben Pandira, »der Sohn von Pandira«, genannt. Da die Juden die Behauptung, Jesu sei der Sohn Gottes, anzweifelten, erklärten sie, Pandira sei ein Liebhaber und nicht der Ehemann Marias; ihr Name jedoch wird bestätigt als »Miriam (hebräisch Maria) … die Mutter einer ›gewissen Person‹« (b. Hag. 4b).

Dies ist nur eine von vielen Übereinstimmungen zwischen den vier Evangelien einerseits und dem Talmud und dem Midrasch, den alten jüdischen Kommentaren zum Alten Testament. Gleichzeitig jedoch gibt es eine Menge von Ungereimtheiten und Widersprüchen, insbesondere an jenen Stellen, wo es um die Lebenszeit Jesu geht. Doch betrachten wir zunächst die Übereinstimmungen:

Die königliche Abstammung Jesu:

»Jesus Christus, der Sohn (des Königs) Davids« (Matthäus 1,1).

Jesu Mutter stammte »von Fürsten und Herrschern ab« (b. Sanh., 106a).

Sein Aufenthalt in Ägypten:

»Aus Ägypten habe ich meinen Sohn gerufen« (Matthäus 2,15).

Im Talmud heißt es, Jesus sei im frühen Mannesalter in Ägypten gewesen; erwähnt wird auch »Jesus der Nazarener«, der »Zauberei in Ägypten trieb« (b. Sanh., 107b).

Zeichen und Wunder:

»Damals brachte man zu ihm einen Besessenen, der blind und stumm war. Jesus heilte ihn« (Matthäus 12,22).

Was die Bibel Zeichen und Wunder nennt, nannten die Rabbinen ägyptische Magie und nicht durch Gottes Kraft gewirkte Wunder:

»Jesus der Nazarener trieb Zauberei und verführte [Israel] und machte [es] abtrünnig« (b. Sanh., 107b).

Der Konflikt mit Schriftgelehrten und Pharisäern:

Als die Pharisäer seine Wunder als Werk des Teufels bezeichneten, verspottete Jesus die Pharisäer: »Ihr Schlangenbrut, wie könnt ihr Gutes reden, wenn ihr böse seid?« (Matthäus 12,34).

Die Rabbinen beschrieben Jesus folgendermaßen: »Wer über die Worte der Weisen spottet, wird mit siedendem Kot gerichtet« (b. Gitt., 57a).

Der Menschensohn:

»Als Jesus nach Jerusalem hinaufzog, nahm er unterwegs die zwölf Jünger beiseite und sagte zu ihnen: ... Dort wird der Menschensohn ... ausgeliefert werden« (Matthäus 20,17-18).

»(Er sagt: ›Ich bin) der Menschensohn‹« (j. Taanith, 65b).

Jünger:

Jesus sagte zu Simon dem Fischer und zu dessen Bruder Andreas: Kommt her, folgt mir nach! Ich werde euch zu Menschenfischern machen« (Markus 1,17).

»Jesus (der Nazarener) hatte fünf Jünger« (b. Sanh., 43b).

Jesus als Prophet:
»Als er in Jerusalem einzog, geriet die ganze Stadt in Aufregung ... Die Leute sagten: Das ist der Prophet Jesus von Nazaret in Galiläa« (Matthäus 21,10-11).

»Anfangs war er ein Prophet, nachher ein Zauberer« (b. Sanh., 106a).

Verurteilung zum Tod durch die Priesterschaft:
»... dort wird der Menschensohn den Hohenpriestern und Schriftgelehrten ausgeliefert; sie werden ihn zum Tod verurteilen« (Matthäus 20,18).

Zwar wird ein Prozeß gegen Jesus im Talmud nirgends erwähnt, jedoch übernahmen die jüdischen Rabbinen die volle Verantwortung für seine Hinrichtung: »... Sie verurteilten Jesus (den Nazarener) ... da er Zauberei getrieben und Jisrael abtrünnig gemacht hat« (b. Sanh., 43a).

Die Hinrichtung am Paschafest:
»Es war am Rüsttag des Paschafests« (Johannes 19,14).

»Am Vorabend des Pesachfestes henkte man Jesus (den Nazarener)« (b. Sanh., 43a).

Jesus starb in jungen Jahren:
Jesus war »etwa dreißig Jahre alt, als er zum erstenmal öffentlich auftrat« (Lukas 3,23). Er starb ein bis drei Jahre später.

»Er starb in jungen Jahren: ›Die Blutgierigen und Falschen werden ihr Leben nicht auf die Hälfte bringen‹« (b. Sanh., 106b, nach Psalm 55,23).

König von Israel:

»Dann legten sie ihm einen Purpurmantel um und flochten einen Dornenkranz; den setzten sie ihm auf und grüßten ihn: Heil dir, König der Juden!« (Markus 15,17-18).

Als Jesus hingerichtet wurde, »sagte jeder, der vorbeiging: ›Dies ist doch der König, der gekreuzigt wurde‹« (T. Sanh., 9,7).

Leben nach dem Tod:

»Auch die Hohenpriester und Schriftgelehrten verhöhnten ihn und sagten zueinander: ... Der Messias, der König von Israel! Er soll doch jetzt vom Kreuz herabsteigen, damit wir sehen und glauben« (Markus 15, 31-32). »... er ist doch der König von Israel. Er soll vom Kreuz herabsteigen, dann werden wir an ihn glauben« (Matthäus 27,42). »Und sie werden ihn verspotten, anspucken, geißeln und töten. Aber nach drei Tagen wird er auferstehen« (Markus 10,34).

Zu diesem Anspruch der Auferstehung von den Toten durch die Macht Gottes sagten die Rabbinen: »Wehe dem, der sich durch den Namen Gottes erhält« (b. Sanh., 106a).

Krankenheilung in seinem Namen:

»Dann rief er seine zwölf Jünger zu sich und gab ihnen die Vollmacht, die unreinen Geister auszutreiben und alle Krankheiten und Leiden zu heilen« (Matthäus 10,1).

Die Jünger sollen »im Namen Jesu Ben Pandira« Kranke geheilt haben (T. Hull, 2,22-23).

Wir finden also in jüdischem Schrifttum Bestätigungen für wesentliche Fakten im Leben Jesu, die in den vier Evangelien berichtet werden. Doch die Talmud-Gelehrten, die sowohl die jüdischen Gesetze interpretierten wie auch die Legenden und Kommentare der frühen Jahrhunderte nach dem angeblichen Tod und der Auferstehung Jesu zusammenstellten, verließen sich nicht einfach auf die christlichen Traditionen jener Zeit, sondern bezogen sich außerdem auf jüdische Autoritäten der Vergangenheit – und zwar sowohl in den Einzelheiten, denen sie nicht widersprachen, als auch in jenen, die sie ablehnten.

5
DER NAZORÄER

Die Autorität, auf die sich die Rabbinen bei der Zusammenstellung des Talmuds stützten, war das Gesetz des Mose,
wie es im Pentateuch geschrieben steht, den ersten fünf
Büchern des Alten Testaments, die die Juden Tora nennen.
Nach jüdischem Gesetz waren selbst geringfügige Veränderungen untersagt; allerdings hatten die Juden das Recht,
diese alten Überlieferungen, die ursprünglich von einer
Generation zur nächsten mündlich weitergegeben worden
waren, zu erläutern und unklare und widersprüchliche
Aussagen zu interpretieren.
Im Hinblick auf die Frage, wann Jesus wirklich gelebt hat,
ist es bemerkenswert, daß sich im rabbinischen Schrifttum
nirgendwo ein Hinweis darauf findet, die Kreuzigung Jesu
habe zur Regierungszeit Herodes' oder zur Zeit des Hohe-
priesters Kaiphas stattgefunden, obwohl der Talmud weitere chronologische Angaben in großer Zahl enthält. Dies
ist um so befremdlicher, als die Rabbinen, die eifrig an ihrer
eigenen Version der Geschehnisse arbeiteten, die Darstellung in den vier Evangelien gekannt haben müssen. Ebensowenig werden im Talmud Personen genannt, die in der
Zeit des Herodes lebten, wie etwa Johannes der Täufer. Vor
diesem Hintergrund ist der Tatsache, daß sich so viele
Passagen des Talmud in der einen oder anderen Form auf
Jesus beziehen, noch größere Bedeutung beizumessen.
Der Talmud widerspricht den Evangelien auch in wesentlichen Punkten hinsichtlich der Person Jesu. Beispielsweise

wird nirgendwo erwähnt, er sei ein Galiläer oder stamme aus der Stadt Nazaret. Zwar wird er darin »Nazoräer« (griechisch: *Nazoraios*) genannt, doch dieses Wort bezeichnet eine religiöse Sekte, keinen geographischen Ort. Dies geht auch aus der Apostelgeschichte 24,5 hervor, als die Juden dem römischen Statthalter Felix ihre Klage über Paulus vortragen, der »ein Unruhestifter bei allen Juden in der Welt und ein Rädelsführer der Nazoräersekte« sei. In der Tat spricht Paulus selbst immer von Jesus als »dem Nazoräer« und schreibt nie, daß Jesus aus Nazaret stamme. An anderer Stelle in der Apostelgeschichte wird in der englischen Version des Neuen Testaments Nazoräer mit »von Nazaret« übersetzt [entsprechend auch in der deutschen Fassung – Anm. d. Übers.], was unzutreffend und für den Leser irreführend ist.

Die Nazoräer waren eine gnostische Sekte (d. h. sie suchten Erkenntnis in der spirituellen Erfahrung) wie auch die Essener, und mit dem Begriff »Nazoräer« bezeichnen die hebräischen Juden noch heute die Christen. Auch im Koran wird Jesus zwar als Messias (Christus) anerkannt, seine Anhänger werden jedoch Nasara genannt, d. h. Nazoräer: »Eine der Umschreibungen, mit denen sich die Gemeinde von Qumran selbst bezeichnete, hieß: ›Wahrer des Bundes‹, hebräisch *Nozrei ha-Brit*. Von diesem Ausdruck leitet sich das Wort *Nazrim* her, welches eine der frühesten Bezeichnungen für die später als Christen bekanntgewordene Sekte ist.«[1]

Das semitische Wort ist vom Stamm *nsr* abgeleitet, was soviel wie »bewachen« oder »beschützen« bedeutet und »Eiferer« impliziert. Die Existenz der Nazoräersekte wird sowohl von klassischen wie auch christlichen Autoren bezeugt. Plinius der Ältere, der römische Geograph aus der zweiten Hälfte des ersten Jahrhunderts vor Christus,

spricht von einer Tetrarchie (dem Viertel eines Landes oder
einer Provinz) der Nazoräer in Syria Coele, dem Gebiet um
Damaskus.[2]

Der Name Nazaret taucht weder in der Apostelgeschichte
oder in den Briefen der Apostel auf, noch in den Büchern
des Alten Testaments, im Talmud oder in den Schriften des
Josephus, dem zur Zeit des jüdischen Aufstands gegen die
Römer im Jahre 66 v. Chr. die Herrschaft über Galiläa
übertragen war. Erstmals hören wir von diesem Ort in den
Schriften des Markus, dem Verfasser des ältesten Evange-
liums. Im Anschluß an einen Abschnitt, in dem es um
Johannes den Täufer geht, heißt es: »In jenen Tagen kam
Jesus aus Nazaret in Galiläa und ließ sich von Johannes im
Jordan taufen« (Markus 1,9).

Dem Vorbild des Markus folgten Matthäus und Lukas.
Doch sie widersprechen einander in ihren Darstellungen.
Matthäus berichtet, aus Furcht vor Herodes' Sohn Archelaus sei Josef mit Maria und dem Kind Jesus »in das Gebiet
von Galiläa« gezogen und habe sich in einer Stadt namens
Nazaret niedergelassen. »Denn es sollte sich erfüllen, was
durch die Propheten gesagt worden ist: Er wird Nazoräer
genannt werden« (Matthäus 2,22-23). Nach Lukas dagegen
lebten Josef und Maria zum Zeitpunkt von Mariä Verkün-
digung bereits in Nazaret: »Im sechsten Monat wurde der
Engel Gabriel von Gott in eine Stadt in Galiläa namens
Nazaret zu einer Jungfrau gesandt. Sie war mit einem
Mann namens Josef verlobt ... Der Name der Jungfrau war
Maria« (Lukas 1,26-27).

Wir besitzen keine sichere Kenntnis darüber, wann das
Markusevangelium verfaßt worden ist, doch Bibelforscher
datieren es auf etwa 75 n. Chr. In jener Zeit war Nazaret ein
kleines Dorf im unteren Galiläa in den Bergen nördlich der
Ebene von Esdraelon, etwa fünfundzwanzig Kilometer

westlich des Sees von Galiläa. Daß Markus den Begriff »Nazoräer« nicht mit einer Sekte, sondern mit einem geographischen Ort in Zusammenhang brachte, ist darauf zurückzuführen, daß er die Darstellung von Leben und Tod Jesu in einen römischen Kontext stellen wollte. Das hatte später zur Folge, daß Nazaret zu einem Pilgerort wurde – doch erst im sechsten Jahrhundert nach Christus.

Das Kreuz gilt als Symbol für Christus. In allen vier Evangelien finden wir übereinstimmend die Aussage, daß Jesus gekreuzigt worden ist: »Nachdem sie ihn gekreuzigt hatten …« (Matthäus 27,35); »dann kreuzigten sie ihn …« (Markus 15,24); »sie kamen zur Schädelhöhe; dort kreuzigten sie ihn …« (Lukas 23,33); »nachdem die Soldaten Jesus ans Kreuz geschlagen hatten …« (Johannes 19,23). Auch Paulus schreibt, daß Jesus auf diese Weise ums Leben kam: »… diesen Jesus, den ihr gekreuzigt habt« (Apostelgeschichte 2,36).
Dieser Sachverhalt wäre plausibel, wenn Jesus tatsächlich zur Zeit der Römer vor Gericht gestellt und zum Tode verurteilt worden wäre. Denn die Kreuzigung – das Annageln an ein Kreuz – war eine römische, keine israelitische Form der Exekution. Nach alter Tradition der Israeliten wurde der Verurteilte an einem Baum aufgehängt: »Wenn jemand ein Verbrechen begangen hat, auf das die Todesstrafe steht, wenn er hingerichtet wird und du den Toten an einen Pfahl hängst …« (Deuteronomium 21,22).
Im Talmud, in dem geschrieben steht, daß Jesus gekreuzigt wurde (»Anscheinend ist der König [Jesus] gekreuzigt worden«, T. Sanh., 9,7), wird auch behauptet, er sei gehängt worden: »… so hängte man ihn am Vorabend des Pesahfestes« (b. Sanh., 43a). Dies scheint ein extremer Widerspruch zu sein, würde man nicht auch im Neuen Testament Hin-

weise darauf finden, daß Jesus wohl eher durch den Strick als am Kreuz gestorben ist. Beispielsweise liest sich Petrus' Darstellung vom Tod Jesu folgendermaßen: »... Ihn haben sie an den Pfahl gehängt und getötet« (Apostelgeschichte 10,39). Und Paulus, der in einem früheren Text den Ausdruck »gekreuzigt« verwendet hat, erklärt nun: »... nahmen sie ihn vom Holz und legten ihn ins Grab« (Apostelgeschichte 13,29) [In der englischen Bibelfassung wird von *tree* gesprochen, was sowohl »Baum« wie auch »Balken« oder »Holzgestell« heißen kann – Anm. d. Übers.].

Hinsichtlich der Wortwahl kann man also durchaus annehmen, daß in der Darstellung vom Tod Jesu nicht zwingend ein Widerspruch zwischen den Versionen des Talmuds und denen der Evangelisten besteht; »Kreuzigung« könnte demnach gleichbedeutend mit »Hängen« sein. Später wurde allerdings ein entschlossener Versuch unternommen, die Geschichte Jesu in die römische Zeit zu verlegen. Johannes, der historisch fragwürdigste unter den Evangelisten, fügte weitere Einzelheiten hinzu, wonach Jesus die römische Todesstrafe des Annagelns an ein Kreuz erlitten hat, nicht die israelitische des Hängens. Diese Details findet man in der Geschichte vom ungläubigen Thomas, der einen sichtbaren Beweis für die Wiederauferstehung Christi verlangte: »... er (Thomas) entgegnete ihnen: Wenn ich nicht die Male der Nägel an seinen Händen sehe und wenn ich meinen Finger nicht in die Male der Nägel und meine Hand nicht in seine Seite lege, glaube ich nicht« (Johannes 20,25).

Die Angleichung der Geschichte Jesu an die Gegebenheiten des römischen Zeitalters hat zu gegensätzlichen Darstellungen geführt, und zwar nicht nur hinsichtlich seiner Todesart, sondern auch der Frage, wer für seinen Tod verantwortlich sei – die israelitischen Priester oder die römische Obrigkeit. Das Neue Testament gibt die Schuld durchweg den israelitischen Priestern: »… dort (in Jerusalem) wird der Menschensohn den Hohenpriestern und Schriftgelehrten ausgeliefert; sie werden ihn zum Tod verurteilen« (Matthäus 20,18); Petrus sagt zu den Priestern von Jerusalem: »… Jesus …, den ihr ans Holz gehängt und ermordet habt« (Apostelgeschichte 5,30); in bezug auf die Juden erklärt Paulus: »Diese haben sogar Jesus, den Herrn, und die Propheten getötet …« (Erster Brief an die Thessalonicher 2,15), und an anderer Stelle spricht er zum »ganzen Haus Israel«: »… Jesus, den ihr gekreuzigt habt« (Apostelgeschichte 2,36).

Zwar erkannten die Rabbinen an, daß die israelitischen Priester für die Verurteilung Jesu verantwortlich waren und dies die Strafe dafür war, daß er Israel auf Abwege geleitet hatte. Doch in der Überlieferung des Talmuds findet man nirgendwo sonst einen Hinweis auf die Rolle, die Pontius Pilatus oder ein anderer römischer Machthaber im Zusammenhang mit dem Tod Jesu gespielt haben soll. Statt dessen zeigen die Rabbinen anklagend auf Pinhas – einen israelitischen Priester, der im vierzehnten Jahrhundert vor Christus lebte und ein Zeitgenosse des Mose war.

6

EIN ANDERER ORT,
EINE ANDERE ZEIT

Der Talmud stellt unzweideutig fest: »Der Mörder Pinhas tötete [ihn] (Jesus)« (b. Sanh., 106b). Pinhas war der Priester, der Sohn Eleasars, des Sohnes Aarons, der im Buch Numeri als Zeitgenosse des Mose beschrieben wird; in dieser Passage teilt Gott dem jüdischen Gesetzgeber mit, daß er Pinhas und seinen Nachkommen den »Bund des ewigen Priestertums« (Numeri 25,10–13) versprochen hat. Für die Annahme, daß der Tod Jesu tausendvierhundert Jahre vor dem in den Evangelien genannten Zeitpunkt stattfand, sprechen nicht nur Belege aus dem Talmud, sondern auch aus der Bibel und dem Koran.

Als Erklärung für diesen offensichtlichen Widerspruch zu den Evangelien haben manche Bibelwissenschaftler argumentiert, der Name Pinhas könnte eine Verfälschung des Namens Pilatus sein. Das wäre einleuchtend, würde der Talmud das Leben Jesu nicht durchweg in der Zeit von Pinhas und Mose ansiedeln. Beispielsweise finden wir im Buch Deuteronomium beschrieben, welches Los falschen Propheten bestimmt ist: »Wenn in deiner Mitte ein Prophet oder ein Traumseher auftritt und dir ein Zeichen oder Wunder ankündigt, wobei er sagt: Folgen wir anderen Göttern nach, die du bisher nicht kanntest, und verpflichten wir uns, ihnen zu dienen!, und wenn das Zeichen und Wunder, das er dir angekündigt hatte, eintrifft, dann sollst du nicht auf die Worte dieses Propheten oder Traumsehers hören ... Der Prophet oder Traumseher ... soll mit dem Tod bestraft werden ... du [sollst] nicht nachgeben und nicht auf ihn hören. Du sollst in dir kein Mitleid mit ihm aufsteigen lassen, sollst keine Nachsicht für ihn kennen und die Sache nicht vertuschen« (Deuteronomium 13,2–4 und 6,9).

Diese Verse werden im Talmud im Zusammenhang mit Jesus wiedergegeben, und das Deuteronomium wird sogar zitiert: »... und [es] wird gelehrt: Am Vorabend des Pesha-festes henkte man Jesu (den Nazoräer) ... weil er Zauberei getrieben und Jisrael verführt und abtrünnig gemacht hat ... Er war ja ein Verführer, und der Allbarmherzige sagt (Deuteronomium 13,9): du sollst seiner nicht schonen und seine Schuld nicht verheimlichen« (b. Sanh., 43a). Wie wir später sehen werden, predigte der historische Jesus zwar nicht, andere Götter anzubeten, doch er widersprach den Geboten Mose in zwei Punkten: Er drängte den Gott der Israeliten anderen Völkern nicht auf, sondern erlaubte ihnen, ihre eigenen Götter zu verehren, die dann den Rang von Engeln und Heiligen einnahmen. Außerdem glaubte er an die Wiederauferstehung und an ein Leben nach dem Tod.

Ein weiterer Vers aus dem Deuteronomium wird im Talmud (T. Sanh., 9,7) in Beziehung zum Tod Jesu gesetzt: Wenn jemand hingerichtet worden ist, »dann soll die Leiche nicht über Nacht am Pfahl hängen bleiben, sondern du sollst ihn noch am gleichen Tag begraben; denn ein Gehenkter ist ein von Gott Verfluchter ...« (Deuteronomium 21,23). An zahlreichen Stellen des Talmud wird Jesus auch in Verbindung mit Bileam oder Balaam gebracht, einem nicht-israelitischen Seher, der zur Zeit von Mose lebte. Das Buch Numeri (22–24), das vierte Buch des Pentateuch, erzählt ausführlich, wie der König von Moab Bileam dar-

um bittet, ihm vorherzusagen, welchen Ausgang die kriegerischen Auseinandersetzungen mit den Israeliten haben
werden; zu seiner Enttäuschung prophezeit ihm Bileam,
daß die Israeliten einen glorreichen Sieg über das Volk von
Moab davontragen werden.

Der Name Bileam oder Balaam wird im Talmud manchmal
als Synonym für Jesus verwendet. So heißt es beispielsweise von der Mutter Balaams (hier ist Jesus gemeint): »Sie ...
stammt von Fürsten und Herrschern« (b. Sanh., 106a). Der
Name Bileam taucht auch auf, als das Alter Jesu zum
Zeitpunkt seines Todes angegeben wird: »Dreiunddreißig
[oder vierunddreißig] Jahre war ... Bileam alt, als ihn der
Mörder Pinhas tötete« (b. Sanh., 106b). Doch der Talmud
stellt auch fest, daß es sich bei Jesus und Balaam um zwei
verschiedene Personen handelt, da mitunter beide in ein
und derselben Passage namentlich genannt werden.[1]

In einem merkwürdigen Abschnitt des Talmud schienen
die Verfasser mit besonderem Nachdruck hervorheben zu
wollen, daß die Geschichten von Jesus/Balaam aus der Zeit
Moses und des Buches Exodus stammen: »Mose schrieb
sein Buch, den Abschnitt von Bileam [u. a.]« (b. B. Bathr.,
14b). Warum wurde eigens erwähnt, was ohnehin auf der
Hand lag? Bekanntlich gehört das Buch Numeri, das die
Geschichte von Bileam/Balaam enthält, zu den fünf Büchern des Alten Testaments, deren Urheberschaft Mose
zugeschrieben wird. Hier wurde zweifellos versucht, die
Darstellung in den Evangelien indirekt zu widerlegen;
durch die Rückdatierung der Jesus/Balaam-Geschichten
wird auch die Lebenszeit Jesu aus der Zeit von Pontius
Pilatus im ersten Jahrhundert vor Christus in eine viel
frühere Epoche verlegt.

Wenn Jesus tatsächlich tausendvierhundert Jahre früher
gelebt hat, als gemeinhin angenommen wird, erscheint ein

in den Evangelien von Matthäus, Markus und Lukas be-
schriebenes Ereignis in einem völlig neuen Licht: die Begegnung von Jesus und Mose, die die Verklärung Jesu
genannt wird: »Sechs Tage danach nahm Jesus Petrus,
Jakobus und Johannes beiseite und führte sie auf einen
hohen Berg, aber nur sie allein. Und er wurde vor ihren
Augen verwandelt; seine Kleider wurden strahlend weiß,
so weiß, wie sie auf Erden kein Bleicher machen kann. Da
erschien vor ihren Augen Elija und mit ihm Mose, und sie
redeten mit Jesus. Petrus sagte zu Jesus: Rabbi, es ist gut,
daß wir hier sind. Wir wollen drei Hütten bauen, eine für
dich, eine für Mose und eine für Elija ... Da kam eine Wolke
und warf ihren Schatten auf sie, und aus der Wolke rief eine
Stimme: Das ist mein geliebter Sohn; auf ihn sollt ihr hören.
Als sie dann um sich blickten, sahen sie auf einmal niemand mehr bei sich außer Jesus« (Markus 9,2–5 und 7–8).
Bis ins neunzehnte Jahrhundert hinein unternahm kein
christlicher Theologe den Versuch, diese Verse zu interpretieren. Und danach redete man sich darauf hinaus, sie seien
keine Beschreibung tatsächlicher historischer Ereignisse,
sondern eine psychologische Darstellung von Jesus und
seinen Jüngern oder die Geschichte einer »spirituellen Erfahrung«. Eine derartige Auslegung ist jedoch mit dem
sachlich-nüchternen Ton der Evangelien kaum vereinbar.
Im Unterschied zur Auseinandersetzung Jesu mit dem
Satan in der Wüste kann die Verklärung nicht als symbol-
haft oder als Beschreibung einer Vision interpretiert werden. Schließlich ist hier von drei Jüngern die Rede, die den
Schriften zufolge Zeugen der Begegnung zwischen Jesus
und Mose waren. In den Evangelien gibt uns einzig dieses
Ereignis einen Anhaltspunkt darauf, wann Jesus tatsächlich gelebt hat.

An einer Stelle des Korans wird indirekt eine Verbindung
zwischen Mose und Jesus hergestellt, wonach sie nicht nur
Zeitgenossen waren, sondern auch blutsverwandt. Es wird
hier beschrieben, wie Maria, nachdem sie das Kind geboren hat, zu ihren Angehörigen zurückkehrt, welche ihr das
Los als unverheiratete Mutter vorhalten:

> O Schwester Aarons,
> dein Vater war kein Bösewicht
> und deine Mutter keine Dirne.
> (Sure 19,28)[2]

Hier betrachtet der Koran Maria, die Mutter Jesu, als identisch mit Maria, der Schwester von Aaron und Mose. Für
diesen scheinbar krassen Widerspruch zu den Evangelien
haben muslimische Theologen eine logische Erklärung zu
finden versucht. Manche meinten, die Passage sei im über-
tragenen Sinn zu verstehen: Maria sei *wie* eine Schwester
Aarons. Andere vermuteten die Mutter Jesu in der Abstammungslinie von Aaron. Doch keiner dieser Erklärungsver-
suche ist überzeugend, zumal der Koran selbst die ge-
schwisterliche Verwandtschaft zwischen Maria und Aaron
bestätigt, indem er Imram als deren gemeinsamen Vater
erwähnt (Sure 3,35).

Über die Lebenszeit Jesu gibt es also zwei widersprüchliche Angaben – einerseits die Darstellung in den Evangelien, wonach Jesus in der Zeit zwischen den letzten Jahren
des ersten Jahrhunderts vor Christus und dem Ende der
dreißiger Jahre des ersten Jahrhunderts nach Christus ge-
wirkt hat; ansonsten spricht aber nichts für diese Datierung. Andererseits deutet die im Koran sowie im Neuen
Testament erzählte Geschichte von der Verklärung Jesu

auf einen Zeitraum hin, der tausendvierhundert Jahre weiter zurück liegt; entsprechende Hinweise finden sich auch im Talmud. Worauf ist nun dieser Widerspruch zurückzuführen? Wir kommen der Antwort näher, wenn wir uns eingehender mit der Geschichte und den religiösen Anschauungen der Gnostiker befassen, jenen kleinen Geheimsekten, zu denen auch die Essener zählten und die schon Jahrhunderte vor der christlichen Zeitrechnung in Palästina/Syrien und in Ägypten weit verbreitet waren.

7
DER MENSCH, DER VON
GOTT GESANDT WAR

Die Gnostikersekten betrachteten Jesus Christus als eine
historische Gestalt, als einen Nachfolger Moses. Ihrem
Glauben nach war der Messias bereits gekommen, doch
jener Jesus war von der israelitischen Priesterschaft nicht
anerkannt und vom Frevelpriester getötet worden. Zu diesen Sekten gehörten auch die Essener von Qumran, von
denen die bereits erwähnten Schriftrollen vom Toten Meer
stammen. Sie wurden im zweiten Jahrhundert vor Christus
verfaßt, enthalten aber schon einige Elemente jener Darstellung von Geburt und Leben Jesu, wie wir sie aus den
Evangelien kennen.
Bereits der Name »Essener« oder »Essäer« deutet darauf
hin, daß sie Anhänger Jesu waren. Philon von Alexandria,
der um 30 n. Chr. die erste Schrift über diese Religionsge-
meinschaft verfaßte, benannte sie nach dem griechischen
Essaios, machte jedoch darauf aufmerksam, daß dieses
Wort ursprünglich nicht aus dem Griechischen stammte.
Ein halbes Jahrhundert später rechnete Josephus sie zu den
jüdischen Untergruppen seiner Zeit und bezeichnete sie als
Essener. Heute vermutet man allerdings, daß dieser Begriff
aus dem Semitischen stammt. Erstaunlicherweise hat man
unter all den unbefriedigenden Vorschlägen zur Etymolo-
gie die naheliegendste Erklärung übersehen – *Essa* ist die
arabische Bezeichnung für Jesus, die einzige, die im Koran
auftaucht. »Essaioi« bedeutet demnach »ein Anhänger von

Essa«. Der Grund, warum diese Bedeutung ignoriert worden ist, ist augenfällig: Wenn die Essener schon vor Jesus existiert haben, können sie nicht dessen Anhänger sein. Essa war im übrigen auch der für Jesus gebräuchliche Ausdruck in der koptischen ägyptischen Sprache im ersten Jahrhundert nach Christus.

Alle essenischen Gemeinden waren geschlossene, geheime Sekten. Zwar gehörten sie zum jüdischen Volk, führten jedoch ein abgeschiedenes Dasein und beteiligten sich weder an jüdischen Festen noch an Tempelzeremonien; nach ihrem Glauben war der Lehrer der Gerechtigkeit nämlich Jahrhunderte zuvor von den israelitischen Priestern zurückgewiesen und getötet worden. Josephus beschreibt, welch großen Wert die Essener auf Geheimhaltung legten: »Jene aber, die in ihre Sekte aufgenommen werden wollen, können nicht sofort eintreten, sondern sie bleiben ein Jahr außerhalb der Gemeinschaft und müssen während dieser Zeit die gleiche Lebensweise einhalten ... Besteht der Kandidat während dieser Zeit die Prüfung der Enthaltsamkeit, so darf er dem Leben der Gemeinschaft nähertreten und darf teilnehmen an den heiligen Bädern, die noch größere Reinheit bewirken ... (er) wird ... während der beiden nächsten Jahre auf seinen Charakter geprüft, und erst, wenn er sich darin bewährt hat, wird er für würdig befunden, in die Gemeinschaft einzutreten«[1], d. h. das Gelübde abzulegen, das vor allen Dingen absolute Verschwiegenheit in sämtlichen Angelegenheiten des Ordens verlangte. Im ersten Jahrhundert nach christlicher Zeitrechnung erwarteten die Essener die Rückkehr Jesu, den Jüngsten Tag und das Ende der Welt. Johannes, der »Mensch ..., der von Gott gesandt war« (Johannes, 1,6), trat als erster Essener an die Öffentlichkeit und forderte alle Juden dazu auf, sich taufen zu lassen, ihre Sünden zu bekennen und zu bereuen,

um sich so moralisch zu reinigen und symbolisch Vergebung zu erlangen. Er ermahnte die Juden, »zur Taufe zu
kommen; denn das Waschen (mit Wasser) würde ihn
(Gott) günstig stimmen ...«[2]. Doch Johannes der Täufer
war nicht der Wegbereiter für die Geburt Jesu, sondern für
dessen zweites Kommen: »In jenen Tagen trat Johannes der
Täufer auf und verkündete in der Wüste von Judäa: Kehrt
um, denn das Himmelreich ist nahe. Er war es, von dem
der Prophet Jesaja gesagt hat: Eine Stimme ruft in der
Wüste: Bereitet dem Herrn den Weg! Ebnet ihm die Straßen!« (Matthäus 3,1–3). Johannes war der Prophet der End-
zeit, der eschatologische Bote aus den alttestamentlichen
Büchern der Propheten.

Die neue Bewegung von Johannes dem Täufer wurde begeistert aufgenommen und erfuhr einen so starken Zulauf,
daß der bereits erwähnte Herodes Antipas, der Tetrarch
von Galiläa und Sohn Herodes' des Großen, fürchtete,
Johannes könnte zu einer zentralen Figur der jüdischen
Widerstandsbewegung werden; aus diesem Grund ließ er
ihn festnehmen, einsperren und später hinrichten. Hätte
Herodes Antipas nicht diese Entscheidung getroffen, wäre
die Geschichte des Jesus von Nazaret höchstwahrscheinlich niemals geschrieben worden – denn der Grundstein
dafür wurde mit dem Leben und dem gewaltsamen Ende
von Johannes dem Täufer gelegt.

Zu jener Zeit traten viele aufrührerische jüdische Führer,
zweifelsohne beseelt von der Erwartung der Ankunft des
Messias, gegen die Hohenpriester in Jerusalem sowie gegen die römische Besatzungsmacht auf. Unter ihnen befand sich Judas, ein Galiläer, dem die vier Evangelisten eine
Generation später eine ganz andere Rolle zuschrieben. Judas ist, wie ich glaube, identisch mit Ben Stada. Im Talmud

wird er mit denselben Worten charakterisiert wie Jesus: »ein Betrüger«. Hier erfahren wir auch Näheres über sein Gerichtsverfahren und seine Hinrichtung: »Und so verfuhren sie mit Ben Stada in Lud (der Stadt Lydda in der palästinensischen Ebene südöstlich von Jaffa) ... und sie brachten ihn zu Beth Din (dem jüdischen Gerichtshof) und steinigten ihn.«

Zeitgenössische Bibelforscher sehen in Ben Stada einen der zahlreichen falschen Propheten des ersten Jahrhunderts nach Christus. Man vermutet, daß er mit einem ägyptischen Aufrührer gleichzusetzen ist, der den Angaben Josephus' zufolge um die Mitte jenes Jahrhunderts einen Aufstand gegen die Römer anführte.[3] Ich bezweifle das jedoch, denn Josephus versichert uns, dieser Aufrührer sei nie gefaßt worden: »Felix (Antonius Felix, der römische Prokurator, 52–60 n. Chr.) ... (trat) ihm mit römischen Schwerbewaffneten in den Weg, ... der Ägypter (konnte) bei der bewaffneten Auseinandersetzung wohl mit einer kleinen Schar fliehen ..., während der größte Teil seiner Gefolgsleute umgebracht wurde oder in Gefangenschaft geriet.«[4]

Für diese Annahme spricht auch die neutestamentliche Schilderung der Verhaftung des Paulus durch die Römer; diese fand mindestens zwanzig Jahre nach dem mutmaßlichen Zeitpunkt der Kreuzigung Jesu statt: »Als man Paulus in die Kaserne bringen wollte, sagte er zum Obersten: Darf ich ein Wort mit dir reden? Der antwortete: Du verstehst Griechisch? Dann bist du also nicht der Ägypter, der vor einiger Zeit die viertausend Sikarier [d. h. ›Dolchmänner‹; jüdische Freiheitskämpfer] aufgewiegelt und in die Wüste hinausgeführt hat?« (Apostelgeschichte 21,37–38).

Es ist deshalb viel wahrscheinlicher, daß Ben Stada mit dem Propheten Judas identisch ist, einem Galiläer, der in den Tagen der Volkszählung auftrat: »... er brachte viel

Volk hinter sich und verleitete es zum Aufruhr. Auch er kam um, und alle seine Anhänger wurden zerstreut« (Apostelgeschichte 5,37). Josephus schreibt, wie Judas die Juden dazu aufrief, die Zahlung der Steuern zu verweigern, die die Römer im Jahre 6 n. Chr. erhoben, als die Volkszählung zur Festsetzung der Steuern durchgeführt wurde. »Diese Besteuerung ist nicht besser als der Verkauf in die Sklaverei«, sagte Judas. Obwohl der Hohepriester von Jerusalem die Juden zur Zahlung der Steuern aufrief, fand die Opposition um Judas zahlreiche Anhänger, wie Josephus berichtet. Dieser galiläische Prophet scheint in der Tat einen bedeutenden Einfluß auf die jüdische Geschichte gehabt und in der ersten Hälfte des ersten Jahrhunderts nach Christus einen grundlegenden Wandel in der jüdischen Denkweise bewirkt zu haben. Damals gab es unter den Juden drei philosophische Schulen, die Sadduzäer, die Pharisäer und die Essener, doch »Judas … begründete eine vierte philosophische Schule unter uns und hatte viele Anhänger«.[5] Josephus macht keine Angaben darüber, was aus Judas nach der Niederschlagung seines Aufstands wurde, doch man weiß, daß zwei seiner Söhne, Jakobus und Simon, zwischen 46 und 48 n. Chr. von den Römern gekreuzigt wurden, weil sie in die Fußstapfen ihres Vaters traten.

Die Hinrichtung Johannes' des Täufers war ein schwerer Schlag für seine Anhänger, insbesondere für seine Schüler, die darauf bedacht waren zu beweisen, daß seine Botschaft von der Wiederkehr des Messias richtig war. Deshalb verbreiteten sie nicht nur weiterhin seine Lehren, sondern behaupteten, seine Prophezeiung habe sich erfüllt, denn sie hätten Jesus gesehen.

Da niemand sonst Jesus gesehen hatte, glaubte man ihnen

nicht und nahm allgemein an, der von den Toten Wieder-
auferstandene sei in Wirklichkeit Johannes. Im Evangelium nach Markus finden wir zwei Belege für diese Ansicht:
Jesus sandte seine Jünger jeweils zu zweien aus, um die
Menschen zur Umkehr aufzurufen, und »der König Herodes hörte von Jesus; denn sein Name war bekannt geworden, und man sagte: Johannes der Täufer ist von den Toten
auferstanden ...« (6,14). Danach heißt es: »Als aber Herodes von ihm hörte, sagte er: Johannes, den ich enthaupten
ließ, ist auferstanden« (6,16).

Bei Markus findet sich auch das bedeutsame Eingeständ-
nis, daß niemand außer den Jüngern Jesus kannte: Auf dem
Weg zu den Dörfern bei Cäsarea Philippi »... fragte er
(Jesus) die Jünger: Für wen halten mich die Menschen? Sie
sagten zu ihm: Einige für Johannes den Täufer, andere für
Elija, wieder andere für sonst einen von den Propheten. Da
fragte er sie: Ihr aber, für wen haltet ihr mich? Simon Petrus
antwortete ihm: Du bist der Messias! Doch er verbot ihnen,
mit jemand über ihn zu sprechen« (8,27–30). Aber diese
Passage ist nicht nur ein bemerkenswertes Bekenntnis:
Verwunderlich ist auch Petrus' Antwort. Warum wird berichtet, er habe »Messias«, nicht »Jesus« gesagt? Jesus war
der Name Gottes; seine Jünger konnten erst nach seinem
Tod und seiner Auferstehung von den Toten erkannt haben, daß er der Messias, der Erlöser, war.

Johannes behauptete nie, der Messias zu sein. Und da die
Schüler des Johannes erklärten, Jesus habe zur selben Zeit
wie Johannes gelebt, und sie hätten ihn gesehen, blieb
ihnen nur eine Wahl: Sie mußten Jesus, dessen Ankunft in
den überlieferten Büchern der Propheten seit Jahrhunderten angekündigt war, »wiederauferstehen« lassen und das
Alte Testament als Grundlage für seine Heilslehre heran-
ziehen. Ihrer Version Glaubwürdigkeit zu verleihen erwies

sich als mühseliges Unterfangen. Um das Jahr 53 n. Chr.
kam »ein Jude namens Apollos ... nach Ephesus. Er
stammte aus Alexandria, war redekundig und in der
Schrift bewandert. Er war unterwiesen im Weg des Herrn.
Er sprach mit glühendem Geist und trug die Lehre von
Jesus genau vor; doch er kannte nur die Taufe des Johannes« (Apostelgeschichte 18, 24–25).

Die Taufe des Johannes unterschied sich sowohl von der
Taufe der Essener wie auch von der Taufe durch Jesus.
Johannes versprach, durch das rituelle Eintauchen in Wasser würde der Mensch von Sünde reingewaschen. Dagegen
glaubten die Essener, bei der Taufe – zu der ebenfalls die
symbolhafte Verwendung von Wasser gehörte – komme
der Heilige Geist auf den Getauften herab, besiegle nach
einer gewissen Probezeit den Neuen Bund in der Gemeinschaft mit ihm und schenke ihm das Ewige Leben. Nach
den in den Qumranschriften überlieferten »Gemeinderе-
geln« wird der neue Anhänger des Glaubens »durch hei-
ligmäßigen Geist für die Einung in Seiner Wahrheit ...
gereinigt von all seinen Sünden ... Durch seine Unterwerfung unter alle Gesetze Gottes wird gereinigt sein Fleisch,
so daß er sich besprengen kann mit Reinigungswasser und
sich heiligen mit Wasser der Reinheit.«[6]

Diese Form der Taufe, die für jedes neue Mitglied der
essenischen Gemeinschaft unabdingbar war, wurde von
der neugegründeten christlichen Kirche übernommen. Die
Apostel, die sowohl Juden wie auch Heiden bekehren wollten, spendeten die Taufe auf dieselbe Weise, die in ihrer
essenischen Gemeinde üblich war. Nach der Apostelgeschichte sagte Jesus: »Johannes hat mit Wasser getauft, ihr
aber werdet schon in wenigen Tagen mit dem Heiligen
Geist getauft« (1,5). Nach den Angaben in den Evangelien
vollzogen die Apostel die Taufe weiterhin mit Wasser und

nach dem Vorbild des Johannes, betonten jedoch, daß ihr ein innerer Wandel vorausgehen müsse. Als Paulus bekehrt wurde, sagte Hananias, einer der Jünger, zu ihm: »Bruder Saul, der Herr hat mich gesandt ...; du sollst wieder sehen und mit dem Heiligen Geist erfüllt werden ... und er sah wieder; er stand auf und ließ sich taufen« (Apostelgeschichte 9,17-18).

Folglich kannte Apollos Johannes den Täufer und dessen Form der bußfertigen Taufe sowie die Heilslehre Jesu. Wenn er aber Jesus von Nazaret gekannt hätte, der angeblich ein Zeitgenosse von Johannes war, hätte er auch gewußt, daß die Kirche in Palästina der Taufe eine neue Bedeutung gegeben hatte – sie war das Symbol für die spirituelle Einheit von Christus und seiner Kirche. Auch von anderen Anhängern Jesu wird berichtet, daß sie nur die Taufe des Johannes kannten: »... Paulus [durchwanderte] das Hochland und kam nach Ephesus hinab. Er traf einige Jünger und fragte sie: Habt ihr den Heiligen Geist empfangen, als ihr gläubig wurdet? Sie antworteten ihm: Wir haben noch nicht einmal gehört, daß es einen Heiligen Geist gibt. Da fragte er: Mit welcher Taufe seid ihr denn getauft worden? Sie antworteten: Mit der Taufe des Johannes« (Apostelgeschichte 19,1–3).

Es scheint demnach, als sei die Erkenntnis des Heiligen Geistes das neue Element der frühchristlichen Taufe. Paulus hat als erster deren symbolische Bedeutung als Aufnahmeritual für den Glauben an die Auferstehung Christi definiert. Somit war die Taufe die Initiation für das spirituelle Leben mit Christus: Das Mal der Sünde wird nicht mit Wasser weggewaschen, sondern durch den Tod Jesu und den Glauben an seine Auferstehung. Die christliche Taufe unterschied sich von der essenischen im wesentlichen nur durch den Zeitpunkt der Aufnahme in die Gemeinschaft;

während die Essener eine Zeit der Prüfung verlangten, war man nach der christlichen Taufe sofort Mitglied der Kirche. Es ist in diesem Zusammenhang merkwürdig, daß drei der vier Evangelisten schreiben, Jesus sei von Johannes getauft worden. Kein Christ, der an Jesus von Nazaret glaubte, geschweige denn Jesus selbst, der Sohn des Heiligen Geistes, hätte die Taufe durch Johannes der christlichen Taufe vorgezogen, weil sie in ihrer Bedeutung grundverschieden waren. Die christliche Taufe, die das Bekenntnis zum Ewigen Leben in Christus ist, war erst nach dem Tod des historischen Jesus und nach seiner vorgeblichen Auferstehung von den Toten möglich. Hingegen war die Taufe bei Johannes ein Zeichen der Vergebung für jene, die für den tatsächlichen Tod Jesu verantwortlich waren. Die Geschichte von Johannes dem Täufer legt folgenden Schluß nahe: Die Anhänger des Johannes griffen auf den Jesus der Essener zurück, welcher zur Zeit Moses gelebt hatte, verlegten seine Lebensdaten ins erste Jahrhundert nach Christus, und um der historischen Glaubwürdigkeit willen verknüpften sie die Ereignisse in seinem Leben mit denen von Johannes dem Täufer.

8
DER LEIDENDE
GOTTESDIENER

Jeder, der das alte Testament aufmerksam liest, wird fest-
stellen, daß die Erzählungen in den Evangelien maßgeblich
davon beeinflußt sind. »Zugegebenermaßen machen …
die Evangelisten, vor allem Matthäus, auf die Erfüllung
von Prophezeiungen aufmerksam (z. B. Matthäus 2,15;
21,4–7) … Doch selbst wenn wir alle Aussagen außer acht
lassen, die mit ›es steht geschrieben …‹ beginnen, bleiben
immer noch die Passagen mit ›Kelch‹ und ›Taufe‹ übrig;
wie Jesus gesagt haben soll, stellten diese Schlüsselbegriffe
einen Teil seiner Bestimmung dar (Markus 10,38ff.; 14,36;
Lukas 12,50 und parallele; vgl. auch Markus, 14,41: ›Die
Stunde ist gekommen‹ und parallele). Aus der Sicht Jesu
war sein Tod weder eine Konsequenz der Lebensumstän-
de, in denen er sich befand, noch eine Folge seines Han-
delns. Sein Schicksal war ihm unwiderruflich vorherbe-
stimmt … Und die Antwort auf die Frage, wie er zu dieser
Überzeugung gelangt sein mag, lautet schlicht: Jesus
hat dies höchstwahrscheinlich aus der Heiligen Schrift her-
ausgelesen, wie es auch die Evangelisten von ihm berichten.«[1]
»Es hat den Anschein, als orientierten sich die Evangelien
in ihrer Darstellung Jesu an einem früheren Text des Alten
Testaments, und zwar nicht nur hinsichtlich seiner Taten,
sondern auch seiner Worte: In diesem Zusammenhang

scheinen die Worte über die Taufe, die in ihrer ursprünglichen Form bei Markus 1,11 lauten: ›Du bist mein geliebter
Sohn, an dir habe ich Gefallen gefunden‹, sehr aufschluß-
reich und von grundlegender Bedeutung für das weitere
geistliche Wirken Jesu ... Sie sind lediglich eine Zusam-
menfassung von Psalm 2,7, ›mein Sohn bist du‹, und von
dem Vers Jesaja, 42,1: ›an ihm finde ich Gefallen‹ (wörtlich:
›an ihm erfreut sich mein Herz‹).«[2]

1924 konnte der französische Gelehrte Couchoud in seinem Buch *The Enigma of Jesus* nachweisen, auf welche
alttestamentlichen Wurzeln zahlreiche wesentliche Ereignisse aus dem Leben Jesu zurückzuführen sind, die die
Evangelisten niedergeschrieben haben. Dazu gehören unter anderem die jungfräuliche Geburt (»Seht, die Jungfrau
wird ein Kind empfangen, sie wird einen Sohn gebären,
und sie wird ihm den Namen Immanuel geben«, Jesaja),
der Verrat (»Auch mein Freund, dem ich vertraue, der
mein Brot aß, hat gegen mich geprahlt«, Psalmen), das
Würfeln um seine Kleider (»Sie verteilen unter sich meine
Kleider und werfen das Los um mein Gewand«, Psalmen)
und der letzte Ausruf des gekreuzigten Jesus (»Mein Gott,
mein Gott, warum hast du mich verlassen ...«, Psalmen)
(siehe Anhang A).

Die Rolle, die die Evangelisten Jesus zuschreiben, ist in
erster Linie die eines Sendboten Gottes, des »Lichts für die
Völker« und des Erlösers, der Leiden auf sich nehmen und
wie ein Lamm geopfert werden muß, um die Sünden seines
Volkes zu tilgen. Eine derartige Gestalt gab es bereits in den
alttestamentlichen Schriften Jesajas, eines Propheten aus
der zweiten Hälfte des achten Jahrhunderts vor Christus.
Unter den Büchern der Propheten ist sein Buch mit sechs-
undsechzig Kapiteln das umfangreichste. Bibelforscher
sind zu dem Schluß gekommen, daß das Buch Jesaja min-

destens zwei Autoren gehabt haben muß, einen Jesaja (I), der die Kapitel 1–39 verfaßt hat, und einen Jesaja (II), dem der Rest des Buches zugeschrieben wird. Darüber hinaus vertreten einige Wissenschaftler die Ansicht, daß ein dritter Urheber die letzten elf Kapitel geschrieben hat, die in die zweite Hälfte des sechsten Jahrhunderts vor Christus, in die Zeit nach dem Babylonischen Exil, eingeordnet werden.

Die Beschreibung des Gottesknechts in den Liedern des Jesaja, die zu Jesaja (II) gehören, enthält den ursprünglichen Gedanken vom leidenden Christus:

»Seht, das ist mein Knecht, den ich stütze; das ist mein Erwählter, an ihm finde ich Gefallen. Ich habe meinen Geist auf ihn gelegt, er bringt den Völkern das Recht« (42,1).

»Und er sagte: Es ist zu wenig, daß du mein Knecht bist, nur um die Stämme Jakobs wieder aufzurichten und die Verschonten Israels heimzuführen. Ich mache dich zum Licht für die Völker; damit mein Heil bis ans Ende der Erde reicht« (49,6).

»Wir hatten uns alle verirrt wie Schafe, jeder ging für sich seinen Weg. Doch der Herr lud auf ihn die Schuld von uns allen. Er wurde mißhandelt und niedergedrückt, aber er tat seinen Mund nicht auf. Wie ein Lamm, das man zum Schlachten führt, und wie ein Schaf angesichts seiner Scherer, so tat auch er seinen Mund nicht auf. Durch Haft und Gericht wurde er dahingerafft, doch wen kümmerte sein Geschick? Er wurde vom Land der Lebenden abgeschnitten und wegen der Verbrechen seines Volkes zu Tode getroffen. Bei den Ruchlosen gab man ihm sein Grab, bei den Verbrechern seine Ruhestätte, obwohl er kein Unrecht getan hat und kein trügerisches Wort in seinem Mund war. Doch der Herr fand Gefallen an seinem zerschlagenen (Knecht), er rettete den, der sein Leben als Sühneopfer

hingab. Er wird Nachkommen sehen und lange leben. Der
Plan des Herrn wird durch ihn gelingen. Nachdem er so
vieles ertrug, erblickt er das Licht. Er sättigt sich an Erkenntnis. Mein Knecht, der gerechte, macht die vielen gerecht; er lädt ihre Schuld auf sich« (53, 6–11).

Die Bezeichnung »Knecht« wird in den Schriften als Titel
für einen Propheten oder König verwendet, während die
in den Liedern auftretende Bezeichnung »der Erwählte«
sich in der Mehrzahlform auf das Volk Israels bezieht; die
Verwendung in der Einzahl war allerdings auf Mose und
David beschränkt. Daraus ist ersichtlich, daß dem
»Knecht« ein ganz besonderer Rang zugewiesen wird, der
zu den Titeln von Propheten wie auch von Königen in
Beziehung steht. Außerdem sei er mit dem Geist Gottes
gesegnet, schreibt der Koran über Jesus.

Aus den Versen Jesajas wird auch deutlich, daß die geschichtliche Existenz des »Knechts« bereits in der Vergangenheit lag: Er mußte Mißhandlungen ertragen, wurde
verurteilt und »vom Land der Lebenden abgeschnitten«,
obwohl er sich keines Verbrechens oder Betrugs schuldig
gemacht hatte. Wie ein unschuldiges Lamm wurde er für
die Sünden des Volkes geopfert. Dennoch hat er eine eschatologische Aufgabe in der Zukunft zu erfüllen, wenn Gott
ihn sendet, um die Stämme Israels aufzurichten, den Völkern ein Licht zu sein und ihnen das Recht und das Heil zu
bringen.

Einige Wissenschaftler neigen zu der Interpretation, der
»Knecht« sei nicht als historisches Individuum aufzufas-
sen, sondern stünde für das Volk Israels als Ganzes. Das
kann aus dem Text jedoch nicht geschlossen werden, denn
es ist von einer Person die Rede, die Leiden und Unterdrückung durch das Volk Israel erfahren hat und in einer

künftigen eschatologischen Mission zu diesem und zu allen Völkern gesandt wird.

In Anlehnung an Jesajas Worte über den leidenden Gottesknecht berichtet der Evangelist Markus, Jesus habe gesagt, daß es »... vom Menschensohn in der Schrift [heißt], er werde viel leiden müssen und verachtet werden« (9,12). Tatsächlich wird in den Evangelien immer dann auf diese Worte zurückgegriffen, wenn Jesus von den Leiden des Menschensohnes spricht. Matthäus zum Beispiel zitiert aus den Liedern des Jesaja, nachdem er erzählt hat, wie Jesus die Pharisäer verärgerte, weil er am Sabbat einen Kranken heilte: »Auf diese Weise sollte sich erfüllen, was durch den Propheten Jesaja gesagt worden ist: Seht, das ist mein Knecht, den ich erwählt habe, mein Geliebter, an dem ich Gefallen gefunden habe. Ich werde meinen Geist auf ihn legen, und er wird den Völkern das Recht verkünden. Er wird nicht zanken und nicht schreien, und man wird seine Stimme nicht auf den Straßen hören. Das geknickte Rohr wird er nicht zerbrechen und den glimmenden Docht nicht auslöschen, bis er dem Recht zum Sieg verholfen hat. Und auf seinen Namen werden die Völker ihre Hoffnung setzen« (Matthäus 12,17–21).

Als Lukas schildert, wie Jesus in der Synagoge liest, läßt er ihn sogar selbst aus den Prophezeiungen des Jesaja zitieren: »Er schlug das Buch auf und fand die Stelle, wo es heißt: ›Der Geist des Herrn ruht auf mir: denn der Herr hat mich gesalbt. Er hat mich gesandt, damit ich den Armen eine gute Nachricht bringe; damit ich den Gefangenen die Entlassung verkünde und den Blinden das Augenlicht: damit ich die Zerschlagenen in Freiheit setze und ein Gnadenjahr des Herrn ausrufe.‹« (Lukas 4,17–19).

Um hervorzuheben, daß mit dieser Prophezeiung Jesus gemeint war, erzählt Lukas dann, wie Jesus sich setzte und

»begann ..., ihnen darzulegen: Heute hat sich das Schriftwort, das ihr eben gehört habt, erfüllt« (Lukas 4,21). Daß
Lukas hier in Abweichung von Jesajas Original von »gesalbt« spricht, ist besonders bedeutsam, weil in den Evangelien sonst nirgendwo erwähnt wird, Jesus sei gesalbt
worden – dieser Brauch ist grundlegend verschieden von
der Taufe und hat eine völlig andere Bedeutung als diese.
Dies und die Tatsache, daß Jesus in den Anfangsversen des
Matthäus-Evangeliums »Jesus Christus, der Sohn Davids«
genannt und von einfachen Leuten häufig als »Sohn Davids« angesprochen wird, deutet auf eine königliche Abstammung des historischen Christus hin.
Weitere indirekte Bezüge zu Jesajas Gottesknecht finden
sich im Evangelium nach Johannes: »Am nächsten Tag sah
er (Johannes der Täufer) Jesus auf sich zukommen und
sagte: Seht, das Lamm Gottes, das die Sünde der Welt
hinwegnimmt« (1,29); auch in der Apostelgeschichte, die
von einem äthiopischen Kämmerer erzählt, welcher Philippus, einen der Apostel, fragt, wen Jesaja mit »Gottesknecht« meine: »Da begann Philippus zu reden, und ausgehend von diesem Schriftwort verkündete er ihm das
Evangelium von Jesus« (8,35); ebenso im ersten Brief des
Petrus, der nichts darüber aussagt, was Petrus mit Jesus,
seinem Leben, seiner Lehre oder seinem Tod zu tun gehabt
hat, sondern lediglich Jesajas Verse über den Gottesknecht
wiedergibt: »Er hat keine Sünde begangen, und in seinem
Mund war kein trügerisches Wort. Er wurde geschmäht,
schmähte aber nicht; er litt, drohte aber nicht, sondern
überließ seine Sache dem gerechten Richter. Er hat unsere
Sünden mit seinem Leib auf das Holz des Kreuzes getragen, damit wir tot seien für die Sünden und für die Gerechtigkeit leben. Durch seine Wunden seid ihr geheilt« (2,22–
24).

9
DAS LEBEN
NACH DEM TOD

Jesaja war der erste Prophet Israels, der Christus als den von Gott gesandten Erlöser darstellte. Vor ihm war der Erlöser der Juden immer als der siegreiche Sohn Davids beschrieben worden, als ein wirklicher König, der die Feinde Israels niederschlagen werde. Die Israeliten glaubten, das Leben sei zu Ende, wenn der Mensch in den Scheol, die Unterwelt oder das Grab, hinabsteige. Im Lied Jesajas vom Gottesknecht (Deuterojesaja oder Zweiter Jesaja) ist auch zum erstenmal im Alten Testament von der spirituellen Erlösung und von einem Leben nach dem Tod die Rede.

Daß der Gottesknecht von den Toten aufersteht, wird in den folgenden Versen deutlich formuliert: »Er wurde vom Land der Lebenden abgeschnitten ...« (Jesaja 53,8), »bei den Ruchlosen gab man ihm sein Grab« (53,9); doch »der Herr ... rettete den, der sein Leben als Sühneopfer hingab. Er wird Nachkommen sehen und lange leben. Der Plan des Herrn wird durch ihn gelingen« (53,10). Woher kamen solche neuen Gedanken? Auf welche Autorität berief sich der Prophet mit diesen Aussagen?

Die Antwort, Jesaja (II) sei hierbei vom mesopotamischen Glauben an Tammuz, eine Jahr für Jahr sterbende und wieder auferstehende Gottheit, beeinflußt gewesen, kann nicht ernstgenommen werden: Tammuz-Rituale wurden als Mittel zur Genesung von Krankheit vollzogen und hatten keinerlei Bezug zu einer spirituellen Erlösung oder zu einem Leben nach dem Tod.

Die talmudischen Rabbinen kannten, wie wir bereits gesehen haben, eine mündliche Tradition, die das Leiden Jesu zum Gegenstand hatte. Jesaja (II) nun schöpfte bereits mehr als sechshundert Jahre früher aus derselben Quelle. Wenn wir auch aus der Art und Weise seiner Darstellung schließen müssen, daß er die Wahrheit dessen, wovon er erzählt, nicht in Frage stellte, so kann der Glaube an die spirituelle Erlösung und an das Leben nach dem Tod nur mit dem Gottesknecht selbst entstanden sein. Jesaja konnte dies nicht erfunden haben.

Die Lieder vom Gottesknecht in Deuterojesaja wurden während des babylonischen Exils geschrieben. Die Babylonier zerstörten im Jahr 587 v. Chr. Jerusalem, womit auch das Ende des jüdischen Königtums besiegelt war. Ein großer Teil der Bevölkerung wurde nach Babylonien ins Exil verschleppt – eine Situation, die sich erst wieder änderte, als der persische König Kyros im Jahr 538 v. Chr. Babylonien besiegte, die Juden befreite und ihnen gestattete, ihren Tempel in Jerusalem wieder aufzubauen. Jesaja (II) stellte die Niederlage und die Demütigung der Israeliten als eine Strafe Gottes für ein Verbrechen dar, das sie bereits lange Zeit vorher begangen hatten. Im gesamten Alten Testament ist eine Verschleierungstaktik zu spüren, das Bemühen, die Spuren eines Verbrechens zu verwischen, für das die Führung der Israeliten verantwortlich war.

So glaubte zum Beispiel der deutsche Bibelwissenschaftler Ernst Sellin Anzeichen dafür gefunden zu haben, daß ein Anführer der Israeliten während der Zeit des Exodus in der Wüste getötet worden war. Er behauptete deshalb – fälschlicherweise, wie wir gleich sehen werden –, daß der Gottesknecht mit Mose gleichzusetzen und von seinen eigenen

Gefolgsleuten ermordet worden sei. Und er fährt fort:
»Trotz der Bemühungen der Priesterschaft, diese blutbe-
fleckte Episode in Vergessenheit geraten zu lassen, lebte sie
in prophetischen Kreisen fort. Aus ihr entwickelte Jesaja
(II) die Erwartung, der ermordete Anführer werde von den
Toten zurückkehren, sein Volk durch die Wüste führen
und der ganzen Welt Gottes Erlösung verkünden ...« Sellin
kommt zu dem Schluß, daß dies der »rote Faden« ist, der
bei den meisten Propheten zu finden sei und sie miteinander verbinde.[1]

Sigmund Freud, der Sellins Theorie von Mose als Opfer
eines Mordes übernahm, brachte dieses Ereignis mit dem
später entstandenen christlichen Gedanken der Erlösung
in Verbindung: »Es scheint, daß ein wachsendes Schuldbewußtsein sich des jüdischen Volkes, vielleicht der ganzen
damaligen Kulturwelt, bemächtigt hatte. Paulus, ein römischer Jude aus Tarsus, griff dieses Schuldbewußtsein auf
und führte es richtig auf seine urgeschichtliche Quelle
zurück. Er nannte diese die ›Erbsünde‹ ... Aber es wurde
nicht die Mordtat erinnert, sondern anstatt diesem ihre
Sühnung phantasiert ... Ein Sohn Gottes hatte sich als Un-
schuldiger töten lassen und damit die Schuld aller auf sich
genommen.«[2]

Doch wieviel man sich in den schriftlichen Berichten auch
um Veränderungen und Auslassungen bemühte, die Erinnerung an jene Ereignisse blieb in der mündlichen Überlieferung immer lebendig, wenn auch nur verworren und in
allegorischer Verschlüsselung. Jesaja (II), der ein heimli-
cher Anhänger des Gottesknechts (das heißt, Christus) gewesen sein könnte, glaubte wohl, es sei an der Zeit, an die
Öffentlichkeit zu treten und zu erklären, was aus seiner
Sicht die Ursache für den Zorn Gottes auf sein Volk gewesen sein könnte. Deshalb sind seine Lieder auch nicht die

Vision oder der Glaube eines einzelnen, sondern sie beziehen sich auf eine historische Persönlichkeit, die wegen der Blindheit der Menschen leiden mußte.

Die Tatsache, daß der auferstandene Gottesknecht einer alten, sterbenden und wieder auferstehenden Gottheit ähnelt, hat einige Wissenschaftler zu der Schlußfolgerung verleitet, Jesajas Christus sei eine mythologische Figur, die jeder historischen Grundlage entbehrte. Dies kann aber unmöglich der Fall sein. Als Mose seinem Volk am Berg Sinai die Gesetzestafeln übergab und die Einheit Gottes verkündete, der kein in Stein gehauenes Abbild besitzt, forderte er seine Anhänger auf, den alten Göttern abzuschwören und von nun an nur noch an den lebendigen Herrn zu glauben.

Zu jener Zeit gab es in Ägypten eine Vielzahl verschiedener Götter und als heilig verehrter Tiere, die Mose und seine Anhänger ablehnten. Der Gott des Mose erklärte: »... Über alle Götter Ägyptens halte ich Gericht, ich, der Herr« (Exodus 12,12).

Eine jener ägyptischen Gottheiten, die Mose verwarf, war Osiris. Schon sehr früh in ihrer Geschichte, im einunddreißigsten Jahrhundert vor Christus, glaubten die Ägypter, daß das menschliche Wesen aus spirituellen und aus physischen Elementen zusammengesetzt sei. Sie betrachteten den Tod als den Austritt des geistigen Elements aus dem Körper, glaubten auch, daß irgendwann in der Zukunft der Geist in den Körper zurückkehre und die betreffende Person ein zweites Leben führen werde, falls das physische Wesen unversehrt bleibe und mit Hilfe magischer Formeln beschützt werde. Deshalb verwendeten sie auch so viel Mühe auf die Mumifizierung des Leichnams und bauten festverschlossene Grabkammern für ihre Toten.

Osiris, den sie als einen ihrer alten Könige betrachteten, soll

an einem Freitag durch seinen Bruder Seth getötet worden
sein. Seth soll den Körper des Osiris verstümmelt haben,
damit er nicht zu einem zweiten Leben auferstehen könne.
Doch Isis, seiner Frau, gelang es, die Gliedmaßen wieder
zusammenzusetzen und ihn mit ihrer Zauberkraft nach
drei Tagen wieder ins Leben zurückzurufen – jedoch nicht
zu einem Leben auf der Erde, sondern in der Unterwelt, wo
er Gott und Totenrichter wurde. Sobald ein Pharao starb,
wurden rituelle Handlungen im Rahmen des Leichenbe-
gängnisses durchgeführt, die ihm ewiges Leben gewährleisten sollten. Am Ende dieser Rituale, so glaubten die Ägypter, werde der tote König dem Osiris gleichgesetzt.
Die Geschichte von der Auferstehung Jesu ist in vielerlei
Hinsicht der des Osiris ähnlich. Wie Osiris, so soll auch er
am dritten Tag auferstanden sein. »Die Anhänger des Osi-
ris-Kults im alten Ägypten glaubten genau wie die frühen
Christen (Hebräer 4,14), daß ›der Mensch nicht gerettet
werden kann‹ durch eine ferne allmächtige Gottheit, sondern durch einen, der mit den Menschen die Erfahrung von
Leiden und Tod geteilt hat.«[3] »Osiris … wurde zum Erlöser, an den sich die Männer und Frauen wandten, um sich
ihrer Unsterblichkeit zu vergewissern.«[4]
Nach Apuleius[5], einem römischen Autor des zweiten Jahrhunderts nach Christus, versicherten sich die mystae (die
Teilnehmer des Isis-Kults) in einer kultischen Handlung zu
Ehren der Isis – der alten ägyptischen Göttin, die insbesondere in ihrer Eigenschaft als Gemahlin und Gottesmutter
verehrt wurde –, daß sie die Göttin in ihrem späteren Leben
sehen und anbeten würden. Dies ist eine deutliche Parallele
zu den Christen, die ein Wiedersehen mit Gott in der
anderen Welt erwarten: »Selig, die ein reines Herz haben,
denn sie werden Gott schauen« (Matthäus 5,8).
Die Tatsache, daß das Alte Testament vor Jesaja (II), der im

sechsten Jahrhundert schrieb, keine Auferstehung kennt,
legt den Schluß nahe, daß Jesaja in seinen Texten vom
auferstandenen Christus eine andere, nichtbiblische Tradition heranzieht: »Vermutlich wurde der Gedanke von der
Auferstehung des Gottesknechts von den Toten, der der
zeitgenössischen jüdischen Religion fremd war, von außen
angeregt.«[6] Dies heißt jedoch nicht, daß die Erlöserfigur
selbst mythologischen Ursprungs sein muß. Denn genau
wie bei den Osiris-Königen wird die historische Gestalt erst
in ihrem zweiten Leben als eschatologisches Wesen betrachtet.

Mose sprach zwar nie von einer Auferstehung, doch die
Anhänger Christi, unter ihnen die Essener, glaubten – im
Gegensatz zu den übrigen Juden – an ein Leben nach dem
Tod. Dieser Glaube an die Unvergänglichkeit des Geistes
und an ein Gericht nach dem Tod kann bis zum historischen Jesus selbst zurückverfolgt werden. Einen Hinweis
darauf gibt das *Damaskus-Dokument*, eine der Schriftrollen
vom Toten Meer, die verdeutlicht, daß der messianische
Führer der Essener seinen Anhängern die Gebote Gottes
überbrachte, genau wie Mose: »… denn sie (die israelitischen Anführer) haben den Aufruhr gegen Gottes Gebote
gepredigt, (die) durch Mose (verkündet wurden) und auch
durch den Gesalbten [den Messias] der Heiligkeit«.[7] Diese
Gebote mußten befolgt werden – und Gehorsam wurde
belohnt.

Flavius Josephus beschreibt die Essener folgendermaßen:
»Sie hegen nämlich den festen Glauben, daß der Körper
zwar der Verwesung anheimfalle und vergänglich sei, die
Seele dagegen in Ewigkeit fortlebe und daß sie, aus dem
feinsten Äther stammend, durch einen natürlichen Zau-
berreiz herabgezogen und in den Körper gleichwie in ein
Gefängnis eingeschlossen werde. Sobald die Seele aber von

den Banden des Fleisches befreit sei, entschwebe sie, wie aus einer langen Knechtschaft erlöst, in seeliger Wonne zur Höhe.«[8] Alle, die »an den Geboten Gottes festgehalten hatten, die durch den Messias der Heiligkeit enthüllt worden sind, werden teilhaben am Neuen Bund, wie es im *Damaskus-Dokument* der Essener heißt, ihnen wird »ewiges Leben« verheißen, und »aller Ruhm des Menschen wird ihnen gehören«.[9] Der »Messias der Heiligkeit« hat sie diese Gebote gelehrt und ihnen das ewige Leben versprochen. So erwarteten sie »das Auftreten des Lehrers der Gerechtigkeit am Ende der Tage«[10] als die Einlösung dieses Versprechens.

Der historische Messias also übergab, wie es auch Mose getan hatte, die Gebote Gottes an die Israeliten und versprach ihnen ewiges Leben. Christi Vision eines Weiterlebens nach dem Tod unterschied sich von der Vorstellung der alten Ägypter in einem Punkt: Während es für die Ägypter von großer Bedeutung war, den physischen Körper durch Mumifizierung und geschützte Gräber zu erhalten – was nur Königen und Reichen möglich war –, wurde in der Verkündigung Christi allein der Glaube für notwendig erachtet, um das spirituelle Überleben zu garantieren.

Verständlicherweise verbreitete sich nach dem öffentlichen Auftreten der Anhänger Jesu, ihrem Bruch mit den Juden und ihren Predigten für die Nichtjuden der Glaube an Jesus in der ganzen Welt wie ein Lauffeuer, insbesondere unter den Armen.

10
ERINNERUNGEN AN
DIE VERGANGENHEIT

Das Neue Testament belegt nicht nur, daß die Geschichten der Evangelien auf dem Alten Testament basieren. Vielmehr geht aus dem Neuen Testament hervor, daß die Ereignisse, die es beschreibt, lange vor dem Beginn der christlichen Zeit stattfanden.

So schildert etwa der Verfasser des vierten Evangeliums nach einem kurzen Hinweis auf Jesaja einige Taten Jesu und fährt dann fort: »Das sagte Jesaja, weil er Jesu Herrlichkeit gesehen hatte; über ihn nämlich hat er gesprochen« (Johannes 12,41). An dieser Stelle bringt der Evangelist zum Ausdruck, daß der Prophet Jesaja, der sechshundert Jahre vor dem Beginn der christlichen Zeit lebte, Christus gesehen und von ihm gesprochen hat. Viele Wissenschaftler waren von den weitreichenden Schlußfolgerungen, die dieser Vers nahelegt, verblüfft und vermuteten, Jesus habe in alttestamentarischer Zeit eine spirituelle Präexistenz geführt: »Die Stelle, an der Johannes anscheinend sagen will, Jesaja habe Jesu Herrlichkeit gesehen …, wurde von den meisten Exegeten so interpretiert, daß sich der Autor hier eine Präexistenz Christi in den Ereignissen des Alten Testaments vorgestellt habe.«[1]

Historische Beweise lassen den Schluß zu, daß wir es nicht mit einem bloß spirituellen, »präexistenten« Christus zu tun haben, sondern daß Christus tatsächlich viele Jahrhunderte früher gelebt hatte und daß nach seinem Tod die Gläubigen an eine Art von spiritueller Begegnung mit ihm gewohnt waren. So auch Paulus, der aus seinen eigenen Erfahrungen schreibt: »Ich habe es nicht von einem Menschen übernommen« (Galater 1,12). In gleicher Weise spricht Johannes davon, Jesaja habe »die Herrlichkeit« Jesu gesehen. Die »Herrlichkeit« Christi verweist auf dessen Ewigkeit und Spiritualität, denn von Jesus wird gesagt, er habe »die Herrlichkeit« erst nach seinem Tod und seiner Auferstehung erlangt: »Gott, der ihn von den Toten auferweckt und ihm die Herrlichkeit gegeben hat ...« (1 Petrus 1,21) und an einer anderen Stelle: «... das Leiden Christi und die darauf folgende Herrlichkeit« (1 Petrus 1,11).

Was die Hinweise auf Jesus im Talmud betrifft, so gibt es überzeugende Belege im Neuen Testament dafür, daß der historische Jesus zur Zeit des Exodus unter den Israeliten in der Wüste Sinai anwesend war. Paulus spricht davon in seinem Ersten Brief an die Korinther: »Ihr sollt wissen, Brüder, daß unsere Väter alle unter der Wolke waren, alle durch das Meer zogen und alle auf Mose getauft wurden in der Wolke und im Meer. Alle aßen auch die gleiche gottgeschenkte Speise, und alle tranken den gleichen gottgeschenkten Trank: denn sie tranken aus dem lebenspendenden Felsen, der mit ihnen zog. Und dieser Fels war Christus« (1 Korinther 10,1–4). Für Bibelwissenschaftler stand außer Zweifel, was Paulus damit meinte: »Es ist sehr wahrscheinlich, daß Paulus hier sagen will, der Felsen sei tatsächlich Christus gewesen ... Das bedeutet, er glaubte, daß der Messias während jener schwierigen Periode in der Wüste in irgendeiner Weise im Volk präsent war ...«[2] A. T. Hanson, nach dem Krieg Professor für Theologie an der Universität Hull, ging sogar noch einen Schritt weiter: »Paulus verblüfft uns häufig, indem er die Taten Christi ins Alte Testament zurückverlegt ... er scheint gar nicht sagen zu wollen: ›Diese Aussagen haben sich Jahrhunderte spä-

ter in Christus erfüllt.‹ Vielmehr scheint er sagen zu wollen:
›Das sagt Christus selbst.‹«[3] Weiterhin nimmt Hanson Bezug auf den Zweiten Korintherbrief (3, 7–18). Dort verweist
Paulus auf eine Stelle im Buch Exodus (24, 27–35), in dem
der Abstieg des Mose vom Berg Sinai mit den Gesetzestafeln in der Hand beschrieben wird. Hanson meint dazu:
»Paulus interpretiert diesen Abschnitt als den Bericht über
das Gespräch des Mose mit dem präexistenten Christus im
heiligen Zelt, und mit höchster Wahrscheinlichkeit zog er
daraus den Schluß, daß es Christus gewesen war, der dem
Mose auf dem Berg Sinai erschienen war …«[4] Damit würde
aber nicht nur die neutestamentliche Darstellung der Begegnung zwischen Jesus und Mose auf dem Berg bestätigt,
sondern es würde eine weitere Begegnung im heiligen Zelt
nahegelegt, das Mose am Fuß des Berges Sinai zur Anbetung Gottes errichtet hatte.

Der Gedanke einer Präsenz Jesu unter den Israeliten in der
Wüste Sinai wird von Paulus in seinem Brief an die Hebräer bestätigt, als er, Bezug nehmend auf die Ungehorsam-
keit der Israeliten, »die Ägypten unter Mose verlassen«
haben, schreibt: »Denn uns ist die gleiche Freudenbotschaft verkündet worden wie jenen; doch hat ihnen das
Wort, das sie hörten, nichts genützt, weil es sich nicht
durch den Glauben mit den Hörern verband« (Hebräer
4,2). Hier »kehrt sich überraschenderweise um, was wir
eigentlich erwarten: Es würde uns einleuchten, wenn der
Verfasser gesagt hätte, die Israeliten hätten damals das
Evangelium (das heißt, die frohe Botschaft) gehört, so wie
wir. Statt dessen sagt er, daß auch wir das Evangelium
gehört haben, genau wie sie …«.[5] Paulus will hier sagen,
daß das Evangelium, das im ersten Jahrhundert nach Christus verkündet wurde, schon vorher einmal verkündet
worden war.

Auch Johannes bestätigt, daß Jesus ein Zeitgenosse des Mose war, wenn er Jesus zitiert, der in Jerusalem den Juden gegenüber äußert: »Wenn ihr Mose glauben würdet, müßtet ihr auch mir glauben; denn über mich hat er geschrieben« (Johannes 5,46). Im gleichen Zusammenhang legt Johannes Philippus, einem der Jünger, folgende Worte in den Mund: »Philippus traf Nathanael und sagte zu ihm: Wir haben den gefunden, über den Mose im Gesetz und auch die Propheten geschrieben haben: Jesus aus Nazaret, den Sohn Josefs« (Johannes 1, 45). Deshalb, so Johannes, hat Mose auch nicht Jesus prophezeit, sondern schrieb über ihn im Pentateuch, dem ersten der fünf Bücher des Alten Testaments.

Jesus – und dies ist von besonderer Bedeutung – wird in der Bibel mit Josua gleichgesetzt, der dem Mose als Führer der Israeliten nachfolgte. Der am häufigsten zitierte Text des Pentateuch, der über Christus berichtet, findet sich im Buch Deuteronomium: »Einen Propheten wie mich wird dir der Herr, dein Gott, aus deiner Mitte, unter deinen Brüdern, erstehen lassen. Auf ihn sollt ihr hören« (18,15). Diese Formel wird in leicht abgewandelter Form im Neuen Testament wiederholt: »Mose hat euch gesagt: Einen Propheten wie mich wird euch der Herr, euer Gott, aus euren Brüdern erwecken. Auf ihn sollt ihr hören, in allem, was er zu euch sagt« (Apostelgeschichte 3,22).

Die Bibel selbst bestätigt, daß Mose sich hier auf seinen Nachfolger Josua bezieht, was schon früh christliche Autoren dazu verleitete, diese alttestamentarische Figur mit dem historischen Christus gleichzusetzen. Der Brief an die Hebräer ist das erste Buch des Neuen Testaments, das seinen Namen nennt: »… die aber, die früher die Freudenbotschaft empfangen haben, wegen ihres Ungehorsams nicht hineingekommen sind … Heute, wenn ihr seine Stim-

me hört, verhärtet euer Herz nicht! ... Denn hätte schon
Josua sie in das Land der Ruhe geführt, so wäre nicht von
einem anderen, späteren Tag die Rede« (Hebräer 4,6-8).
Dieser Abschnitt spricht eine messianische Erwartung aus
und nennt zwei Daten dafür. Es gab eine frühere Zeit, in
der die frohe Botschaft (über Josua) abgelehnt worden ist.
Jene aber, die heute seine Stimme hören (seine Worte),
sollten sich nicht ebenso abweisend verhalten und ihre
Herzen gegen seine Lehren verhärten.

Die Ähnlichkeit der Namen Josua (*Je-ho-schua* in hebräischer Sprache) und Jesus (*Je-schua* in der Kurzform), die
beide gleichermaßen »Jahwe (der Herr) ist die Erlösung«
bedeuten, muß bei der Gleichsetzung eine Rolle gespielt
haben. Griechische Bibelübersetzer geben beide Namen
mit Jesus wieder; in der späteren nachexilischen Zeit – nach
der Rückkehr aus Babylon nach Jerusalem im fünften Jahrhundert vor Christus – und in den Büchern der Chronik,
im Buch Esra sowie im Buch Nehemia wird manchmal die
Kurzform Jesus anstelle von Josua benutzt; die Bibel des
englischen Königs James spricht in ihren Randbemerkun-
gen von Jesus, wenn im Text Josua steht und umgekehrt,
und viele der frühen Kirchenväter des zweiten und dritten
Jahrhunderts nach Christus gehen davon aus, daß es sich
um ein und dieselbe Person handelt, so auch Justin der
Märtyrer, Irenäus, der Bischof von Lyon, Tertullian, Eusebius, der Bischof von Caesarea und »Vater der Kirchenge-
schichte«, sowie auch Origenes, der brillanteste Theologe
des dritten nachchristlichen Jahrhunderts. In einem Kommentar zu dem Abschnitt (Exodus 17,9), in dem Mose zum
erstenmal im Zusammenhang mit Josua erwähnt wird,
verdeutlicht Origenes, daß er Josua und Jesus als ein und
dieselbe Person betrachtet: »... Betrachten wir, welche Anweisungen Mose gab, als der Krieg drohte. Es heißt: ›Er

sagte zu Jesus‹ – die King-James-Bibel vermerkt am Rande,
Jesus sei gleich mit Josua – ›wähle selbst Männer und geh
und kämpfe morgen mit Amalek‹. Bis zu diesem Punkt war
der gottgesegnete Mann Jesus nirgendwo erwähnt. Hier
scheint zum erstenmal der Glanz dieses Namens durch.«[6]
Jesus und Josua sind außerdem durch eine Reihe von Stellen, an denen Josua als »Sohn des Nun« erwähnt wird, im
Pentateuch miteinander verbunden. Dies sind auch die
einzigen Bezüge der Bibel zu »Nun«, was soviel wie
»Fisch« bedeutet, das traditionelle Symbol für Christus.

11
TOD IN DER WÜSTE

In der Bibel gibt es zwei Erzählungen, in denen von Jesus, Mose, einem Berg und von Stiftshütten oder Zelten die Rede ist – eine im Neuen Testament und eine im Alten Testament. Beide sind als verschiedene Versionen derselben Ereignisse anzusehen.

Nach der neutestamentlichen Darstellung der Verklärung führte Jesus kurz vor seinem Tod die Jünger Petrus, Jakobus und Johannes auf einen hohen Berg, wo »er ... vor ihren Augen verwandelt [wurde]«; die Jünger sahen, wie er mit Mose und Elija sprach, und Petrus schlug vor, die Jünger sollten drei Hütten bauen, eine für Jesus, eine für Mose und eine für Elija. In der alttestamentlichen Geschichte geht es darum, wie Gott dem Mose auf dem Sinai, dem heiligen Berg in der Wüste, die Zehn Gebote übermittelte.

Der Bibel zufolge schlugen die Israeliten drei Monate nach dem Auszug aus Ägypten ihr Lager am Fuß des Berges Sinai auf. Dort, so heißt es im Buch Exodus, habe der Herr Mose zu sich auf den Berg gerufen, um ihm die Steintafeln mit den Zehn Geboten zu übergeben. Und »da erhob sich Mose mit seinem Diener Josua (Jesus) und stieg den Gottesberg hinauf« (24,13). Während Moses Abwesenheit, so wird weiter erzählt, trugen die Israeliten all ihre Ohrringe zusammen, schmolzen sie ein und gossen ein goldenes Kalb daraus, das sie anbeteten. Als Mose und Josua vom Berg Sinai herabstiegen, hörten sie das Lärmen und Schreien des feiernden Volkes. Mose war so wütend über das, was während seines Aufenthalts auf dem Berg geschehen war, daß er die Tafeln mit den Zehn Geboten fortschleuderte und zerschmetterte (32,19). Daraufhin rief der Herr Mose ein weiteres Mal zu sich auf den Berg, um ihm die Gebote auf neue Tafeln zu schreiben.

Der Gott des Mose hatte weder Gestalt noch Gesicht. Mose begegnete dem Herrn bereits vor dem vermuteten Zeitpunkt des Exodus auf demselben Berg. Dabei wurde Mose auf einen brennenden Busch aufmerksam, der nicht vom Feuer verbrannt wurde, und er hörte im Geiste die Stimme des Herrn (3,4). Doch in der Beschreibung der Reise, die Mose unternahm, um neue Tafeln mit der Inschrift der Zehn Gebote zu erhalten, findet sich ein Hinweis auf eine physische Anwesenheit: »Der Herr aber stieg in der Wolke herab und stellte sich dort neben ihn hin … Der Herr ging an ihm vorüber …« (34,5–6).

Hier *steht* der Herr also neben Mose. Das hebräische und das griechische Wort für »Herr« (*Adon* bzw. *Kyrios*) kann entweder »Gott der Herr« oder »Herr, Meister« bedeuten. Viele Bibelwissenschaftler und – wie wir im vorigen Kapitel gesehen haben – auch der Apostel Paulus haben das Wort in dieser zweiten Bedeutung verstanden und auf Jesus bezogen.

Als Mose die neuen Tafeln empfing, wurde ihm folgendes aufgetragen: »Du sollst das Fest der Ungesäuerten Brote« – das Paschafest – »halten. Im Monat Abib (dem babylonischen Nisan) sollst du zur festgesetzten Zeit sieben Tage lang ungesäuertes Brot essen, wie ich es dir gegeben habe. Denn im Monat Abib bist du aus Ägypten ausgezogen« (34,18). Wieder hat es den Anschein, als sei Mose nicht allein gewesen, als er mit den beiden, neu beschriebenen Tafeln vom Berg herunterkam. Nach dem Abstieg ging

Josua ins Zelt, und Mose folgte ihm, wobei er mehrmals
wieder heraustrat, um den Israeliten zu berichten, was im
Zelt vor sich ging. Die Darstellung dieser Ereignisse klingt
wie eine Nacherzählung der Geschichte der Verklärung,
die später im Neuen Testament auftaucht: »... Während
Mose vom Berg herunterstieg, wußte er nicht, daß die Haut
seines Gesichtes Licht ausstrahlte, *weil er mit dem Herrn*
geredet hatte (Hervorhebung von mir). Als Aaron und alle
Israeliten Mose sahen, strahlte die Haut seines Gesichtes
Licht aus ... und Mose redete mit ihnen ... Als Mose auf-
hörte, mit ihnen zu reden, legte er über sein Gesicht einen
Schleier. Wenn Mose zum Herrn hineinging, um mit ihm
zu reden, nahm er den Schleier ab, bis er wieder herauskam. Wenn er herauskam, trug er den Israeliten alles vor,
was ihm aufgetragen worden war ... [Mose] legte ... den
Schleier über sein Gesicht, bis er wieder hineinging, um mit
dem Herrn zu reden« (34,29–31 und 33–35).

Meiner Meinung nach wurde Jesus zu diesem Zeitpunkt
getötet, *vor*, nicht nach dem eigentlichen Auszug aus
Ägypten, als Mose sich mit nur einer Handvoll Anhänger
und einigen midianitischen Verbündeten im Sinai aufhielt.
Die große Mehrheit der Israeliten befand sich noch in
Ägypten – und kann nicht im mindesten für jene Geschehe-
nisse verantwortlich gemacht werden, von denen die meisten Israeliten gar nichts gewußt haben konnten und die
dem Judentum seit mehr als dreitausend Jahren zur Last
gelegt werden. Für die Annahme, daß Jesus zu jener Zeit
und an jenem Ort getötet wurde, spricht auch die rabbinische Überlieferung, in der es über den Tod Jesu heißt:
»Nach ... (Bava Batra 121a) ist es der Tag, an dem Mose mit
den zweiten Gesetzestafeln vom Berg Sinai herabstieg.«[1]

Um die näheren Umstände zu begreifen, ist es an dieser
Stelle erforderlich, die Beziehungen zwischen den Israeli-

ten und dem ägyptischen Königshaus zu beleuchten und einigen der wichtigsten biblischen Figuren ihre ägyptischen Namen zuzuordnen.

Josef, der Patriarch mit den farbenprächtigen Kleidern, der ursprünglich den Stamm Israel – seine Familie – im fünfzehnten Jahrhundert vor Christus von Ägypten nach Kanaan führte, war der Enkel Isaaks und der Lieblingssohn Jakobs. Er wurde von seinen eifersüchtigen Halbbrüdern nach Ägypten in die Sklaverei verkauft und später unter dem Pharao Thutmosis IV. (ca. 1413–1405 v. Chr.) zum Verwalter ernannt, nachdem er – wie das Alte Testament erzählt – sieben gute Jahre vorhergesagt hatte, auf die eine siebenjährige Hungersnot folgen würde. Josef ist identisch mit Juja, der sowohl Thutmosis IV. als auch seinem Nachfolger Amenophis III. (ca. 1405–1367 v. Chr.) als Verwalter diente.[2] Zwar gibt es keinen Beleg dafür, daß er königlicher Abstammung war, doch Anfang dieses Jahrhunderts wurden die Gräber von Juja und seiner Frau im Tal der Könige entdeckt.

Aufgrund seiner Stellung lebte Juja in den königlichen Palästen. Der junge Prinz, der als Amenophis III. den Thron besteigen sollte, lernte Jujas Tochter Teje kennen, die zu jener Zeit noch ein Kind war, und verliebte sich in sie. Nach dem Tod seines Vaters heiratete er gemäß ägyptischer Sitte seine Schwester Sitamun, um den Thron zu erben. Doch kurz darauf verheiratete er sich ebenfalls mit Teje und machte sie, nicht Sitamun, zu seiner königlichen Gemahlin. Teje brachte einen Sohn zur Welt, Thutmosis, der unter mysteriösen Umständen verschwand. Ihr zweiter Sohn – der den Namen Amenophis erhielt, doch allgemein unter Mose bekannt ist[3] – wurde vermutlich 1394 v. Chr. in der befestigten Grenzstadt Zarw an der Ostgrenze Ägyptens

geboren. Der König hatte Teje Zarw als eine Art Sommer-
residenz überlassen; hier konnte sie in der Nähe ihrer
israelitischen Verwandten sein, die sich bei Goschen im
Ostdelta hatten niederlassen dürfen. In Ägypten selbst
durften sie sich allerdings nicht ansiedeln, denn asiatische
Hirtenvölker waren den Ägyptern ein Greuel, seit die Hyksos im siebzehnten Jahrhundert vor Christus das Land
überfallen hatten.

Der König gab den Hebammen Anweisung, daß das Kind,
das Teje erwartete, bei der Geburt getötet werden sollte,
falls es ein Knabe war. Der Grund für diese Feindseligkeit
des Königs lag darin, daß Teje nicht die rechtmäßige Erbin
war und deshalb gemäß ägyptischer Sitte als Gattin des
Reichsgottes Amun nicht akzeptabel war. Außerdem war
sie gemischtrassiger Abstammung, halb Ägypterin, halb
Israelitin; nach ägyptischem Brauch kamen ihre Kinder
deshalb als Thronerben nicht in Frage. Würde ihr Sohn
Nachfolger des Königs werden, so würde dies als Gründung einer neuen Dynastie nichtägyptischer, nichtamu-
nitischer und halbisraelitischer Herrscher angesehen werden. Doch die Hebammen führten den Befehl des Pharao
nicht aus, und als Teje – vielleicht von den Hebammen –
erfuhr, welche Gefahr ihrem Neugeborenen drohte, setzte
sie es auf dem Wasser aus, um es der Obhut ihrer israelitischen Verwandten in der Nähe von Goschen zu überlassen. Dies ist die Quelle der biblischen Geschichte, wonach
Mose von einer Prinzessin im Schilf des Nilgestades gefunden wurde: Zarw war von zahlreichen Seen sowie von
einem Nebenarm des Nils umgeben und hatte eine Was-
serverbindung mit Goschen.

Amenophis verbrachte seine Jugend überwiegend im Ostdelta und in Heliopolis, wo er von den Priestern des Re,
des altägyptischen Sonnengottes, erzogen wurde. Aber er

übernahm auch den traditionellen israelitischen Glauben an einen gestaltlosen Gott. Aton, der Gott, den er später in Ägypten einführte, wurde in Gemälden und Skulpturen als ein Kreis dargestellt, von dem Strahlen ausgingen. Diese Strahlen endeten in Händen, die das ägyptische Kreuz, den Schlüssel des Lebens, an die Nasen der Mitglieder der königlichen Familie hielten. Dies ist keine gestalthafte Darstellung der Gottheit, sondern ein Symbol wie das christliche Kreuz oder der Davidstern, das Errettung bedeutete (wie im Christentum); die Sonne im wörtlichen Sinn ist nicht gemeint. Die Darstellung Gottes im Tempel des Aton war ebensowenig ein konkretes Gottesbildnis wie die Bundeslade im Allerheiligsten im Tempel von Jerusalem. Und Aton kann auch nicht mit dem Sonnengott gleichgesetzt werden, denn dieser war entweder Re oder Atum.

Erst als Amenophis älter als zehn Jahre war, durfte er schließlich nach Theben übersiedeln, der Hauptstadt Oberägyptens und der bedeutendsten Kultstätte des offiziellen Reichsgottes Amun. Mittlerweile hatte sich der Gesundheitszustand seines Vaters verschlechtert und Teje entsprechend an Macht gewonnen. Um ihrem Sohn letztlich das Thronerbe zu sichern, arrangierte sie die Eheschließung zwischen Amenophis und seiner Halbschwester Nofretete – die aus der Ehe mit Amenophis III. und dessen Halbschwester Sitamun hervorgegangen war und rechtmäßige Thronerbin war – sowie die Mitregentschaft ihres Sohnes. Dabei betonte sie besonders die Rolle Nofretetes, um die Priester und Adligen zu besänftigen.

Der junge Amenophis, dessen monotheistische Glaubensauffassung bereits sehr stark ausgeprägt war, stieß schon zu Anfang seiner Mitregentschaft die amunitische Priesterschaft vor den Kopf, indem er seinem Gott Aton Tempel in Karnak und Luxor errichten ließ. Angesichts des zuneh-

mend feindseligen Klimas überredete Teje ihn schließlich,
Theben zu verlassen und eine neue Hauptstadt bei Tell
el-Amarna zu gründen, etwa dreihundert Kilometer weiter
nördlich, ungefähr auf halber Strecke zwischen Theben
und dem heutigen Kairo. Zu Ehren seines neuen Gottes
nannte er die Stadt Achetaton – die Stadt des Horizonts des
Aton. In Amarna wurden seine monotheistischen Ideen
weiterentwickelt, und zu Ehren der Gottheit benannte er
sich von Amenophis IV. in Echnaton um. Die Mitregentschaft endete mit dem Tod seines Vaters im zwölften Regierungsjahr Echnatons. Zu Beginn seiner fünfjährigen Alleinherrschaft 1367 v. Chr. ließ Echnaton die Tempel der
alten ägyptischen Götter schließen, strich sämtliche Mittel,
die für sie aufgewendet wurden, und schickte die Priester
nach Hause. Diese Handlungen riefen so heftigen Unmut
hervor, daß Echnaton sich im fünfzehnten Regierungsjahr
gezwungen sah, seinen Bruder Semenchkare als Mitherr-
scher in Theben einzusetzen. Doch mit diesem Schachzug
schob er die unvermeidliche Krise nur hinaus. Obwohl
manche Ägypter zum Glauben an Aton konvertiert waren,
wurde Echnaton im Jahr 17 von seinem Verwalter Eje – der
zugleich sein Onkel war, der zweite Sohn Jujas – vor einem
möglichen Aufstand der Armee sowie vor einem Anschlag
auf das Leben des Königs gewarnt. Eje riet, einzulenken
und zu erlauben, daß die alten Götter Ägyptens neben
Aton weiterhin verehrt werden durften. Aber der König
lehnte dies ab. Statt dessen dankte er ab – und floh in den
Sinai, begleitet von einer kleinen Gruppe Ergebener. Das
Symbol seiner pharaonischen Macht hatte er mitgenom-
men, einen Stab, der mit einer Bronzeschlange gekrönt
war. Der Sinai war zu jener Zeit ein Steinbruchgebiet. Nach
seiner Ankunft schlug Echnaton (Mose) am Fuß des heiligen Bergs sein Zelt auf, das Offenbarungszelt.

Echnatons Nachfolger Semenchkare überlebte ihn kaum –
wahrscheinlich nur wenige Tage –, und nach ihm bestieg
der junge Tutanchaton den Thron, der Sohn Echnatons
(Moses). Aus der Szene auf der Lehne des Thronstuhls, der
in Tutanchatons Grab im Tal der Könige gefunden wurde,
geht hervor, daß der neue Pharao wie sein Vater den Aton
als einzigen Gott verehrte, er ließ jedoch die alten Tempel
wieder öffnen, gestattete die Anbetung der alten ägyptischen Götter und benannte sich zu Ehren des Reichsgottes
Amun in Tutanchamun um.

Tutanchamun regierte mindestens neun, vielleicht auch
zehn Jahre (ca. 1361–1352 v. Chr.), ehe er eines frühen
Todes starb. Sein Nachfolger war Eje (Efraim), sein Großonkel und der letzte der vier Amarna-Könige. Ejes Regierungszeit betrug lediglich vier Jahre. Über seinen Tod weiß
man nicht viel, da seine Mumie nie gefunden wurde – falls
er überhaupt mumifiziert worden war. Die Grabstätte, die
er sich im Tal der Könige unweit von der des Tutanchamun
ausheben ließ, wurde von seinem Nachfolger beansprucht,
dem General Haremhab; dieser sicherte sich den Thron,
indem er Mutnesmet, die Schwester der Königin Nofretete,
heiratete.

Die Bitterkeit, die in jener Epoche das Land entzweite, wird
an den Taten des Haremhab sichtbar; er ist als jener biblische Pharao zu betrachten, der die Israeliten unterdrückte.
Die Anbetung des Gottes Aton wurde abgeschafft. In einer
großangelegten Aktion wurden die Namen aller Amarna-
Könige von den Königslisten und Denkmälern getilgt, um
jede Erinnerung an ihre Herrschaft auszulöschen. Und es
war bei Todesstrafe verboten, den Namen Echnaton auch
nur auszusprechen. Deshalb nannten seine Anhänger ihn
Mos – ein Begriff aus der ägyptischen Rechtssprache jener
Zeit, der für den rechtmäßigen Sohn und Erben steht.

Zu der kleinen Gruppe der Getreuen, die Mose ins Exil
nach Sinai begleiteten (nicht zu verwechseln mit dem späteren Auszug aus Ägypten), gehörte auch die Priesterschaft von Amarna. Einer dieser Priester war Panhesi, der
in Echnatons Tempel in Amarna Oberster Diener und
Zweiter Priester des Aton (des Herrn) war. Auf hebräisch
lautet sein Name Phineas (Pinchas); er ist der im Talmud
genannte Priester, der Jesus erschlagen haben soll.

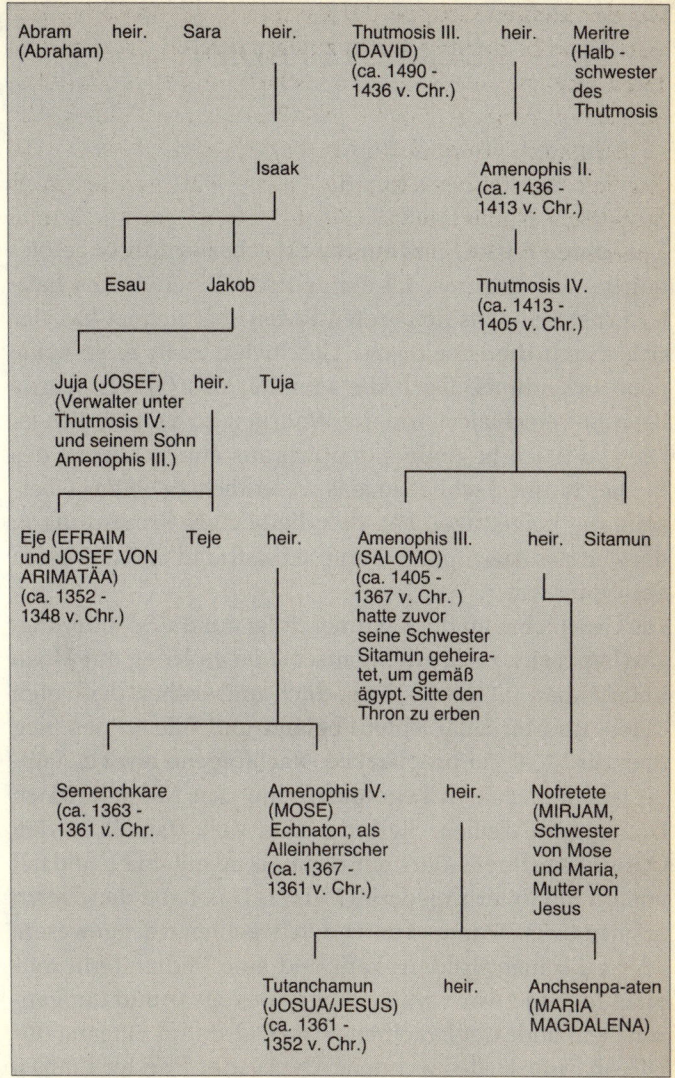

Die Israeliten und das ägyptische Königshaus

12
DER ROTE FADEN

Daß in der Wüste Sinai ein israelitischer Anführer getötet wurde – ein Ereignis, das der deutsche Bibelwissenschaftler Ernst Sellin als den »roten Faden« bezeichnet hat, der sich durch die israelitische Geschichte zieht –, ist keine neue Erkenntnis. Doch die Identität des Opfers wurde bewußt verschleiert, um die Wahrheit zu verheimlichen. Dies läßt sich besonders deutlich aus einem Kapitel des Buches Numeri schließen, das wesentlich zu Sellins Überzeugung beigetragen hat, daß die besagte Ermordung in der Zeit des Auszugs aus Ägypten stattfand und daß Mose das Opfer war.

Die Geschichte im Buch Numeri folgt auf die Schilderung, wie Israel sich in einem unentschiedenen Krieg mit Moab und Midian (Stämme, die südlich und östlich des Toten Meers und im Sinai lebten) befand und Bileam den Sieg über die Moabiter prophezeite. Nachfolgend heißt es, einige Israeliten hätten begonnen, »mit den Moabiterinnen Unzucht zu treiben. Sie luden das Volk (Israel) zu den Opferfesten ihrer Götter ein, das Volk aß mit ihnen und fiel vor ihren Göttern nieder« (25,1–2). Das habe den Herrn erzürnt (25,3). Dann sei unter den Israeliten einer gewesen, »der zu seinen Brüdern kam und eine Midianiterin mitbrachte, und zwar vor den Augen des Mose und der ganzen Gemeinde der Israeliten, während sie am Eingang des Offenbarungszeltes weinten. Als das der Priester Pinhas, der Sohn Eleasars, des Sohnes Aarons, sah, stand er mitten

in der Gemeinde auf, ergriff einen Speer, ging dem Israeliten in den Frauenraum nach und durchbohrte beide, den
Israeliten und die Frau ...« (25,6–8). [Eine andere Übersetz-
ungsmöglichkeit anstelle von »Frauenraum« ist nach Angaben des Autors »Stiftshütte« oder »Heiligtum« – Anm.
d. Übers.]
Durch diese Tat wird Pinhas uns als Held vorgeführt. Die
Folge war, daß die »Plage«, die vierundzwanzigtausend
Menschen das Leben gekostet hatte, ein Ende nahm, und
der Herr sprach zu Mose: »Der Priester Pinhas, der Sohn
Eleasars, des Sohnes Aarons, hat meinen Zorn von den
Israeliten abgewendet dadurch, daß er sich bei ihnen für
mich ereiferte. So mußte ich die Israeliten nicht in meinem
leidenschaftlichen Eifer umbringen. Darum sage ich: Hier-
mit gewähre ich ihm meinen Friedensbund. Ihm und seinen Nachkommen wird der Bund des ewigen Priestertums
zuteil, weil er sich für seinen Gott ereifert und die Israeliten
entsühnt hat« (25,11–13). Einige Verse weiter werden die
beiden Opfer als unbedeutende Personen identifiziert –
Simri und Kosbi, Sohn bzw. Tochter von Oberhäuptern
größerer Familien.
Wenn man diese Geschichte analysiert, ist es leicht nachzuvollziehen, warum Sellin vermutet, daß die Priester bei
der Bearbeitung einen Kunstgriff vorgenommen hatten,
der die tatsächlichen Geschehnisse im dunkeln lassen sollte. Ein gewöhnlicher Israelit hätte keine fremde Frau ins
Innere der Stiftshütte geführt, die nur Könige und Hohepriester betreten durften; mit keinem Wort wird erwähnt,
der besagte Mann habe einen anderen Gott angebetet; der
Verkehr mit einer Frau wurde nicht mit dem Tod bestraft;
Mose, der Anführer der Israeliten, erteilte auch keinen
Befehl, gegen den Mann vorzugehen. Und wenn der Mann
wirklich so unbedeutend war, warum sollte dann die Ra-

che des Herrn vierundzwanzigtausend Menschenleben
fordern? Sellins Kommentar zu dieser Darstellung ist somit
nicht verwunderlich: »Trotz der Bemühungen der Priester,
diese schmutzige Geschichte zu unterdrücken, lebte sie
dennoch in Prophetenkreisen weiter.«

Da die sogenannte »Plage« erst erwähnt wird, nachdem
Pinhas das Paar getötet hat, liegt es auf der Hand, daß sie
die Strafe für die Morde war, nicht für den Verkehr mit
fremden Frauen. Auch Paulus war sich dessen bewußt:
Nachdem er darauf hingewiesen hat, daß Christus bei den
Israeliten im Sinai anwesend war, fährt er fort: »Gott aber
hatte an den meisten von ihnen keinen Gefallen ... Damals
kamen an einem einzigen Tag dreiundzwanzigtausend
Menschen um« (1 Korinther 10,5 und 8). Diese Sichtweise
wird durch eine Passage aus den Schriftrollen vom Toten
Meer untermauert. Im *Habakuk-Kommentar*, einem der
Qumran-Texte, wird berichtet, nachdem der Frevelpriester
den Lehrer der Gerechtigkeit getötet hatte, »[erschien] er
(der Lehrer) ihnen ..., um sie zu verschlingen ...«[1]

»Verschlingen« ist im Hebräischen eine Metapher für »be-
seitigen« oder »töten«. Und was das Erscheinen des Lehrers nach seinem Tod betrifft, so könnte »das hier ge-
brauchte hebräische Verb ... auch übersetzt werden: ›und
er offenbarte sich ihnen‹«[2], also eher eine spirituelle als eine
physisch-historische Erfahrung gemeint sein.

Ein weiterer Hinweis darauf, daß die »Plage« eine Form
der Bestrafung für die Morde war, findet sich im Buch
Hosea, wo es heißt, diese Strafe sei von Efraim ausgeführt
worden: »Wenn Efraim redete, zitterten alle. Er war in
Israel mächtig« (13,1).

Merkwürdig ist überdies, daß Pinhas mit dem »Bund des
ewigen Priestertums« für sich und seine Nachkommen
belohnt worden sein soll, da es doch im vorausgehenden

Buch des Pentateuch, dem Buch Levitikus, heißt, Gott habe dieses Versprechen bereits Aaron und seinen Nachkommen gegeben.

Zwar war Sellins zeitliche Einordnung dieser Ereignisse korrekt, doch bei der Identität des Getöteten irrte er sich. Jene Geschehnisse fanden *vor* dem Auszug aus Ägypten statt, und Mose wurde erst zwei Jahrzehnte später umgebracht. Er war vierunddreißig oder fünfunddreißig, als er nach seiner Abdankung im Jahre 1361 v. Chr. in den Sinai flüchtete. Nach alttestamentlichen Angaben schloß er dort ein Bündnis mit den Midianitern, die mit den in der ägyptischen Geschichte erwähnten Schasu[3] gleichzusetzen sind, nomadischen Beduinenstämmen im Sinai, von denen einige den Glauben an Aton annahmen.

In Ägypten hatte mittlerweile Haremhab, der Pharao der Fron der Israeliten[4], die Gegend um die befestigte Grenzstadt Zarw, in der Mose geboren worden war, in ein Gefängnis umgewandelt.

Hier hielt er zahlreiche Anhänger Echnatons einschließlich der Israeliten fest, die dessen monotheistisches Gedankengut begeistert aufgenommen hatten und zusammen mit verschiedenen Verbrechern in den Dörfern außerhalb der Stadtmauern lebten. Haremhab ernannte Pa-Ramses, den Befehlshaber seiner Armee, zum Stadtverwalter von Zarw und übertrug ihm auch das Kommando über die örtliche Militärgarnison. Es war Pa-Ramses, der auf Geheiß Haremhabs den Israeliten und anderen Gefangenen harte Frondienste auferlegte und sie zwang, Zarw umzubauen; außerdem mußten sie ihm eine Residenz erbauen, die später als Pi-Ramses (Ramsesstadt) bekannt wurde und gemäß dem Alten Testament der Ausgangspunkt des Auszugs aus Ägypten war. Pi-Ramses diente auch den Pharaonen

der Neunzehnten und Zwanzigsten Dynastie als Hauptwohnsitz im Ostdelta.

Als Haremhab starb, hinterließ er keinen rechtmäßigen
Thronerben der Achtzehnten Dynastie. Pa-Ramses, inzwischen ein alter Mann, beanspruchte deshalb den Thron für
sich als den ersten Herrscher eines neuen Geschlechts, der
Neunzehnten Dynastie. Mose jedoch, der sich mehr als ein
Vierteljahrhundert in der Wüste verborgen gehalten hatte,
beschloß, seinen Anspruch auf den Thron gegen Ramses
geltend zu machen, gegen jenen König, von dem es im
Alten Testament heißt, er habe »Josef nicht gekannt«. So
zog Mose nach Zarw, wo seine Behauptung, der rechtmäßige Erbe zu sein, von ägyptischen Priestern und Ältesten
überprüft wurde. Durch sein Zepter mit der Bronzeschlange darauf, das Symbol der pharaonischen Macht, konnte
Mose seine Identität als Sohn des Amenophis III. beweisen,
und die ägyptischen Priester und Ältesten – in der Bibel
»Magier« genannt –, bestätigten die Rechtmäßigkeit seines
Anspruchs. Doch da Ramses die Befehlsgewalt über das
Militär innehatte, war er ein zu mächtiger Gegenspieler;
durch eine Art Staatsstreich gelangte er an die Macht und
wurde der erste Herrscher der Neunzehnten Dynastie. Als
Mose erkannte, daß sein Leben in Gefahr war, flüchtete er
erneut. Seine Anhänger nahm er mit, einschließlich der
israelitischen Stämme aus den Dörfern außerhalb von
Zarw. *Das* war der biblische Auszug aus Ägypten.

Mose und seine Anhänger zogen durch das Sumpfgebiet
südlich von Zarw und nördlich des Schilfmeers und durch
das heutige Ismailia in Richtung Sinai. Diese Strecke wurde
gewählt, um die Verfolger abzuschütteln: Die ägyptischen
Streitwagen würden im Schlamm steckenbleiben, während die zu Fuß reisenden Israeliten das Gebiet gefahrlos
durchqueren konnten. Möglicherweise bezieht sich die bi-

blische Geschichte, in der der Pharao die Israeliten verfolgte und dabei ertrank, auf diesen Ort und diese Zeit. Ägyptische Quellen liefern dafür zwar keinen Beweis, doch es
ist bekannt, daß die kurze Herrschaftsperiode von Ramses I. (ca. 1335–1333 v. Chr.) zu genau dieser Zeit mit seinem Tod endete.

Da Mose nun mit dem Problem konfrontiert war, eine
große Anzahl von Gefolgsleuten mit Nahrung und Wasser
versorgen zu müssen, änderte er seine Pläne und wanderte
nicht zum Berg Sinai, sondern wandte sich auf der alten
Straße des Horus, die von Zarw an der ägyptischen Grenze
zu der kanaanitischen Stadt Gaza führte, in Richtung Norden. Entlang der Straße gab es Siedlungen mit Brunnen,
die von Soldaten bewacht wurden. Nach dem Buch Deuteronomium war es Mose am Ende nicht gestattet, das
Gelobte Land zu betreten, und der Herr tötete ihn, »denn
ihr seid mir untreu gewesen ... beim Haderwasser von
Kadesch in der Wüste Zin ...« (32,51). Es war Mose nicht
verboten gewesen, seinen Anhängern Wasser zu beschaf-
fen; das kann in keinem Fall als sündhafte Tat angesehen
werden. Die eigentliche Bedeutung liegt darin, daß Mose
sich Zugang zu den Brunnen an der Straße des Horus
verschaffte. Dies hätte er ohne weiteres mit Waffengewalt
erreichen können, obwohl es wahrscheinlicher ist, daß Gewalt gar nicht nötig war: Er besaß noch immer sein Bron-
zeszepter, und es ist kaum denkbar, daß ein Garnisonsbe-
fehlshaber einem ehemaligen König, den er als Sohn des
Re betrachtete, einen Wunsch ausschlug.

In dem Wissen, daß nur ein fruchtbares Land seine große
Gefolgschaft ernähren konnte, marschierte Mose weiter in
Richtung Norden nach Gaza und versuchte, die Stadt einzunehmen; dabei wurde er anscheinend von seinen bedui-
nischen Verbündeten, den Schasu, unterstützt. Als die

Kunde davon Ägypten erreichte, wartete Sethos I., der
Sohn und Nachfolger von Ramses I., nicht einmal mehr die
siebzig Tage dauernde Mumifizierung seines verstorbenen
Vaters ab. Unverzüglich zog er gegen Mose, die Israeliten
und die Schasu und besiegte sie in zahlreichen Schlachten
entlang der Straße des Horus sowie in Sinai. Unter den
Schasu wurde ein wahres Gemetzel angerichtet, sie wurden in großer Zahl gefangengenommen, nach Ägypten
zurückgebracht und im Tempel von Karnak dem Gott
Amun-Re geopfert. Wahrscheinlich wurde Mose im Laufe
dieser kriegerischen Auseinandersetzungen von Sethos ei-
genhändig getötet.

Daß Efraim, den ich als Eje identifiziert habe[5], in der Geschichte von der Schlacht eingeführt wird, die auf die
Ermordung des Israelitenführers im Sinai folgte, ist ein
weiterer Hinweis darauf, wann diese Ereignisse stattfanden – nach der Abdankung Echnatons (Moses) und seiner
Flucht in den Sinai, und vor seiner Rückkehr nach Ägypten
und seinem vergeblichen Versuch, den Thron wiederzuer-
langen. Eje verschwand in Ägypten im Jahre 1348 v. Chr.
von der Bildfläche, dreizehn Jahre vor der Thronbesteigung von Ramses I. Unter der Herrschaft des jungen Königs Tutanchamun, als Eje Wesir und Oberstallmeister des
Königs sowie Oberbefehlshaber über die Wagenlenker
und Bogenschützen war, und auch später, als er selbst den
Thron bestieg, war er der mächtigste Mann in Ägypten und
somit in der Lage, schwere Strafen über diejenigen zu
verhängen, die für den Tod Jesu verantwortlich waren.
Wenn wir uns mit einigen im Buch Exodus beschriebenen
Ereignissen näher befassen, finden wir weitere Anhalts-
punkte, wer jener israelitische Führer, der am Fuß des
Berges Sinai umgebracht wurde, in Wirklichkeit war. In

der Zeit, als Mose in Begleitung des Josua (Jesus) erstmals den Berg erklomm, um die Zehn Gebote in Empfang zu nehmen, scheint es zu einer Art Eklat gekommen zu sein, der auf das Verhalten der Bewohner des israelitischen Lagers zurückzuführen war. So soll der Herr zu Mose gesagt haben: »Ich habe dieses Volk durchschaut: Ein störrisches Volk ist es« (32,9).

Die Nichterwähnung des Josua (Jesus) in der Darstellung von Moses zweiter Bergbesteigung, bei der er Ersatz für die zerbrochenen Steintafeln bekommen sollte, ist verdächtig, zumal angedeutet wird, Mose habe den Herrn auf dem Berg getroffen und mit ihm gesprochen. Es scheint dies ein etwas unbeholfener Versuch zu sein, Josua von der Bildfläche verschwinden zu lassen, obwohl gleichzeitig versichert wird: »Josua ... [wich] nicht vom Zelt (von der Stiftshütte).« Daß der Herr Mose bei dieser Gelegenheit ermahnte, »sieben Tage lang ungesäuertes Brot [zu] essen«, paßt zu der Geschichte in der Bibel sowie im Talmud, wonach Jesus am Vorabend des Paschafests (der jüdische Tag reichte jeweils von einem Sonnenuntergang bis zum nächsten) ums Leben kam.

Als die Rückkehr des Mose ins israelitische Lager beschrieben wird, bricht der Versuch, die Person des Josua (Jesus) zu unterschlagen, endgültig zusammen. Mose, dessen Gesicht Licht ausstrahlte und verhüllt war, wird als eine Art Mittelsmann dargestellt, der mit verhülltem Gesicht zu den Israeliten vor dem Zelt sprach, den Schleier jedoch ablegte, als er wieder das Zelt betrat. Mit wem sprach er in diesem geheiligten Zelt? Wie wir bereits erfahren haben, »wich ... Josua (Jesus) ... nicht vom Zelt (der Stiftshütte)«. Doch aus der Chronologie der Ereignisse geht hervor, daß die Person im Zelt eine größere Autorität besaß als Mose, anderenfalls hätte letzterer nicht als Mittelsmann fungiert. Wenn Mose

der anerkannte Führer der Israeliten war, wer, wenn nicht
Jesus, hätte dann die Person im Zelt sein können?

Seltsam ist schließlich auch, daß von da an Josua wie auch
Pinhas im Buch Exodus nicht mehr erwähnt werden, obwohl letzterem doch versprochen wurde, ihm und seinen
Nachfahren werde der Bund des ewigen Priestertums zuteil. Allerdings tauchen die beiden später wieder auf, in
einem wohldurchdachten Versuch der Priester, zu verschleiern, was sich am Fuß des Berges Sinai im vierzehnten
Jahrhundert vor Christus tatsächlich zutrug.

13
DIE VERSCHLEIERUNGS-TAKTIK

Die Erinnerung an die Tötung Josuas (Jesu) blieb für jene, die an ihn glaubten und später seine Anhänger wurden, stets lebendig. Die offizielle Priesterschaft hingegen unternahm in der Folgezeit gezielte Versuche, sowohl die Umstände als auch den Zeitpunkt seines Todes zu verheimlichen.

Nachdem Mose und seine engsten Gefolgsleute Ägypten verlassen hatten, begingen sie regelmäßig das Paschafest, wie ihnen der Herr befohlen hatte: »Du sollst das Fest der Ungesäuerten Brote halten: (Im Monat Abib [Nisan] sollst du zur festgesetzten Zeit sieben Tage lang ungesäuertes Brot essen … Denn in diesem Monat bist du aus Ägypten ausgezogen …)« (Exodus 23,15). Das Paschafest, ursprünglich ein ägyptisches Frühlingsfest, dauerte sieben Tage, vom fünfzehnten bis zum einundzwanzigsten Tag des Abib, des babylonischen Nisan, der zu jener Zeit der erste Monat des israelitischen Kalenders war. Später, nach dem Tod Jesu, opferten die Israeliten am Vorabend des Pascha, dem vierzehnten Tag des Abib, nach der Anweisung Moses ein Lamm als Sühne für die Tötung des Messias und baten Gott um Vergebung: »Als Paschatiere für den Herrn, deinen Gott, sollst du Schafe, Ziegen oder Rinder schlachten … sollst du das Paschatier schlachten, am Abend bei Sonnenuntergang, zu der Stunde, in der du aus Ägypten ausgezogen bist« (Deuteronomium 16, 2 und 6).

Die Essener, die der Ansicht waren, daß sie keine Schuld trügen, und Christus als ihr Opferlamm betrachteten, brachten kein Sühneopfer dar. Statt dessen hielten sie am selben Tag – dem vierzehnten Tag des Abib – ein messianisches Mahl ab als Vorwegnahme der Wiederkunft ihres verstorbenen Lehrers der Gerechtigkeit, der am Ende der Welt mit ihnen das Mahl feiern würde. Dieses messianische Mahl hatte eine große Ähnlichkeit mit dem letzten Abendmahl am Gründonnerstag, dem Vorabend der Kreuzigung, bei dem Christus das Sakrament der Kommunion eingesetzt haben soll. In den Qumranschriften heißt es, daß der Priester das erste Brot und den ersten Wei[n seg]nen [wird und viermal] seine Hand über dem Brot [ausstrecken wird], [und dann wird] der Messias seine Hand über das Brot hal[ten] [und dann wird] die ganze Versammlung der Gemeinde [ihren Se]gen [geben], jeder [nach] seiner Stellung. Und an diese Vorschrift sollen sie sich bei jeder Ver[sammlung] halten, [bei der] mindestens zehn Menschen zusammenkommen.«[1] Auch die Christen sagten sich später vom Tieropfer los, weil sie Jesus selbst als das Opfer betrachteten: »Denn auch der Menschensohn ist nicht gekommen, um sich dienen zu lassen, sondern um zu dienen und sein Leben hinzugeben als Lösegeld für viele« (Markus 10,45) und »… Seht das Lamm Gottes, das die Sünde der Welt wegnimmt« (Johannes 1,29).

Nach dem Tod Moses und ihrer Ankunft im Gelobten Land lebten die Israeliten jahrhundertelang in kleinen Gruppen ohne eine zentrale Regierung und ohne zentrale Kultstätte über ganz Kanaan verstreut. In dieser Zeit gaben die meisten Israeliten den Gott Moses zugunsten kanaanäischer und phönizischer Gottheiten auf, und das Paschafest wurde nur noch von wenigen – und auch nur im privaten Kreis – gefeiert. Dies änderte sich jedoch nach dem babyloni-

schen Exil im sechsten Jahrhundert vor Christus. Im Exil
stellten die priesterlichen Schreiber die Bücher des Pentateuch, die aus der Zeit Moses stammten, in der Form zusammen, wie sie uns heute vorliegen. Einige von ihnen
bezeichneten das Datum des Paschafestes als »den ersten
Monat«, andere als Nisan. Diese Unstimmigkeit wäre nicht
weiter von Belang gewesen, hätten die Priester im Exil
nicht den babylonischen Mondkalender anstelle des vorher gebräuchlichen Sonnenkalenders übernommen. Daraus ergab sich, daß Tischri (September-Oktober), ursprünglich der siebte Monat des israelitischen Kalenders,
nun zum ersten Monat des neuen Kalenders wurde.
Ursprünglich wurden der Tag der Sühne und das Paschafest als ein einziges Fest im Abib (Nisan), dem zuvor ersten
Monat, gefeiert, der nun der siebte Monat war. Ezechiel,
der vor der Zerstörung des Jerusalemer Tempels durch die
Babylonier im Jahre 586 v. Chr. als Priester und Prophet
dort diente, unterscheidet in seiner Aufzählung nicht zwischen Sühneopfer und Paschafest (Ezechiel 45, 18-25).
Doch Ezechiel hatte offensichtlich erkannt, daß Unklarheit
darüber bestand, welches der *richtige* Monat für die Feier
der beiden religiösen Anlässe war – der alte erste Monat,
also Nisan, oder der neue erste Monat Tischri. Deshalb teilt
er das Jahr in zwei Hälften, wobei die religiösen Feierlich-
keiten des ersten Monats im siebten Monat wiederholt
werden sollten. Doch dann, etwa ein halbes Jahrhundert
nach der Rückkehr aus Babylon, ergriffen die Priester
die Gelegenheit, unabhängig vom Pascha einen eigenen
Tag für das Sühneopfer festzulegen. Während das Paschafest weiterhin im Nisan gefeiert wurde, wurde der Tag
des Sühneopfers in den Monat Tischri gelegt: »Am vier-
undzwanzigsten Tag dieses Monats kamen die Israeliten zu einem Fasten zusammen, in Bußgewänder gehüllt

und das Haupt mit Staub bedeckt« (Nehemia 9,1). Auch
wurde die Bedeutung des Sühnetages verlagert. Während
er ursprünglich der Tag der Buße für die Tötung des Messias war, war er nun Anlaß zur Buße für Sünden allgemein.
Heute wird der Sühnetag Jom Kippur, der wichtigste Tag
der Fastenzeit im jüdischen Kalender, am zehnten Tag des
Monats Tischri gefeiert. Dies beruht darauf, daß die Redak-
teure das Pentateuch diesem zwei Passagen hinzugefügt
haben, in denen auf den alten Kalender – als Tischri noch
der siebte Monat war – zurückgegangen wird: »... Am
zehnten Tag dieses siebten Monats ist der Versöhnungstag.
Da sollt ihr heilige Versammlung halten. Ihr sollt Euch
Enthaltung auferlegen ...« (Levitikus 23, 27)[2] und: »Am
zehnten Tag dieses siebten Monats sollt ihr eine heilige
Versammlung abhalten. An diesem Tag sollt ihr euch Enthaltung auferlegen ...« (Numeri 29,7). Dieser Versuch, das
Verbrechen des Pinhas aufzudecken, wäre wahrscheinlich
geglückt, wenn nicht die Essener im verborgenen daran
gearbeitet hätten, das Gedächtnis und die Worte ihres Lehrers der Gerechtigkeit bis zum Tag seiner Rückkehr lebendig zu halten.

Wenn Jesus (Josua) am Fuße des Berges Sinai starb, wäre
eigentlich nicht zu erwarten, daß nach diesem Zeitpunkt
noch von ihm als Lebendigem gesprochen wird. Josua
verschwindet danach zwar vollkommen aus dem Blick-
feld, jedoch nur bis zum letzten Buch des Pentateuch, dem
Deuteronomium, wo er als Anführer der Israeliten in der
Nachfolge Moses erwähnt wird: »Und Josua, der Sohn
Nuns, war vom Geist der Weisheit erfüllt, denn Mose hatte
ihm die Hände aufgelegt. Die Israeliten hörten auf ihn ...«
(34,9). Hierauf folgt ein ganzes Buch, das Josuas Heldenta-

ten gewidmet ist, so auch der Eroberung Kanaans nach einem raschen militärischen Feldzug an der Spitze der vereinigten Stämme Israels im dreizehnten Jahrhundert vor Christus.

Obwohl diesem Bericht allgemein großer Glauben geschenkt wird, handelt es sich – wie wir noch sehen werden – um eine reine Fiktion, die keinerlei historischen Wert besitzt. Er ist lediglich Teil des Plans, die Umstände seines Todes zu verdunkeln, und kann weder durch die moderne Bibelkritik noch durch archäologische Funde gestützt werden.

Das Buch Josua ist das erste einer Reihe von Texten, die die »Frühen Propheten« oder »Bücher der Geschichte« genannt werden. Es umfaßt drei Teile – die Eroberung Kanaans (Kapitel 1–12); die Verteilung des eroberten Landes unter die zwölf Stämme Israels (13–21); und schließlich die Verhandlungen mit Stämmen östlich des Jordan, denen das Abkommen von Sichem folgt (22–24). Moderne Bibelwissenschaftler haben beispielsweise erkannt, daß die in den ersten zwölf Kapiteln beschriebenen Feldzüge nicht Teil eines einzigen großen Feldzugs sind, sondern daß es sich vielmehr um eine Sammlung verschiedener älterer Schlachtenerzählungen handelt, die ursprünglich nichts miteinander zu tun hatten und zum Teil der israelitischen Periode vorausgingen.

Der deutsche Bibelwissenschaftler Martin Noth hat als erster auf die Tatsache aufmerksam gemacht, daß die Priesterschaft Sachverhalte vertuschte. Er wies im Jahre 1966 nach, daß Deuteronomium, das fünfte Buch des Pentateuch, und die Bücher der Frühen Propheten beziehungsweise die Bücher der Geschichte, angefangen vom Buch Josua bis hin zum Buch der Könige, das Werk eines Priesterredakteurs sind, der unter dem Namen Redakteur des

Deuteronomium bekannt wurde. Diese Bearbeitung wurde zur Zeit des babylonischen Exils im sechsten Jahrhundert vor Christus vorgenommen, etwa zur selben Zeit, als
Jesaja (II) behauptete, Niederlage, Demütigung und Exil
der Israeliten seien die Strafe für die Tötung des Gottesdieners, ihres Messias.

Gab es eine bessere Möglichkeit, diesen Vorwurf zurück-
zuweisen, als den Gottesdiener hervorzubringen, der nach
dem Tode des Mose weiterlebte und der siegreiche Erobe-
rer des Landes der Verheißung war? Selbst Pinhas, der
sämtlichen Hinweisen zufolge unter jenen Tausenden war,
die am Sühnetag hingemetzelt worden sein sollen, wurde
am Leben erhalten. Er wird im Bericht über die Eroberung
des Gelobten Landes durch Josua als einer von dessen
Gefolgsleuten genannt. Es gibt keinen Bericht über seinen
Tod, und er taucht sogar im Buch der Richter wieder auf,
welches von Ereignissen handelt, die nahezu dreieinhalb
Jahrhunderte später stattfanden: »Und Pinhas, der Sohn
Eleasars, des Sohnes Aarons, tat in jenen Tagen Dienst vor
dem Angesicht des Herrn. Die Israeliten sagten: Sollen wir
noch einmal ausrücken zum Kampf mit unserem Bruder
Benjamin, oder sollen wir es aufgeben? Der Herr antwortete: Zieht hinauf! Denn morgen gebe ich ihn in eure Gewalt« (20,28).

Obwohl mehr als siebenhundert Jahre vergangen waren,
muß der deuteronomistische Redakteur die Überlieferung
gekannt haben, die Jesajas Bericht vom Tod des Gottesknechts und der Behauptung der talmudischen Rabbis
zugrunde lagen, daß »Pinhas Jesus tötete«. Dennoch entschloß er sich, diese Überlieferung nicht in sein Werk aufzunehmen, und schrieb die Ereignisse um. Er wollte
den Eindruck erwecken, Josua habe zur Zeit der Eroberung Kanaans noch gelebt. Neben der modernen Bibelkri-

tik wird auch durch archäologische Funde deutlich,
daß der Bericht von der Eroberung des Gelobten Landes
durch Josua als Teil eines raschen militärischen Feldzugs
keine wahrheitsgetreue Wiedergabe der Ereignisse sein
kann.

14
UND DIE MAUERN
STÜRZTEN EIN

Die Josua zugeschriebenen militärischen Blitzkriege kön-
nen nicht im dreizehnten Jahrhundert vor Christus stattgefunden haben, weil zwei der angeblich eingenommenen
Städte früher und die anderen erst später zerstört wurden.
In den Berichten von diesen Feldzügen in den ersten zwölf
Kapiteln des Buches Josua heißt es, daß die Israeliten den
Jordan von Osten nach Westen gegenüber der alten Stadt
Jericho überquerten, die unter Belagerung stand. Sie nahmen sie ein und: »Mit scharfem Schwert weihten sie alles,
was in der Stadt war, dem Untergang«, nachdem auf offenbar wunderbare Weise die Mauern eingestürzt waren (Josua 6, 20–21). Eine andere alte kanaanäische Stadt im Westen von Jericho und nördlich von Jerusalem, Ai, war das
nächste Ziel der israelitischen Invasoren. Bei dem ersten
Versuch der etwa dreitausend Soldaten, die Stadt einzunehmen, wurden sie geschlagen und waren gezwungen zu
fliehen. Daraufhin griff Josua zu einem anderen Plan. Er
teilte seine Armee in zwei Hälften; ein Teil lag im Hinterhalt zwischen Bethel, einer weiteren befestigten Stadt ein
paar Kilometer nordwestlich von Ai, und Ai. In der nun
folgenden Schlacht tat Josua, als seien seine Streitkräfte
geschlagen worden, und zog sich, verfolgt von den gegnerischen Soldaten, von Ai zurück. Bei einem bestimmten
Zeichen überfiel dann die Armee, die im Hinterhalt wartete, die Stadt von Westen durch das offene und ungeschütz-

te Tor, setzte sie in Brand und plünderte sie. In der Zwischenzeit rückte Josua vor, um die Schlacht gegen den König von Ai und seine Armee wiederaufzunehmen, und schlug sie (Josua 8,21).

Nach diesem Feldzug wurde Josua, wie es heißt, aufgefordert, ein Friedensabkommen mit den Hiwitern zu schließen, die in den vier Städten Gibeons im Südwesten von Ai und im Nordwesten von Jerusalem lebten: Gibeon, Kefira, Beerot und Kirjat-Jearim. Doch kaum daß dieses Abkommen geschlossen war, sah sich Josua mit einer neuerlichen Bedrohung durch Adoni-Zedek, den König von Jerusalem, konfrontiert, der eine Allianz aus fünf amoritischen Königen des Hochlands und der Ebene Judäas aufgestellt hatte – Jerusalem, Hebron, Jarmut, Lachisch und Eglon. Nachdem nun Josua zu seinem Lager in der Stadt Gilgal, ein paar Kilometer nördlich von Jericho, zurückgekehrt war, führte er einen weiteren erfolgreichen Feldzug gegen dieses Bündnis, wobei auch Lachisch zerstört wurde. Er nahm die Stadt »am zweiten Tag ein. Er erschlug alles, was in ihr lebte, mit scharfem Schwert ...« (Josua 10,32).

Als er danach erneut in sein Lager in Gilgal zurückgekehrt war, erfuhr Josua, daß der Widerstand gegen die Israeliten auch jetzt noch nicht gebrochen war. Er sah sich einem neuen Bündnis gegenüber, und zwar seitens der nördlichen Könige von Hazor, Madon, Schimron und Achschaf: »Alle diese Könige taten sich zusammen, rückten heran und bezogen gemeinsam ihr Lager bei den Wassern von Merom, um den Kampf mit Israel aufzunehmen« (Josua 11,5). In der folgenden Schlacht konnte Josua einen weiteren klaren Sieg erringen, in dessen Verlauf er »Hazor ein[nahm]; ihren König erschlug er mit dem Schwert. Hazor hatte früher die Oberherrschaft über alle diese Königreiche. Die Israeliten erschlugen alles, was in der Stadt

lebte, mit scharfem Schwert und weihten es dem Untergang. Nichts Lebendiges blieb übrig. Die Stadt selbst steckte man in Brand« (Josua 11, 10–11).

Die Beschreibung dieser Schlachten schließt mit einer Aufzählung der eroberten kanaanäischen Städte und ihrer
Könige – insgesamt einunddreißig –, deren Gebiet unter
den Stämmen Israels aufgeteilt wurde.

Das alte Jericho, das heutige Tell el-Sultan, befindet sich
etwa eineinhalb Kilometer nordwestlich des heutigen Jericho und gut sieben Kilometer westlich des Jordan auf der
Straße nach Jerusalem. Jericho war eine sehr alte Stadt, die
bis auf das Jahr 8000 v. Chr. zurückgeht. Sie war von einer
zwei Meter dicken Steinmauer umgeben und wurde von
einem neun Meter hohen steinernen Wachturm überragt.
Jericho gilt als frühestes bekanntes Beispiel für eine derar-
tig massiv befestigte Stadt.

Im Laufe ihrer langen Geschichte wurden die Stadt und
ihre Mauern mehrmals zerstört und wieder aufgebaut. In
der mittleren Bronzezeit II (19.–17. Jh. v. Chr.) zum Beispiel
gehörte zu den Verteidigungsanlagen ein riesiger Wall aus
festgeklopfter Erde an den Hängen des *tell* (Hügel), der am
Fuße von einer massiven, sechs Meter hohen Mauer aus
Stein gestützt wurde. Diese Art der Befestigung war typisch für die Zeit der Hyksos, die um 1659 v. Chr. in
Ägypten einfielen, kaum mehr als ein Jahrhundert regierten und in dieser Periode auch die Herrschaft über Jericho
innehatten. Nachdem die Könige der Achtzehnten Ägyptischen Dynastie die Hyksos vertrieben und bis in den
Westen Asiens hinein verfolgt hatten, zerstörten sie Jericho
und seine Befestigungen im 15. Jahrhundert vor Christus.
Es gibt über Jahrhunderte keinerlei Hinweis darauf, daß
die Stadt selbst oder ihre Befestigungsmauern nach dieser
Zerstörung wiedererrichtet wurden: »So gab es etwa zwi-

schen 1400 und 1325 v. Chr. Siedlungen auf dem *tell*, vielleicht sogar eine Generation länger. Danach besteht der
erste Beweis für eine neuerliche Besiedlung in einzelnen
irdenen Schüsseln, die aus dem *elften bis zehnten Jahrhundert*
stammen«[1] (Hervorh. d. Autors).

Zur Zeit der angeblichen Invasion durch Josua in der zweiten Hälfte des dreizehnten Jahrhunderts vor Christus existierten also weder die Stadt Jericho noch die Stadtmauern.
Daraus zogen einige Wissenschaftler den Schluß, daß es
sich bei der biblischen Überlieferung dieser Geschichte um
einen Versuch handelt, einen Grund für die frühere Zerstörung der Stadt zu liefern.

Ein ähnliches Problem taucht bei dem nächsten Feldzug
Josuas auf – der Eroberung Ais (des heutigen el-Tell). Ausgrabungen haben gezeigt, daß dort in der frühen kanaanäischen Zeit eine große Stadt existierte, die jedoch in der
Frühen Eisenzeit, um 2350 v. Chr., zerstört und erst in der
Frühen Bronzezeit (zwölftes Jahrhundert v. Chr.) neu besiedelt wurde, als an dieser Stelle ein Dorf entstand. Die
Neuankömmlinge waren im wesentlichen Bauern, die sich
in den unwirtlichen Hügeln Zentralkanaans eine Existenz
aufzubauen versuchten: »Diese Entdeckung weist darauf
hin, daß der Ort zur Zeit Josuas verwüstet war (was auch
der Name Ai nahelegt, der wörtlich Ruine bedeutet). Die
Wissenschaftler erklären diese Diskrepanz unterschiedlich. Einige betrachten die Erzählung von der Eroberung
Ais, wie sie im Buch Josua zu finden ist, als ätiologisch, das
heißt, sie entwickelte sich aus dem Bedürfnis, eine Erklärung für die alten Ruinen und Befestigungen der Stadt zu
finden.«[2]

Nach ersten Ausgrabungen im südkanaanäischen Lachisch (dem heutigen Tell el-Duweir) zwischen 1932 und
1938 glaubte man, aufgrund der Funde die Zerstörung der

124   UND DIE MAUERN STÜRZTEN EIN

Stadt auf die Regierungszeit Merenptahs (ca. 1237–1227 v.
Chr.), des vierten Herrschers der Neunzehnten Dynastie,
datieren zu können. Damit hätte man ein Argument dafür
in der Hand gehabt, daß Josuas Bericht korrekt ist. Doch
als »Professor Ussischkin 1973 erneut Ausgrabungen in
Lachisch vornahm, war eines seiner Hauptziele die genaue
Datierung der Zerstörung der Stadt. In dieser Hinsicht
sollte er ungewöhnliches Glück haben. 1978 förderte eine
Bodenprobe aus den tiefen Zerstörungsschichten der letzten kanaanäischen Stadt an der Stelle eines Stadttores ein
Bronzegußfragment mit dem Namen des ägyptischen Pharaos Ramses III. in der Kartusche aus Bronzegegenständen
zutage, die unter Ausgrabungsschutt verborgen lag. Die
Zerstörung konnte also nicht vor der Thronbesteigung
Ramses' III. (um 1182 v. Chr.) stattgefunden haben ... Ein
so handfestes Bronzestück, das wahrscheinlich von einem
Gebäude stammte, legt – selbst wenn dieses nur kurze Zeit
stand – nahe, daß Lachisch irgendwann im zweiten Viertel
des zwölften Jahrhunderts v. Chr. zerstört wurde.«[3]
Nach dem Sieg über Jabin, den König von Hazor und
Anführer der Koalition gegen die Israeliten, soll Josua seine
Stadt in Brand gesteckt haben – und zwar nur die Stadt
(Josua 11,10–13). Hazor (das heutige Tell el-Qidah) war
eine große kanaanäische Stadt, fast fünfzehn Kilometer
nördlich des Sees von Galiläa und strategisch günstig gelegen, da sie die Hauptstrecken der Straße des Meeres
beherrschte, die von Ägypten nach Syrien, Mesopotamien
und Anatolien führte. Yigael Yadin, ein israelischer Archäologe und ehemaliger Stabschef der israelischen Streitkräfte, führte in diesem Gebiet von 1955 bis 1958 und noch
einmal 1968 Ausgrabungen durch. Er gehört zu jenen Wissenschaftlern, die überzeugt sind, daß jedes Wort der Bibel
wörtlich zu nehmen ist.

Auf der Grundlage einiger dürftiger Argumente, die sich
auf die Asche eines Brandopferaltars und das Fehlen mykenischer Töpferwaren an dieser Stelle (siehe Anhang B)
beziehen, datierte Yadin die Zerstörung Hazors auf einen
Zeitpunkt »höchstwahrscheinlich ... irgendwann im zweiten Drittel des dreizehnten Jahrhunderts v. Chr. (in der
Regierungszeit Ramses' II.)«.[4] Dies widerspricht sämtlichen historischen Zeugnissen, aus denen hervorgeht, daß
ganz Palästina in der fraglichen Periode unter ägyptischer
Herrschaft stand und daß es in diesem Gebiet zahlreiche
Militärposten gab.

Yadin hat keinerlei Beweis dafür erbracht, daß Hazor in der
zweiten Hälfte des dreizehnten Jahrhunderts vor Christus
von Josua erobert wurde. Die Tatsache, daß Hazor von
Ramses III. (ca. 1182–1151 v. Chr.) in seinem Amuntempel
in Karnak erwähnt wurde, weist darauf hin, daß die Stadt
während seiner Herrschaft noch existierte und unter seiner
Kontrolle stand. Auch ergibt sich daraus die Möglichkeit,
daß Hazor wie so viele andere Orte in Syrien/Palästina erst
später von den Seevölkern, den Philistern, zerstört wurde,
gegen die Ramses III. im selben Gebiet Krieg führte.

Über die Geschichte von Josuas angeblichem militärischem
Blitzkrieg heißt es in der *Encyclopaedia Judaica*: »Die meisten
Wissenschaftler gehen davon aus, daß sich die Erzählungen von den Schlachten (im Buch Josua) ursprünglich auf
einzelne Stämme bezogen und erst zu einem späteren Zeitpunkt mit Josua und mit Israel insgesamt in Verbindung
gebracht wurden.«[5]

Und bei dem britischen Archäologen John Romer heißt es
1988 zur Zerstörung der kanaanäischen Städte: »(Kathleen)
Kenyon (eine britische Archäologin) entdeckte zudem, daß
in der Frühen Eisenzeit, der Zeit also, die als einzige für
die ersten israelitischen Siedlungen in Kanaan in Frage

kommt, die Stadt Jericho weitgehend verlassen war und seit der Zerstörung der letzten bronzezeitlichen Stadt dreihundert Jahre zuvor in Ruinen lag. Josua und seine Israeliten hätten kaum mehr als ein kleines Dorf auf einem alten Hügel vorgefunden, als sie in Jericho eintrafen. Dieser Sachverhalt ist seitdem durch Ausgrabungen in anderen Städten bestätigt worden, die – so die Bibel – Josua und seine Armee heimsuchten.

»All dies war ein schwerer Schlag für die Historiker, die über lange Zeit sorgfältig archäologisches Beweismaterial für eine systematische Invasion und Zerstörung aller kanaanäischen Städte zusammengetragen und ihre Funde mit den biblischen Berichten von der israelitischen Invasion in Einklang gebracht hatten. Es gab mehrere Versuche, ihre Hypothese zu retten, indem man sozusagen einfach die Zielgerade verlegte: die archäologischen Daten wurden umgeschrieben, so daß Josua und die Israeliten sehr wohl jemanden hätten antreffen können, gegen den sie bei ihrer Ankunft kämpften. Doch die meisten Wissenschaftler waren sich darin einig, daß die inzwischen bekannten archäologischen Fakten eine neue Sichtweise und eine Neuinterpretation dieser biblischen Geschichten notwendig machten.«[6]

Die Zweifel an Josuas Feldzug veranlaßten einige Wissenschaftler zu der Frage, ob Josua überhaupt jemals gelebt habe. Doch angezweifelt werden muß nur der deuteronomistische Bericht. Das Ziel der deuteronomistischen Geschichtsschreibung war es, wie bereits erklärt wurde, zu zeigen, daß sich die Verheißung Gottes, wie sie sich im Pentateuch findet – die Inbesitznahme des Gelobten Landes durch die Israeliten –, erfüllt hatte. Der Kompilator zog alte Überlieferungen hinzu, um Gottes Wirken in der Geschichte zu illustrieren, nicht um die Geschichte selbst darzustellen. Es handelt sich um eine theologische Interpretation mit dem Ziel, in einer Zeit großer Schwierigkeiten den Glauben zu erneuern.

Es ist daher auch kein Wunder, daß die Qumran-Essener zu der Ansicht kamen, die Priester Jerusalems hätten die Schriften verfälscht.

15
DIE EVANGELIEN

Die vier Verfasser der Evangelien waren keine Historiker. Sie wollten vielmehr die Grundelemente der christlichen Botschaft predigen – Christus ist gestorben, Christus ist auferstanden, Christus wird wiederkommen – und zeigen, daß jedes Ereignis im Leben Jesu Christi die Erfüllung einer Prophezeiung des Alten Testaments sei.

Obwohl in der Frühgeschichte der Kirche viele Evangelien von Christus existierten, wurden auf dem Tridentinischen Konzil im Jahre 1546 nur die vier, die in das Neue Testament aufgenommen wurden, als authentisch anerkannt. Selbst das Evangelium von Thomas, welches im Jahr 1945 in der oberägyptischen Stadt Nag Hammadi entdeckt wurde, ist vom Vatikan als häretisch zurückgewiesen worden.

Markus, der in der Apostelgeschichte und in vier Apostelbriefen als Begleiter von Petrus und Paulus genannt wird, gilt als Autor des ersten der vier kanonischen Evangelien. Dessen genaue Entstehungszeit ist nicht bekannt, doch die Bibelwissenschaftler datieren es in der Regel auf das letzte Viertel des ersten Jahrhunderts nach Christus. Und da es Zeugnisse dafür gibt, daß sich sowohl Matthäus als auch Lukas neben anderen Quellen auch auf Markus beziehen, nimmt man allgemein an, daß diese Evangelien später entstanden sind. Das Matthäus-Evangelium ist auf die erste Hälfte des zweiten Jahrhunderts nach Christus datiert worden. Erst ab der zweiten Hälfte jenes Jahrhunderts

beziehen sich die Kirchenväter auf Lukas, insbesondere
was die Geburt Jesu betrifft. Ihm folgt – im selben Zeitraum
– schließlich Johannes, der am wenigsten historisch orien-
tierte der vier Evangelisten.

Es ist aber offensichtlich, daß sich alle vier bei ihren Berichten auf eine frühere gemeinsame Quelle sowie auf verschiedene andere Traditionen bezogen haben müssen.
Markus zum Beispiel – wenn er denn der erste der vier
Verfasser ist – kann nicht Augenzeuge jener Ereignisse
gewesen sein, die er beschreibt. Und ebensowenig Matthäus, Lukas und Johannes, die später folgten. Natürlich
könnte Markus Informationen aus zweiter Hand von Petrus und aus dritter Hand von Paulus gehabt haben. Doch
sein Evangelium enthält Informationen, die in den Schriften von Petrus und Paulus nicht auftauchen. Woher hatte
er sie?

»Seit dem Ende des letzten Jahrhunderts ist argumentiert
worden, daß es in der Kirche von Anfang an Sammlungen
von Zitaten aus dem Alten Testament gab, die von den
Kirchenvätern in Streitgesprächen und beim Unterrichten
benutzt wurden. Für diese Theorie sprechen auch ähnliche
Sammlungen, die die Kirche in späteren Zeiten benutzte
und die möglicherweise ... auf viel früheren Dokumenten
beruhen ... Wie es jetzt aussieht, wird durch Qumran der
Gedanke einer vorchristlichen Sammlung eschatologi-
scher Zeugnisse untermauert.«[1]

Aus den bisher von uns überprüften Zeugnissen geht klar
hervor, daß die vier Verfasser der kanonischen Evangelien
verschiedene Quellen zu Hilfe genommen haben müssen
– israelitische Überlieferungen, das Alte Testament, die
Riten der Essener und ihren Glauben an ein Leben nach
dem Tode, das Leben und Sterben Johannes des Täufers,
die Behauptung der Anhänger Johannes' des Täufers, sie

hätten Jesus gesehen – möglicherweise in einer Vision –,
und die politischen Aufstände des ersten Jahrhunderts
nach Christus. All dies bildete die Grundlage ihrer Geschichten, in denen sie das Leben Jesu in Galiläa stattfinden
ließen und ihn mit Herodes, Kaiphas und Pilatus in Verbindung brachten.

Daß sie Bethlehem als den Geburtsort Jesu angaben, war
auf den Wunsch zurückzuführen, zu zeigen, daß sich die
Prophezeiungen des Alten Testaments erfüllt hatten. Es
gab eine starke jüdische Glaubenstradition, der zufolge
Christus als ein Nachkomme König Davids geboren würde, von dem man wußte, daß er selbst in Bethlehem in
Judäa geboren war. Daher verlegen sowohl Matthäus als
auch Lukas, die von der Geburt Jesu berichten, diese nach
Bethlehem, und Matthäus (2,5) zitiert zur Untermauerung
seiner Behauptung Micha (5,2). Dies ist ein weiteres Beispiel für das Ausmaß, in dem die Evangelien sich auf das
Alte Testament beziehen. Das Alte Testament liefert keinerlei Einzelheiten von der Geburt Jesu: Daher übernahm
Matthäus alttestamentarische Berichte von Ereignissen um
die Geburt Moses, wobei nun Herodes anstatt des Pharaos
den Tod »aller Kinder bis zum Alter von zwei Jahren«
befahl.

Die Verbindung von Jesus mit Galiläa, die im Alten Testament nirgendwo hergestellt wird, hängt mit der politischen Situation im ersten Jahrhundert nach Christus zusammen. Paulus, der etwa 35 n. Chr. zum Christentum
bekehrt wurde, brachte Jesus niemals mit Galiläa oder
Johannes dem Täufer in Verbindung, genausowenig Petrus in seinen Briefen. Erst Markus, der im letzten Viertel
des ersten Jahrhunderts nach Christus schrieb und Bethlehem überhaupt nicht erwähnt, verlegt das Wirken Jesu
nach Galiläa und beschreibt nur einmal, wie Jesus nach

Judäa zieht – als er Jerusalem betritt, um sein Ende zu
erwarten.

Dies aber führt zu dem merkwürdigen Bericht von Judas
Ischariot und der Rolle, die er angeblich bei dem Verrat an
Jesus gespielt hat. Wir erfahren, daß sich Christus ein paar
Tage vor seiner Festnahme in Jerusalem aufhielt, um im
Tempel zu lehren. Die jüdischen Behörden konnten ihn
daher ergreifen, wann immer sie wollten. Daß sie es nicht
taten, kann nicht damit begründet werden, daß sie den
Zorn des Volkes fürchteten: Nur einen Tag, nachdem Jesus
festgenommen und ins Gefängnis geworfen worden war,
stimmte, wie es heißt, eben dieses Volk gegen seine Freilassung und verlangte statt dessen sogar, daß er gekreuzigt
werde.

Judas als der Verräter wird in keinem der Apostelbriefe
erwähnt, woraus sich schließen läßt, daß diese Zuschrei-
bung auf eine spätere Interpretation der Ereignisse zurückzuführen ist. Darüber hinaus wurde der Name Ischariot
verstanden als der Ort, in dem Judas beheimatet war. Doch
dies ist nicht die korrekte Bedeutung. Da das entsprechende griechische Verb »ausliefern« bedeutet, kann Ischariot
lediglich als Beiname gebraucht worden sein: »Judas der
Auslieferer«. Daß es diese Bedeutung hat, wird auch durch
die Tatsache erhärtet, daß »das syrische *skariot* ein Beiname
ist, der die gleiche Bedeutung hat wie das hebräische *sik-
karti*: ich werde ausliefern«.[2]

Alles deutet darauf hin, daß Judas ein Anführer der Essener war. Wie das letzte Abendmahl mit der Segnung von
Brot und Wein das messianische Mahl der Essener wieder-
aufnimmt, spiegeln auch die zwölf Apostel, die in den
Evangelien erwähnt werden, ein Ritual derselben Sekte
wider, die lange vor der christlichen Zeit existierte. Ihre
Gemeinschaftsregel, eins der in Qumran gefundenen Doku-

mente, besagt, daß damals: »Im Rat der Gemeinschaft (sollen sein) zwölf Männer und drei Priester« – der mehrdeutige Text erlaubt hier zwei Interpretationen: entweder daß drei der zwölf Männer Priester sein oder daß zusätzlich drei Priester teilnehmen sollten –, »um Wahrheit und Gerechtigkeit und Recht und zärtliche Liebe und Bescheidenheit des Wandels aneinander zu üben, um den Glauben auf der Erde zu bewahren mit fester Neigung und mit zerknirschtem Geist und den Frevel zu sühnen unter denen, die Recht üben und die Bedrängnis der Prüfung aushalten, und um mit allen im Maß der Wahrheit und in der Ordnung der Zeit zu wandeln«.[3]

Dies aber waren die Anführer, die für die Bewahrung und Verbreitung der Wahrheit über den Lehrer der Gerechtigkeit verantwortlich waren – und wie wir vorher gesehen haben, konnten nur sie es sein, die nach der Hinrichtung Johannes des Täufers beschlossen, seine Bewegung weiterzuführen und seine Prophezeiungen zu bestätigen.

Nach den vorliegenden Zeugnissen ist es wahrscheinlich, daß Judas Ischariot mit Judas, dem galiläischen Rebellen, identisch ist, einem der zwölf Mitglieder des essenischen Rats der Gemeinschaft, der im Jahre 6 n. Chr. aus diesem Rat austrat, um einen politischen Aufstand gegen die Römer und die Jerusalemer Behörden anzuführen. Seit diesem Aufstand war Galiläa bekannt für seine Gegnerschaft zu den römischen wie den Jerusalemer Behörden. Wenn Jesus sich nun in Galiläa aufhielt, war es nicht mehr schwierig, den Konflikt zwischen ihm und den Behörden in der politischen Realität jener Zeit zu begründen. Doch Markus, der das Wirken Jesu nach Galiläa verlegt, scheint mit den geographischen Gegebenheiten dort nicht vertraut zu sein. Die wichtigsten Städte Galiläas werden nicht erwähnt, und es gibt keine überzeugende topographische Grundlage:

»Da es sich um eine Erfindung handelt, ist der Zusammenhang mit Galiläa äußerst dürftig; und genauso war auch
der Konflikt mit den Jerusalemer Behörden unlogisch.«
Der Charakter der Botschaft Jesu spiegelt sich auch in den
Liedern Jesajas wider, die die Essener von Qumran auf
ihren Lehrer der Gerechtigkeit bezogen. In der *Hymnenrol-
le*, einem der Manuskripte vom Toten Meer, die Psalmen
in der Ichform enthalten, »bezieht der Psalmist (der Lehrer)
wiederholt Jesajas Gottesdienertexte auf sich selbst, so wie
hundert Jahre später christliche Schriftsteller sie auf Jesus
beziehen sollten«. Zum Beispiel erklären sowohl der
Psalmist als auch Jesus, sie seien die Person, von der Jesaja
sagt (61,1–2), sie sei »gesandt, damit ich den Armen eine
frohe Botschaft bringe … damit ich ein Gnadenjahr des
Herrn ausrufe … damit ich alle Trauernden tröste« (wiederholt in Lukas 4,16–22). In den Psalmen erscheint der
Psalmist wiederholt als »der Mann voller Sorgen, der von
Schlägen und Krankheit überwältigt, verachtet und geschmäht wird«.[5] Die Qumran-Essener sprachen wie Johannes der Täufer vom gesalbten Christus, einem Retter, der
am Tag des Jüngsten Gerichts, am Ende der Welt, wieder-
kehren würde.[6]
Die Verfasser der Evangelien sammelten Informationen
aus all diesen verschiedenen Quellen, wobei sie sich auch
auf die Behauptung der Jünger beriefen, sie hätten, wie
Johannes prophezeit hatte, Jesus mit eigenen Augen gesehen. Offensichtlich war es nicht ihre Absicht, die Leser in
die Irre zu führen, indem sie diese Informationen auf Jesus
bezogen. Im Vordergrund stand vielmehr der Gedanke,
ihrem Herrn treu zu sein, der, wie sie glaubten, lebte und
immer bei ihnen war. Sie waren nicht daran interessiert,
historische Tatsachen zu vermitteln, sondern vielmehr die
verborgene Wahrheit über Christus zu verkünden.

Dennoch gibt es einen Aspekt in ihren Schriften – und im
Alten Testament –, der uns mit einem weiteren merkwürdigen Widerspruch konfrontiert. Beide Quellen versichern
uns, daß der Messias aus dem königlichen Hause Davids
stamme. Doch der David, dessen Heldentaten in der Bibel
beschrieben werden, soll im zehnten Jahrhundert vor Christus gelebt haben. Wenn der historische Jesus ein Zeitgenosse Moses war und vier Jahrhunderte früher im Sinai
lebte und starb, wie kann dann David sein Vorfahre sein?

BUCH ZWEI

DAS HAUS
DES MESSIAS

16
KIND DER SÜNDE

Die Identität jenes David festzustellen, aus dessen Haus eines Tages der verheißene Messias hervorgehen sollte, wird kompliziert durch die Tatsache, daß das Alte Testament zwei einander widersprechende Beschreibungen Davids liefert. Einmal ist er der mächtige Kriegerkönig, der eine Reihe von großen Kriegen in Asien führte und ein Reich gründete, das sich vom Nil bis zum Euphrat erstreckte; dann wieder ist er ein Stammeskönig, der über das Verheißene Land herrschte – von Dan im Norden bis nach Beerscheba im Süden des israelisch-judäischen Hochlandes – und einen großen Teil seines Lebens in der Auseinandersetzung mit den Philistern zubrachte. Eine weitere Komplikation ergibt sich daraus, daß die Bibelforscher zu dem Schluß gekommen sind, der Krieger David habe sein Riesenreich in den ersten Jahren des zehnten Jahrhunderts vor Christus errichtet.

Aufgrund dieser Datierung und einiger verworrener archäologischer Zeugnisse haben die Wissenschaftler den Stammeskönig David (1000–960 v. Chr.) mit dem biblischen König David gleichgesetzt. Da jedoch jeder historische Beweis für die Schaffung eines solchen Reiches zu dieser Zeit fehlt, mußten sie hierfür eine Erklärung finden – besser gesagt, das Reich hinwegargumentieren. So haben sie sich für die These entschieden, der biblische Erzähler habe dies schlichtweg erfunden, um einer wichtigen biblischen Figur mehr Größe zu verleihen.

Daß wir es tatsächlich mit zwei verschiedenen Personen zu
tun haben, die beide David heißen, kann an dieser Stelle
ganz einfach dadurch festgestellt werden, daß man ihre
militärischen Feldzüge miteinander vergleicht. Der Schlüssel zur Identität des Kriegerkönigs findet sich im Zweiten
Buch Samuel 8,3 und 8,13: »David schlug auch Hadad-
Eser ... als dieser ausgezogen war, um seine Macht am
Euphrat wiederzugewinnen ... So machte sich David einen
Namen (das heißt, er errichtete eine Stele). Als er nach dem
Sieg über Aram zurückkehrte, schlug er Edom im Salz-
tal ...« Dieser Bericht wird im Ersten Buch der Chronik 18,3
wiederholt: »David schlug auch Hadad-Eser ..., als dieser
ausgezogen war, um seine Macht am Euphrat zu festigen.«
Im Buch der Könige wird an zahlreichen Stellen erwähnt,
daß Salomo, Davids Sohn und Nachfolger, ein Reich beherrschte, das sich vom Nil bis zum Euphrat erstreckte. Es
ist jedoch bekannt, daß Salomo an keinerlei militärischen
Feldzügen teilnahm – die Tatsache, daß dies offensichtlich
überflüssig war, gehört wesentlich zu der Legende von
seiner Weisheit. Zudem ist es ein Element der jüdischen
Überlieferung und eine logische Ableitung aus der Salomo-Geschichte, daß er ein Reich erbte, welches vor seiner
Thronbesteigung bereits existiert hatte.
Geschichte und Archäologie belegen außerdem, daß der
David, der das von Salomo ererbte Reich gründete, nur
einer gewesen sein kann – sein Vorfahre Thutmosis III. (um
1490–1436 v. Chr.), der größte König der Alten Welt. (Der
Name David wird in der Bibel *dwd* geschrieben, aus dem
in der Transkription ins Ägyptische *twt* wird, was wiederum der erste Teil des Namens Thutmosis III. ist.) Das Reich,
das er »wiedergewinnen« sollte, war ursprünglich von
seinem Großvater, Thutmosis I. (um 1528–1510 v. Chr.)
gegründet worden, der selbst eine Stele am Euphrat errich-

tet hatte. Thutmosis hatte jedoch nicht genügend Zeit, seine Position in Westasien zu festigen. In einer etwas verworrenen Epoche der ägyptischen Geschichte teilte später Thutmosis III. die Herrschaft mit seiner Tante und Stiefmutter, Königin Hatschepsut.

Eine Rebellion in Syrien im Jahre 21 der Koregentschaft zwischen Königin Hatschepsut und Thutmosis III. führte zum Verlust des Reiches, das von seinem Großvater gegründet worden war. Doch als Thutmosis III. zwölf Monate später, also im Jahre 22 seiner Herrschaft, nach dem Tod der Königin alleiniger Herrscher wurde, zog er aus, um sein Reich wiederherzustellen, überquerte den Euphrat und errichtete sich selbst ein Denkmal neben dem seines Großvaters.

Von keinem anderen König der Alten Welt kann behauptet werden, ihm sei dieses Kunststück gelungen. Noch beherrschte – nach den historischen und archäologischen Quellen – später jemand anders dieses ganze Gebiet bis zur zweiten Hälfte des sechsten Jahrhunderts vor Christus, als Kyros von Persien Mesopotamien und Ägypten eroberte. Außerdem ist es von Bedeutung, daß sowohl im Alten Testament als auch in historischen Zeugnissen die Wiedereroberung eines Reiches *zwischen* dem Nil und dem Euphrat beschrieben wird, was verdeutlicht, daß Davids Herrschaft über Ägypten gesichert war, als diese Ereignisse stattfanden.

Die historischen und archäologischen Zeugnisse zeigen außerdem deutlich, daß der David, der im fünfzehnten Jahrhundert vor Christus dieses große Reich wiedererrichtete, nicht mit dem David identisch sein kann, der fünf Jahrhunderte später immer wieder mit den Philistern in Konflikt geraten sein soll. Doch abgesehen von alledem war Thutmosis III. schon eine geraume Zeit – dreihundert

Jahre – tot, als die Philister – die Seevölker – in der Mitte
des zwölften Jahrhunderts vor Christus in Scharen in die
Küstengebiete Kanaans eindrangen und der ägyptischen
Herrschaft über dieses Land ein Ende setzten.
Was brachte die biblischen Schriftsteller dazu, zwei Gestal-
ten, die fünf Jahrhunderte voneinander getrennt waren, zu
einer einzigen zu vereinen? Der Schlüssel zur Beantwor-
tung dieser Frage liegt, meine ich, in der Antwort auf eine
andere Frage: Wer war der Vater Isaaks?

Das Alte Testament versichert uns wiederholt, daß Abra-
ham der Vater Isaaks und der Stammvater der zwölf Stämme Israels war. Doch ich glaube, daß Abraham lediglich
der Adoptivvater, der richtige Vater des Kindes hingegen –
und der zwölf Stämme Israels – Thutmosis III. war.
Ich habe an anderer Stelle behauptet, daß Abram und seine
Frau Sarai – die später von Gott die Namen Abraham und
Sara erhielten – wegen einer Hungersnot von Kanaan nach
Ägypten aufbrachen, als der junge Thutmosis III. sich die
Herrschaft mit seiner Tante und Stiefmutter Königin Hatschepsut teilte. Bei seiner Ankunft griff Abram aus Angst,
er könne wegen des guten Aussehens Sarais getötet werden, zu einer Vorsichtsmaßnahme und stellte sie als seine
Schwester vor (Genesis 12,11 und 12). Diese Vorsichtsmaßnahme sollte sich als weise herausstellen. Als Thutmosis
von Sarais Schönheit erfuhr, nahm er sie zur Frau, nachdem er Abram das Brautgeld bezahlt hatte. Doch dieses
Vergehen – die Frau eines anderen Mannes geheiratet zu
haben – führte zu der in der Bibel beschriebenen »Plage«,
die über das Haus des Pharaos kam. Als er schließlich den
Grund dafür entdeckte, schickte er Abram und Sarai zurück nach Kanaan.
Da zu jener Zeit die Heirat bedeutete, daß der Mann nach

der Bezahlung des Brautgeldes Sexualverkehr mit der Frau hatte in der Absicht, sie zu behalten, steht außer Frage, daß Sexualverkehr zwischen Sarai und Thutmosis stattgefunden hat. Die Tatsache, daß die Bibel die Heirat bestätigt, bedeutet, daß sie tatsächlich vollzogen wurde. Dieser Gedanke wird darüber hinaus auch durch die Strafe in Form einer Plage untermauert, die über das Haus des Pharaos kam. Es erhebt sich daher die Frage, ob Isaak, den Sarai nach ihrer Rückkehr nach Kanaan gebar, der Sohn Abrams oder des Pharaos war. Eine Anzahl von anschließenden Ereignissen, so auch die Verwandlung des Namens Abram in Abraham und Sarai in Sara, bestätigen, daß der Pharao Isaaks Vater war.

- In Genesis 15,13 ist die Rede von Abrams Nachkommen (tatsächlich werden nur die Nachkommen Sarais dazugezählt, obwohl Abram noch sieben andere Söhne hatte, von denen hier keiner genannt wird) und davon, daß sie nach Ägypten zurückkehren werden.

- In Genesis 15,18 wird verheißen, daß Isaaks Nachkommen das zur Zeit Thutmosis' III. existierende Reich »vom Grenzbach Ägyptens bis zum großen Strom, dem Euphrat« erben werden. Und dann soll der Bund Gottes nicht auf alle Kinder Abrams übergehen, sondern nur auf jene Isaaks.

- Laut Genesis 16,3 hatte Sarai eine ägyptische Magd namens Hagar. Die einzige vernünftige Erklärung hierfür ist die, daß ihr königlicher Gatte ihr diese zum Geschenk gemacht hatte – und zwar höchstwahrscheinlich deshalb, weil er erwartete, daß sie ein Kind von ihm gebären würde.

– Gott gibt Abram nun den Namen Abraham, »denn zum
Stammvater einer Menge von Völkern habe ich dich
bestimmt« (Genesis 17,5). (In den ägyptischen Hierogly-
phen entsteht durch die Einfügung der Silbe *ha* in den
Namen Abram *ham* [Majestät], so daß der neue Name
mit »Herz der Majestät des Sonnengottes Ra« übersetzt
werden kann.)
Gleichzeitig wurde aus Sarai Sara, was in den alten
Sprachen Westasiens soviel bedeutete wie »Königin«:
»... Deine Frau Sarai sollst du nicht mehr Sarai nennen,
sondern Sara soll sie heißen ... daß Völker aus ihr hervorgehen; Könige über Völker sollen ihr entstammen«
(Genesis 17,15 und 16). (Die Amarna-Briefe, die im wesentlichen als diplomatische Dokumentensammlung
der Achtzehnten Ägyptischen Dynastie zu betrachten
sind, zeigen deutlich, daß der Pharao manchmal mit *sar*,
der männlichen Form von Sara, angesprochen wurde:
Zum Beispiel bediente sich Tarkhun Dara, der hethitische Prinz, dieses Terminus in der Anrede für Amenhotep III., den Urenkel Thutmosis' III.)[2] Diese Voraussage
des königlichen Charakters von Saras Nachkommen
bestätigt die königliche Natur ihres Vaters, daher kann
Abraham nur der Adoptivvater sein.

– Vor dem Bericht über die Namensänderung Sarais erfahren wir, daß der Bund Gottes mit Abraham eine
Klausel enthält, der zufolge alle Kinder männlichen Geschlechts, die vor Sarais Niederkunft geboren wurden,
im Alter von acht Tagen beschnitten werden sollen, eine
Praktik, die bis dahin unter allen alten Völkern nur auf
die Ägypter beschränkt war.
– Ein weiterer Hinweis darauf, daß die Abstammungslinie von Abraham allein über Isaak und nicht über seine

anderen Söhne laufen soll, findet sich in Genesis 21,12, wo Gott zu Abraham spricht: »... Hör auf alles, was dir Sara sagt! Denn nach Isaak sollen deine Nachkommen benannt werden.«

– In Genesis 22,9-12 wird berichtet, daß Abraham Isaak auf einen Berg führt, wo er ihn als Brandopfer darzubringen beabsichtigt – eine Handlung, die, wäre Isaak sein eigener Sohn gewesen, kaum nachzuvollziehen ist – , bis Gott einschreitet. (In einer Talmud-Überlieferung heißt es, daß Saras Tod, von dem in der Bibel nach diesem Ereignis berichtet wird, darauf zurückzuführen war, daß ihr jemand Abrahams Absicht, Isaak zu töten, mitgeteilt hatte.)[3]

– Als Esau, der ältere der beiden Zwillingssöhne Isaaks, sein »Erstgeburtsrecht« an seinen jüngeren Bruder Jakob verkaufte (Genesis 26,33), übergab er ihm allem Anschein nach eine Ehrenstellung oder einen Titel, nicht ein materielles Erbe. Und diese Ehrenstellung wiederum scheint Jakob dem Josef, seinem Lieblingssohn, übergeben zu haben, als er ihm einen Ärmelrock schenkte (Genesis 37,3), ein Geschenk, das die Feindseligkeit seiner Halbbrüder noch verstärkte, die ihn kurz darauf als Sklaven nach Ägypten verkauften.

17
DAS VERBERGEN
DER SÜNDIGEN TAT

Die These, daß Isaak nicht der Sohn Abrahams war, beruht nicht nur auf einer Interpretation dieser biblischen Texte. Denn seit dieser Zeit, ja bis zum heutigen Tag, kann ein Kind – unabhängig davon, wer der Vater gewesen sein mag – nicht als Jude betrachtet werden, wenn die Mutter nicht selbst Jüdin war, was wiederum darauf hinweist, daß die Nachkommen Saras nicht die Abkommen Abrahams waren. Andere nichtbiblische Quellen führen zu derselben Schlußfolgerung.

– Der Talmud enthält die überlieferte Aussage, daß niemand, der Abraham kannte, glaubte, Isaak sei sein Sohn: »An dem Tage, da Abraham seinen Sohn Isaak beschnitt, hielt er ein großes Festmahl, und alle Menschen verspotteten ihn und sagten: Habt ihr diesen alten Mann und seine Frau gesehen, die ein Findelkind von der Straße auflasen und nun behaupten, es sei ihr Sohn? Und nun halten sie auch noch ein großes Festmahl, um ihre Behauptung zu untermauern.«

– In einem Vers des Korans (Die Propheten, Sure XXI,72) heißt es über Abraham:

… Wir schenkten ihm Isaak
und als zusätzliche Gabe
(Einen Enkel), Jakob …

Der Vers weist darauf hin, daß Isaak und Jakob ursprünglich nicht Abrahams Söhne waren. Islamische Wissenschaftler interpretieren diese Passage, indem sie sie wie
folgt umschreiben: »Wir gaben ihm Isaak, weil er um einen
Sohn bat, und einen weiteren Sohn als Geschenk, um das
er nicht gebeten hatte.« Es ist jedoch leicht einzusehen, daß
dies nicht der Fall gewesen sein kann. Zunächst einmal war
Jakob noch nicht geboren, als Abraham starb. Darüber
hinaus hatte Abraham zu der Zeit, da Jakob geboren wurde, bereits sieben andere Söhne – einen, nämlich Ismael,
von Hagar, der ägyptischen Magd Saras, und sechs von
einer anderen Frau namens Ketura. Und drittens war Jakob
nicht der Erstgeborene von Isaaks Zwillingssöhnen, sondern bekam diesen Titel erst, nachdem Esau ihm sein Erstgeburtsrecht verkauft hatte.

– In einer anderen Sure des Korans (Maria, Sure XIX,58)
  werden drei der Propheten – Mose, Aaron und Ismael –
  erwähnt und dann bezeichnet als:

  Die Nachkommenschaft Abrahams
  und Israels (Jakobs) …[1]

Die einzig mögliche Erklärung dieses Verses ist die, daß
einige dieser drei Propheten von Jakob abstammten und
nicht von Abraham. Man kann sogar noch genauer werden, denn es gibt zwei namentlich genannte Vorfahren
(Abraham und Jakob) und drei namentlich genannte Nachkommen (Mose, Aaron und Ismael). Es ist also offensicht-

lich, daß, wäre Jakob ein Nachkomme Abrahams gewesen,
er in der Reihe der Nachkommen genannt worden wäre
und nicht, zusammen mit Abraham, in der der Vorfahren.
Doch die Tatsache, daß der Name Jakob in gleicher Reihe
mit den Vorfahren genannt wird, bedeutet, daß wir es mit
zwei verschiedenen Abstammungslinien zu tun haben, so
daß Jakob selbst nicht von Abraham abstammen konnte.
Die korrekte Lesart lautet, daß Ismael von Abraham abstammte, Aaron und Moses hingegen von Jakob.
Die Tatsache, daß der Koran Abraham und Jakob nebeneinander als Vorfahren nennt – Abraham als den der Is-
maeliten, Jakob als den der Israeliten –, ist ebenfalls ein
deutlicher Hinweis darauf, daß die Israeliten nicht als
Nachkommen Abrahams betrachtet werden können.

Die Verwirrung um die Identität von Isaaks Vater hat,
meine ich, historische Wurzeln, die bis zu der »sündigen«
Ehe zwischen Sara und Thutmosis III. zurückgehen.
Die schriftliche Fixierung dieser Ereignisse in den biblischen Texten erfolgte erst viele Jahrhunderte nach dem
Auszug der Israeliten aus Ägypten. Zu dieser Zeit waren
Ägypten und sein Pharao bereits ein Symbol des Hasses
für die Israeliten. Der biblische Erzähler war daher bemüht,
jede Blutsverbindung zwischen Israel und Ägypten zu
vertuschen, was allerdings eine schwierige Aufgabe war.
Denn aus den zur Verfügung stehenden Informationen
ging eindeutig hervor, daß Sara mit einem ägyptischen
Pharao verheiratet war, dann mit Abraham nach Kanaan
zurückkehrte und dort Isaak gebar. Jeder, der die so erzählte Geschichte liest, muß automatisch zu der Schlußfolgerung kommen, daß der Pharao Isaaks Vater war. Doch zu
einer Zeit, in der der Eckstein der biblischen Lehre darin
bestand, zu betonen, daß Gott die Israeliten von ihren

ägyptischen Unterdrückern befreit habe, mußte der Erzähler die beiden Ereignisse – die Abreise Saras aus Ägypten und die Geburt Isaaks – irgendwie voneinander trennen und die Identität des wirklichen Vaters verheimlichen.

Nachdem er berichtet hat, daß sich Sara und Abraham wieder in Kanaan niedergelassen hatten, schiebt also der Erzähler eine andere Geschichte ein und beschreibt, wie Abraham seinen von Feinden gefangengenommenen Neffen Lot zu befreien suchte. Dann folgt die Erscheinung Gottes vor Abraham, in der etwas geweissagt wird, bei dem es sich nur um die Geburt Isaaks handeln kann, dessen Nachkommen nach Ägypten zurückkehren würden. Wie zu erwarten wäre, müßte sich nun ein Bericht von Isaaks Geburt anschließen, doch dies ist nicht der Fall. Denn es wird betont (Genesis 16,1), daß Sara keine Kinder bekommen konnte. So gab sie, nachdem zehn Jahre seit ihrer Rückkehr nach Kanaan verstrichen waren, Abraham ihre ägyptische Magd Hagar zur Frau, und aus dieser Verbindung ging Ismael hervor. Dann vergingen laut dem Erzähler weitere vierzehn Jahre, und wieder wird betont, daß Sara unfruchtbar war. Hinzu kommt nun noch die Information, daß sie mit nunmehr neunzig Jahren zu alt war, um noch ein Kind zu gebären. Doch dann erfahren wir, daß drei Boten Gottes erscheinen und verkünden, daß Sara im nächsten Jahr einen Sohn bekommen wird.

Doch auch jetzt wagt es der Erzähler nicht, die Geburt Isaaks zu schildern, aus Furcht, man könne ihn immer noch mit seinem richtigen Vater in Verbindung bringen. So führt er eine weitere Figur ein, nämlich Abimelech, den König von Gerar. Bei einem Besuch in Gerar, so erfahren wir, behauptete Abraham erneut, Sara sei seine Schwester.

Und – obwohl vorher versichert wurde, daß sie eine alte Frau von neunzig Jahren war – Abimelech verliebte sich in sie und war schon im Begriffe, sie zur Frau zu nehmen, als der Herr ihm in einem Traum erschien und ihn mahnte, nicht eine Frau zu heiraten, die bereits einem anderen gehörte. Und erst an diesem Punkt – nachdem er eine lange Zeit hat verstreichen lassen und von zahlreichen anderen Ereignissen berichtet hat – fühlt der Erzähler sich sicher genug, die Geburt Isaaks zu schildern.

Doch diese Verzögerungstaktik ist nicht wirklich überzeugend. Denn indem er nur an bestimmten Teilen der Chronologie herumbastelt, betrügt der biblische Erzähler sich selbst. Wenn, wie wir zuvor erfahren haben, Sara eine ägyptische Magd hatte, muß sie diese als Geschenk erhalten haben, und es ist sehr wahrscheinlich, daß der Grund hierfür der war, daß sie ein Kind vom Pharao erwartete. Daher müßte Isaak älter als Ismael sein, das Kind, welches Hagar gebar, nachdem Sara sie Abraham zur Frau gegeben hatte. Doch der biblische Erzähler versucht, uns davon zu überzeugen, daß genau das Gegenteil zutrifft. Wir erfahren (Genesis 17,25), daß Ismael dreizehn Jahre alt war, als er ein Jahr vor der Geburt Isaaks beschnitten wurde.

Doch der vier Kapitel später folgende biblische Bericht von der Flucht Hagars mit ihrem Sohn, nachdem Sara sie weggeschickt hat, vermittelt einen ganz anderen Eindruck von seinem Alter: »Am Morgen stand Abraham auf, nahm Brot und einen Schlauch mit Wasser, übergab beides Hagar, legte es ihr auf die Schulter, übergab ihr das Kind und entließ sie. Sie zog fort und irrte in der Wüste von Beerscheba umher. Als das Wasser im Schlauch zu Ende war, warf sie das Kind unter einen Strauch, ging weg und setzte sich in der Nähe hin, etwa einen Bogenschuß entfernt; denn sie sagte: Ich kann nicht mit ansehen, wie das Kind stirbt. Sie saß in der Nähe und weinte laut.

Gott hörte den Knaben schreien; da rief der Engel Gottes

vom Himmel her Hagar zu und sprach: Was hast du, Hagar? Fürchte dich nicht, Gott hat den Knaben dort schreien gehört, wo er liegt. Steh auf, nimm den Knaben, und halt ihn fest an deiner Hand; denn zu einem großen Volk will ich ihn machen. Gott öffnete ihr die Augen, und sie erblickte einen Brunnen. Sie ging, füllte den Schlauch mit Wasser und gab dem Knaben zu trinken« (Genesis 21, 14–19).

Wenn seine Mutter Ismael tragen mußte und wenn er unfähig war, sich zu bewegen, als sie ihn unter einen Strauch warf, konnte er – anders als Isaak – das Laufalter noch nicht erreicht haben. Obwohl diese Geschichte im Koran nicht erwähnt wird, stimmen islamische Überlieferungen in diesem Punkt mit der Bibel überein. Ismael wird als Baby dargestellt, das von seiner Mutter getragen wurde und sich nicht fortbewegen konnte von der Stelle, wo sie es hingelegt hatte; doch plötzlich tauchte unter ihren Füßen ein Wasserquell auf, der mit dem jetzigen Zamzam in Mekka gleichgesetzt wird.

An dieser Stelle soll nun kurz zusammengefaßt werden, wie die Abfolge der Ereignisse tatsächlich gewesen war …

Als Sara zusammen mit Abraham Ägypten verließ, war sie bereits von Thutmosis III. schwanger. Dieser gab ihr Hagar als Magd, damit sie ihr bei der Geburt und der späteren Pflege Isaaks helfe. Abraham nahm später Hagar zur Frau, und sie gebar Ismael. Sara – die sich selbst als Frau des Königs und ihren Sohn Isaak als Prinzen betrachtete – war nicht bereit, Ismael denselben Status zuzugestehen wie ihrem Sohn. Daher schickte sie Hagar und Ismael fort – und daher wird aus israelitischer Sicht von den Söhnen Abrahams nur Isaak als sein Erbfolger betrachtet.

Trotz aller Bemühungen des biblischen Erzählers, die Ereignisse in seinem Bericht zu verdrehen, haben die Israeli-

ten niemals die wahre Identität ihres großen Vorfahren
Thutmosis III. aus den Augen verloren. Bereits kurz nach
Abrahams Tod, so erfahren wir, bestätigte Jakob die Be-
deutung dieses Vorfahren, als der Herr ihm den Namen
Israel gab: »Gott erschien Jakob noch einmal … Gott sprach
zu ihm: Dein Name ist Jakob. Dein Name soll jedoch nicht
mehr Jakob lauten, sondern Israel soll dein Name sein. Er
gab ihm also den Namen Israel« (Genesis 35,9–10). Die
Bedeutung dieser Passage liegt in dem Namen. Der hebräische Terminus *el* ist die Abkürzung für *Elohim* (Gott), und
Ysra oder *sar* ist die Bezeichnung für Prinz oder Herrscher.
Ysrael bedeutet also *Elohim herrscht –*, wie ägyptische Götter
(auch der Pharao galt als herrschender Gott).

In den ersten Jahrhunderten taucht Abraham in den Schriften der Israeliten als deren großer Vorfahre auf. Doch vom
Zeitpunkt des israelitischen Königtum Sauls fünf Jahrhunderte später und sogar bis hinein in die christliche Zeit,
wurde der Kriegerkönig David als der einzige anerkannte
Vorfahre jedes rechtmäßigen Königs oder Messias betrachtet.

18

DIE SEEVÖLKER

Die Zeugnisse darüber, wie und wann die Israeliten schließlich das Verheißene Land Kanaan erreichten – ein sich in mehreren Phasen vollziehender Prozeß, der einen sehr langen Zeitraum in Anspruch nahm –, machen ebenfalls deutlich, daß der Kriegerkönig, der ein großes Reich gründete, von dem Stammesfürsten zu unterscheiden ist, der über eine lange Zeitspanne seines Lebens in Konflikt mit den Philistern stand.

Kanaan war noch fest in der Hand Ägyptens, als Ramses III. (etwa 1182–1151 v.Chr.), der zweite Herrscher der Zwanzigsten Dynastie, den Thron bestieg. Ein in Theben gefundener Papyrus – der sogenannte PapyrusHarris, der sich im Britischen Museum befindet – berichtet, daß Ramses III. zu diesem vergleichsweise späten Zeitpunkt einen Amun-Tempel im Land Kanaan errichtete und die »Fremden von Retenu kommen, um dort ihre Gaben darzubringen«. Und in der palästinensischen Stadt Megiddo wurde ein Federkästchen aus Elfenbein gefunden, das einem ägyptischen Gesandten gehörte und den Namen Ramses III. trägt.[1]

Nach der Regierungszeit Ramses' III. verlor Ägypten die Herrschaft über Palästina. Der Hauptgrund hierfür war die Masseninvasion der »Seevölker« in Kanaan, die um 1174 v.Chr. – im Jahre acht von Ramses III. – begann, also etwa zu der Zeit, als der *Ilias* zufolge der griechische Krieg gegen Troja stattfand. Die Geschichte der Invasoren ist den best-

erhaltenen Inschriften und Reliefs an den Wänden des
Grabtempels Ramses' III. in Theben zu entnehmen. Die
Reliefs zeigen Menschen, die eine dauerhafte Ansiedlung
suchten, ganze Familien, die in Ochsenkarren unterwegs
waren, mitsamt Frauen, Kindern und Haushaltsausrü-
stung: »Ihr Zusammenschluß bestand aus den vereinigten
Ländern von Peleset, Tjekker, Scheklesch, Danu und We-
schesch.«[2]
Die Peleset sind die Philister, die später dem Land Palästina ihren Namen gaben. Sie werden mit Kopfschmuck aus
Federn und runden Schilden dargestellt. Die Danu werden
für die Danaer der *Ilias* gehalten. Auch einige andere Völ-
kergruppen konnten in Phönizien landen. Das Reich der
Hethiter sowie Nordsyrien wurden hinweggespült, die
hethitische Hauptstadt Hattusa niedergebrannt: »Die
fremden Völker verübten einen Anschlag auf ihre Inseln.
Alle wurden mit einem Schlag vertrieben und zerstreut,
und kein Land konnte ihren Waffen standhalten, angefangen mit Khatti (das Land der Hethiter), Kode, Karche-
misch, Arsawa und Alasija ... An einer Stelle in Amur
(Syrien) wurde ein Lager errichtet, und sie verwüsteten das
Land und vernichteten die Menschen, als ob sie niemals
existiert hätten. Sie kamen mit dem flammenden Schwert
und rückten auf Ägypten vor.«[3]
Ramses III. konnte die Invasoren in einer Seeschlacht er-
folgreich schlagen, die der britische Ägyptologe Alan Gardiner folgendermaßen beschrieb: »Um Einzelheiten zu
erfahren ... wenden wir uns am besten den Reliefs und
nicht den Wortschriften zu ... Dem Künstler ist es gelungen, in einem einzigen Bild die verschiedenen Phasen der
Schlacht darzustellen. Zunächst sehen wir die Ägypter, die
vom Schiffsdeck aus gelassen angreifen; ihnen gegenüber
auf einem Schiff, das mit Ankereisen festgehalten wird,

den Feind, der sich in äußerster Verwirrung befindet; zwei Männer fallen ins Wasser, während einer, auf die Gnade des Pharao hoffend, zum Ufer blickt. Auf einem anderen ihrer Schiffe sieht man, wie vom Land aus ein Hagel von Pfeilen auf sie niederprasselt. Dann kehrt die ägyptische Flotte nach Hause zurück und nimmt zahlreiche hilflose und gefesselte Gefangene mit; einer von ihnen versucht zu entfliehen, wird aber von einem Soldaten am Ufer eingefangen. Auf dem Weg stromaufwärts stößt man auf ein gekentertes Schiff, dessen gesamte Mannschaft ins Wasser gestürzt ist. Die Invasoren erleiden eine vollständige Niederlage; anhand von nur neun Schiffen wird die ganze Geschichte des Kampfes erzählt, so daß nur noch die Vorführung der Gefangenen vor Amun-Re und andere Einzelheiten der Siegesfeier fehlen.«[4]

Doch obwohl Ramses III. den Angriff auf Ägypten selbst zurückschlagen konnte und es textliche und archäologische Zeugnisse dafür gibt, daß die Herrschaft Ägyptens über Kanaan mindestens bis zur Mitte des zwölften Jahrhunderts vor Christus andauerte, gibt es andererseits Hinweise darauf, daß sich einige »Seevölker« bereits vor diesem Zeitpunkt in diesem Gebiet niedergelassen hatten. Das archäologische Zeugnis besteht aus einem bestimmten Typus bemalter mykenischer Töpferware, die in Südwestkanaan in Schichten gefunden wurde und auf die erste Hälfte des zwölften Jahrhunderts vor Christus datiert wird. Trotz der Tatsache, daß diese Töpferware in Farbe, Form und in den gemalten Motiven der bereits lange existierenden mykenisch-griechischen Tradition gleicht, ist durch chemische und physikalische Analysen nachgewiesen worden, daß sie vor Ort hergestellt wurde. Daraus folgt, daß die Töpfer selbst in dieses Gebiet eingedrungen waren und ihr Heimatland in der Ägäis oder in der westlichen Türkei lag.

Dies stimmt auch mit der Bibel überein, die als das ur-
sprüngliche Heimatland der Philister »Kaftor« nennt
(Amos 9,7; Jeremia 47,4). Die Wissenschaftler haben diesen
Namen mit dem ägyptischen Terminus »Keftiu« in Verbin-
dung gebracht, der Kreta oder möglicherweise auch das
Gebiet der Ägäis im allgemeinen bezeichnet.

Ein weiterer Hinweis auf die Ansiedlung der Philister in
Südwestkanaan ist die Entdeckung von Waffen und Eisen-
werkzeugen – zur damaligen Zeit den Kanaanitern unbekannt –, die auf das zwölfte Jahrhundert vor Christus
datiert werden können. Was nun den offensichtlichen Widerspruch angeht, daß einige »Seevölker« in diesem Gebiet
lebten, während Kanaan immer noch unter ägyptischer
Herrschaft war, so gibt es dafür zwei verschiedene Erklärungen: entweder daß die Ägypter die Peleset nach deren
Niederlage in der Seeschlacht im Südwesten Kanaans an-
siedelten, jenem Gebiet, das später Philistia heißen sollte;
oder daß einige von ihnen bereits vor dem Angriff auf
Ägypten im Küstengebiet Kanaans gelandet waren und
von den Ägyptern die Erlaubnis erhalten hatten, sich dort
niederzulassen.

Welche von diesen Theorien auch stimmen mag, diese
Peleset, die die Sitten und Gebräuche der Ägypter annahmen, erfreuten sich offenbar einer Art *détente* mit ihren
ägyptischen Herrschern, die bis zur Mitte des zwölften
Jahrhunderts vor Christus andauerte, als sie sich fester in
und um Gaza in Städten verschanzten, die im großen und
ganzen von der ägyptischen Herrschaft unabhängig waren: »In der zweiten Hälfte des zwölften Jahrhunderts vor
Christus festigten die Philister ihre Niederlassungen, indem sie ältere Städte wiederaufbauten oder neue gründeten, und dies zweifellos häufig in enger Anbindung an die
kanaanäische Bevölkerung, über die sie nun herrschten.

Aschdod wurde umgebaut, bekam ein neues Gesicht und wurde stark befestigt. In Tel Qasile am Jarkon, wo sich heute die nördlichen Vororte von Tel Aviv befinden, wurde eine neue Hafenstadt errichtet. An anderen Stellen gibt es archäologische Funde, die auf Rückbildung von Städten schließen lassen, wie in Aphek und Lachisch, oder von üppig ausgestatteten Friedhöfen wie in Azor, wo man bis heute keinerlei Hinweise auf eine Ansiedlung zu jener Zeit gefunden hat.«[5]

Wo aber waren die Israeliten, als all diese Ereignisse stattfanden?

Das Alte Testament liefert zwei einander widersprechende Berichte von der Ankunft der Israeliten im Verheißenen Land Kanaan. Die Version, die die größte Akzeptanz gefunden hat und am beliebtesten wurde – trotz der Tatsache, daß Kanaan bis zum Ende des zwölften Jahrhunderts fest in ägyptischer Hand war –, ist die, daß Kanaan nahezu ein Jahrhundert zuvor, also Ende des dreizehnten Jahrhunderts vor Christus, durch einen von Josua geführten Blitzkrieg erobert wurde. Demnach hätte die Besetzung durch die Israeliten stattgefunden, *bevor* die Philister auf den Plan traten. Doch wie wir im ersten Teil dieses Buches gesehen haben, gehört der angebliche Josua-Feldzug zu dem Bemühen der Priester, das Verbrechen Pinhas zu vertuschen, indem sie erklärten, Josua sei noch am Leben.

Die andere – und korrekte – Version lautet, daß die Besetzung durch die Israeliten in mehreren Phasen und durch einzelne Stämme vollzogen wurde, von regionalen Konflikten begleitet war und sich über einen langen Zeitraum *nach* der Invasion der Philister hinzog.

DAS GELOBTE LAND

Das Buch der Richter, das auf das Buch Josua folgt, läßt darauf schließen, daß die Inbesitznahme Kanaans ein allmählicher Prozeß war, an dem mehrere Stämme über einen langen Zeitraum hinweg beteiligt waren. Zu den israelitischen Persönlichkeiten und Stämmen, die an diesen zahlreichen, in weiten Teilen Kanaans geführten Feldzügen teilnahmen, zählten Juda und sein Bruder Simeon; die Nachkommen Jitros des Keniters, des Schwiegervaters Moses; Kaleb; Benjamin; das Haus Josefs, Josefs Söhne Menasse und Efraim; Zebulon, Ascher, Naftali und Dan. Wenn man die Wahrheit über diese Ereignisse herausfinden will, muß man sich Klarheit darüber verschaffen, wann die Israeliten in Ägypten angekommen, wie lange sie dort geblieben sind und wann sie das Land wieder verlassen haben. Die meisten Ägyptologen halten noch heute daran fest, daß Josef der Patriarch, seine Familie und die Stämme Israels zu der Zeit in Ägypten eintrafen, als Hyksos in der Mitte des 17. vorchristlichen Jahrhunderts das Ostdelta besetzte, daß sie vierhundert Jahre lang im Lande blieben und gegen Ende der Regierungszeit Ramses' II. (ca. 1304–1237 v. Chr.), vielleicht sogar erst in den ersten Jahren seines Nachfolgers Merenptah wieder abzogen. Meine Ansicht dazu, die ich an anderer Stelle vorgetragen habe[1] und die von Bibelwissenschaftlern mehr und mehr akzeptiert wird, widerspricht der Mehrheit der Ägyptologen: Meines Erachtens traf Josef einige Zeit vor der Regierungszeit

Thutmosis' IV. (ca. 1413–1405 v. Chr.) in Ägypten ein und holte später die Stämme Israels aus Kanaan nach. Sie ließen sich in Goschen am Ostdelta nieder und blieben dort vier Generationen – nicht vier Jahrhunderte – lang, bis zum Exodus im letzten Jahr der kurzen Regierungszeit von Ramses I. (ca. 1335–1333 v. Chr.), dem bereits älteren ersten König der Neunzehnten Dynastie.

Das Alte Testament und die ägyptische Geschichte äußern sich in widersprüchlicher Weise über die Geschehnisse unmittelbar nach dem Exodus. Anfangs, so berichtet die Bibel, zogen die Israeliten in den Sinai, wo sie sich mit einheimischen Beduinen, den Schasu (den Midianitern der Bibel) verbündeten. Weiter beschreibt die Bibel den Weg der Israeliten nach Palästina: Wie sie, noch unter der Führung des Mose, aus dem nördlichen Sinai über den Zipfel des Golfs von Akaba fortzogen, bevor sie die Grenzen Edoms südlich und südwestlich des Toten Meeres entlang und an Moab vorbei zur Ostküste des Toten Meeres weiterwanderten. Als ihnen dann der Durchzug nach Westen durch das Territorium der Amoriter verweigert wurde, bahnten sie sich gewaltsam ihren Weg und eroberten das Gebiet nördlich des Flusses Arnon im Jordanland, das den Rubenitern als Siedlungsgebiet zugesprochen wurde. Dem Buch Deuteronomium zufolge starb Mose auf einem Berg östlich des Jordan-Flusses, und Josua, sein Nachfolger, führte die Israeliten über den Jordan in das Gelobte Land. Ägyptische Quellen deuten dagegen darauf hin, daß Mose die Stadt Pi-Ramses nahe dem heutigen Kantara im nördlichen Sinai verlassen und die Israeliten nach Süden in Richtung Timsah-See, dem Schilfmeer, führte. Das war ein unzugängliches Sumpfgebiet, in dem Pferdewagen im Schlamm steckenblieben. Möglicherweise ist dies der Ursprung jener Geschichte im Buch Exodus, wonach sich

Wasser teilte und der regierende Pharao – in diesem Fall
Ramses I. – bei der Verfolgung der Israeliten ums Leben
kam. Gewiß wartete sein Sohn und Nachfolger Sethos I.
(ca. 1333–1304 v. Chr.) nicht das Begräbnis seines Vaters
oder seine eigene Amtseinsetzung ab, bis er sich aufmach-
te, die Israeliten zu verfolgen.[2]
Die Kriegsszenen an der äußeren Nordwand der großen
Hypostyl-Halle in Karnak zeigen, daß sein erster Feldzug
gegen die Schasu in jener Zeit stattfand, als diese (und die
Israeliten)[3] versuchten, Kanaan über die Straße von Horus
zu erreichen, die damalige Hauptstraße, die Ägypten mit
dem westlichen Asien verband. Dies geschah unmittelbar
nach dem Auszug aus Ägypten und war mit höchster
Wahrscheinlichkeit auf die Bemühungen der Schasu zurückzuführen, Wasser von den Garnisonen der Truppen
zu erhalten, die die Straße bewachten (dies ist wahrscheinlich auch der Ursprung jener biblischen Geschichte, in der
Mose vom Herrn bestraft wird, weil er mit seinem Stab an
einen Felsen geschlagen hatte, um Wasser für sein Volk zu
gewinnen). Sethos I. verfolgte die Flüchtenden bis nach
Gaza, dem Zentrum Kanaans, tötete dabei ihren Führer
Mose und metzelte dessen Gefolge nieder. Damit waren
die Israeliten und die Schasu gezwungen, in den Sinai
zurückzukehren, was das Alte Testament als »vierzigjährige Wanderung« bezeichnet.
Aus den Kriegsdarstellungen Sethos' I. wissen wir, daß der
Pharao kurz nach dem eben beschriebenen Feldzug eine
Reihe von Kriegen im westlichen Asien führte, um ägyptische Positionen zu stärken und die verlorenen Gebiete
wiederzugewinnen. Nach diesen Kämpfen vergingen etwa
vierzig Jahre – im zweiten Jahrzehnt (1294–1284 v. Chr.)
der langen Regierungszeit von Sethos' Sohn und Nachfolger Ramses' II. –, bis die Schasu, die damals Ägypten

bereits verlassen hatten, abermals erwähnt werden. In vielen Texten finden sich Hinweise auf diese Kriege. In einem Artikel des *Journal of Egyptian Archaeology* aus dem Jahr 1964 schreibt Dr. Kenneth Kitchen, Professor für Ägyptologie an der Universität von Liverpool, daß auf einer Stele aus dem Wadi Tumilat im östlichen Deltagebiet der König als jemand bezeichnet wird, der »ein großes Gemetzel im Land (der) Schasu anrichtet. Er plündert ihre *tells* (Hügel), metzelt ihre (Leute) nieder und baut Städte (wieder auf?), die seinen Namen tragen«[4]. Auf einem Obelisk aus Tanis wird Ramses II. als »furchtbarer und rasender Löwe« beschrieben, »der das Land der Schasu plündert, die Berge von Seir mit seinem starken Arm heimsucht ...«. Dr. Kitchen stellt fest: »Hier wird Schasu mit dem Berg Seir, das ist Edom, gleichgesetzt.«[5] Und er fügt hinzu: »Dies legt den Schluß nahe, daß Ramses oder seine Truppen den Negeb, das Hochland von Seir oder Edom, und vielleicht auch einen Teil des dazwischenliegenden Senkungsgrabens Araba überfielen.«[6]

Auch die Kriegsreliefs von Ramses II. an der Ostmauer seines Hofes im Tempel von Luxor künden von seinen Kämpfen im Land Moab etwa zur gleichen Zeit: »Nach neuen Erkenntnissen ist hinreichend bewiesen, daß die Streitkräfte Ramses II. in das Gebiet nördlich des (Flusses) Arnon eindrangen (dabei Dibon einnahmen) und wahrscheinlich auch in das Kernland von Moab zwischen dem Arnon und (dem Fluß) Zered.«[7] Allerdings werden in Berichten über die Kriege von Ramses II. gegen die Moabiter nirgends die Schasu erwähnt.

Diese Belege zeigen, daß im zweiten Jahrzehnt des 13. Jahrhunderts vor Christus die Stämme Israels – offensichtlich immer noch Halbnomaden – zwar Ägypten verlassen hatten, jedoch weit davon entfernt waren, den Ägyptern die

Herrschaft in Kanaan streitig zu machen. Sie hielten sich
immer noch im Gebiet um den Berg Seir in Edom auf, im
Süden und Südwesten des Toten Meeres, zwischen Eilat an
der Nordspitze des Golfes von Akaba und dem südlichen
Teil des Toten Meeres. Moab stand also weiterhin unter
ägyptischer Oberherrschaft, und die israelitischen Stämme
waren in das Gebiet noch nicht eingedrungen.

Noch aus der Regierungszeit Ramses' III. (ca. 1182–1151 v.
Chr.) stammt ein Bericht über militärische Aktivitäten gegen nomadisierende Beduinenstämme im edomitischen
Gebiet Seirs, was wohl der einzige Kriegszug dieses Pharaos in Palästina war. Der Papyrus Harris, der bereits im
vorangegangenen Kapitel über die Philister erwähnt wurde, beschreibt, wie der König »die Seiriter unter den Scha-
su-Stämmen vernichtete. Ich plünderte ihre Zelte und
nahm Menschen und Waren mit.«[8]

Es spricht alles dafür, daß nach dem Auszug aus Ägypten
die Israeliten lange Zeit im Gebiet des Berges Seir in Edom
blieben. Eine Reminiszenz an jene Tage findet sich im Lied
der Debora, in dem es heißt: »Herr, als du auszogst aus Seir,
als du vom Grünland Edoms heranschrittest, da bebte die
Erde, die Himmel ergossen sich« (Richter, 5,4). Erst als
Ägypten in der zweiten Hälfte des zwölften Jahrhunderts
die Herrschaft über Palästina verlor, begannen die Israeliten, von Dan aus (dem alten Lachisch im oberen Galiläa,
das damals nur ein kleines Dorf war und etwa zwanzig
Kilometer nördlich von Hazor entfernt in der Nähe der
Quelle des Flusses Jordan lag) nördlich von Beerscheba in
der Wüste Negev nach Süden in das Land einzudringen.
Dort haben archäologische Ausgrabungen eine Neube-
siedlung im 12. Jahrhundert vor Christus nachgewiesen.
Sie waren noch Halbnomaden und lebten in den Ruinen
alter Städte oder mit anderen Kanaanäern zusammen. Die

Philister hatten bereits ihre Stadtstaaten im Südwesten Kanaans gegründet und versuchten, in Richtung Totes Meer und zum Fluß Jordan vorzudringen. Da dort auch die Israeliten versuchten, sich niederzulassen, wurde der Konflikt zwischen den beiden Neuankömmlingen die größte Sorge König Sauls und des Stammeskönigs David. Fassen wir noch einmal die Ergebnisse dieser beiden Kapitel zusammen:

– Jener David, der ein Reich gründete, das sich vom Nil bis zum Euphrat erstreckte, kann nur im fünfzehnten Jahrhundert vor Christus gelebt haben ... das Eindringen der Israeliten in Kanaan, in das Gelobte Land, war ein Prozeß, der sich in mehreren Etappen vollzog und sich erst beschleunigte, als Ägypten in der zweiten Hälfte des 12. Jahrhunderts vor Christus die Herrschaft über Palästina verlor ... jener David, dessen wichtigste Feldzüge gegen die Philister gerichtet waren, kann nicht vor dem zwölften Jahrhundert vor Christus gelebt haben, denn zu jener Zeit fand die Masseninvasion der Philister in die Küstenebene Kanaans statt.

20
DIE BEIDEN DAVIDS

Der Stammeskönig David, der in der ersten Hälfte des
zehnten Jahrhunderts vor Christus lebte, ist zweifellos eine
unbedeutende Figur. Er begegnet uns in verschiedenarti-
ger Gestalt – als Schafhirte, als Sauls Rivale und später als
der Rivale von Ischboscheth, einem der überlebenden Söhne Sauls im Kampf um die israelitische Führung; als Vir-
tuose des Harfenspiels und als »Kriegsmann«, der in stän-
dige Kämpfe mit den Philistern verwickelt war. Ein
Versuch, das letztere nachdrücklich zu betonen – was als
Teil der Strategie zur Verwischung der wahren Identität
Davids betrachtet werden muß –, ist die Geschichte vom
heldenhaften Kampf Davids gegen Goliath. Diese Geschichte jedoch ist aus einem populären und vielbewun-
derten Werk der ägyptischen Literatur entliehen, aus der
Autobiographie des Sinuhe nämlich, in der Ereignisse beschrieben werden, die bereits tausend Jahre vorher geschehen waren und mit den Ereignissen um die beiden biblischen Davidgestalten (vgl. Anhang C und D) rein gar
nichts zu tun haben.[1]

Die Lebensbeschreibung des Kriegerkönigs David, die wir
im Zweiten Buch Samuel finden, ist vergleichsweise klar.
Sein erster Feldzug wird im fünften Kapitel beschrieben.
Dort erfahren wir, daß »der König mit seinen Männern
nach Jerusalem gegen die Jebusiter zog, die in dieser Gegend wohnten ... (und) er eroberte die Burg Zion; sie wur-

de die Stadt Davids«. David wohnte in der Burg und baute
sie zu einer Festungsanlage aus, und »Hiram, der König
von Tyrus, schickte eine Gesandtschaft zu David und ließ
ihm Zedernholz überbringen; auch Zimmerleute und
Steinmetzen schickte er, und sie bauten für David einen
Palast« (2 Samuel 5, 6–11).

Im Zweiten Buch Samuel wird diese Leistung dem Stammeskönig David unmittelbar nach Beginn seiner Alleinherrschaft über die Israeliten zugeschrieben, doch dies
kann kaum der Fall gewesen sein. Erstens lesen wir, daß
die Philister, *sobald* sie von Davids Salbung zum König
erfahren hatten, sich sofort zum Kampf gegen ihn rüsteten
und sich »in der Rafaiterebene verteilten«, die nordwestlich von Betlehem lag. Es gab zwei Gefechte, und im zweiten »schlug David die Philister im ganzen Gebiet zwischen
Geba und der Gegend von Geser«, einer der Küstenstädte
der Philister nördlich von Aschdod. Doch die Einnahme
Jerusalems, die Errichtung von Befestigungen und die Organisation von Baumaterial und Handwerkern aus Tyrus
– auch dies Teil der Geschichte – muß beträchtliche Zeit in
Anspruch genommen haben. Zweitens hatte zur Zeit des
Königs David (Thutmosis III.) im fünfzehnten vorchristlichen Jahrhundert die große Invasion der Philister in der
Küstenebene Kanaans noch gar nicht stattgefunden.

Im nächsten Kapitel des Zweiten Buchs Samuel wird beschrieben, wie David dreißigtausend ausgewählte Männer
Israels versammelte und von Baal in Juda aus aufbrach
nach Gibeon in Benjamin, »um von dort die Lade Gottes
heraufzuholen«. Diese, so wird angenommen, war identisch mit der Bundeslade, die Mose im Allerheiligsten des
im Sinai errichteten Zeltes aufgestellt hatte. In dieser Bundeslade wurden die Zehn Gebote aufbewahrt, und die
Israeliten nahmen sie angeblich ins Gelobte Land mit. Jetzt

wurde sie in einer Prozession in die »Stadt Davids« gebracht, wo sie »in die Mitte des Zeltes, das David für sie
errichtet hatte«, auf den Berg Morija nördlich der alten
Jerusalemer Festung gestellt wurde.

Drei Kapitel später folgt der Bericht einer ganzen Reihe von
Kriegen im nördlichen Palästina, in Syrien – wo David bis
zum Euphrat, dem Fluß Mesopotamiens, zog, wo seine
Herrschaft bedroht war – und in Moab östlich des Toten
Meeres. Es heißt, er habe

– »die Moabiter geschlagen … So wurden die Moabiter
  David untertan und tributpflichtig« (2 Samuel 8,2).

– David schlug »auch Hadad-Eser … den König von Zoba
  (in Richtung Hamat in Nordsyrien), als dieser ausgezogen war, um seine Macht am Euphrat wiederherzustellen« (2 Samuel 8,3), und so »machte sich David einen
  Namen« (er ließ eine Stele errichten) (8,13).

– Die Syrer von Damaskus kamen dann Hadad-Eser, dem
  Führer der vereinigten syrischen Königreiche, zu Hilfe,
  aber David besiegte sie und tötete zwanzigtausend seiner Feinde, bevor er in Aram in Damaskus Garnisonen
  errichten ließ. Die Syrer wurden seine tributpflichtigen
  Untertanen.

– Als der König von Hamat erfuhr, daß David Hadad-Eser
  besiegt hatte, schickte er seinen Sohn zu David, der
  Glückwünsche und Geschenke überbrachte.

– Ein weiterer Krieg fand im südlichen Kanaan statt –
  in Edom an der Grenze zum ägyptischen Sinai – wo
  Davids Armee achtzehntausend Männer niedermetzel-

te, und er errichtete Standorte in Edom, das ihm untertan
wurde.

– Als der König der Ammoniter starb und sein Sohn auf
  den Thron kam, schickte David Boten, um sein Beileid
  zu bekunden, doch die Boten wurden schlecht behandelt, weil die Ammoniter argwöhnten, der wahre Zweck
  ihres Besuchs sei es, ihre Stadt auszukundschaften, die
  hier nicht namentlich erwähnt wird. Die Ammoniter
  versammelten alle ihre Verbündeten in Syrien und Mesopotamien und rüsteten sich zum Krieg. Als Davids
  Truppen daraufhin zum Angriff auf ihre Stadt mar-
  schierten, merkten sie, daß die gegnerischen Kräfte sich
  in zwei Gruppen aufgeteilt hatten: Die Ammoniter hatten sich an den Stadttoren gesammelt, während ihre
  Verbündeten auf dem offenen Feld zum Kampf bereitstanden. Davids Armee wurde ähnlich aufgeteilt. Die
  auf offenem Feld bereitstehenden Verbündeten der Ammoniter waren bald besiegt und flohen, wogegen die
  Ammoniter hinter den Toren der Stadt Zuflucht suchten.

– Die Syrer stellten eine neue Truppe auf, die sich vermutlich auf der Ostseite des Jordanflusses versammelte.
  David überschritt den Jordan und besiegte die Syrer
  erneut, er »vernichtete siebenhundert … Kriegswagen
  und tötete vierzigtausend Reiter« (2 Samuel 10,18). Alle
  Könige, die mit Hadad-Eser, dem König von Zoba und
  vermutlichen Führer der syrischen Allianz, verbündet
  waren, schlossen nach dieser Niederlage Frieden mit
  David und wurden seine Untertanen.

– Dann kehrte Davids Armee zurück, um die Stadt zu belagern, die hier als Rabba (2 Samuel 11,1) bezeichnet wird und in die die Ammoniter bei den früheren Feldzügen geflüchtet waren. David selbst blieb in Jerusalem. Und an dieser Stelle wird die Geschichte von David und Batseba eingefügt.

Während David einmal zur Abendzeit auf dem Flachdach des Königspalasts in Jerusalem hin und her schlenderte, erblickte er eine wunderschöne Frau, die badete. Es war Batseba, die Frau des Hethiters Urija, der gerade abwesend war und in der Armee des Königs bei der Belagerung Rabbas diente. David schickte Boten zu ihr und ließ sie holen, sie kam zu ihm, und er schlief mit ihr, und bald darauf ließ Batseba ihm mitteilen: »Ich bin schwanger.« David befahl die Rückkehr des Urija nach Jerusalem, und nachdem er seinen Bericht über den Fortgang der Belagerung angehört hatte, befahl er ihm, in sein Haus zu gehen. Zweifellos hoffte er, Urija und seine Frau würden miteinander schlafen, so daß Davids Vaterschaft vertuscht würde. Doch Urija folgte nicht den Anweisungen des Königs und verbrachte die Nacht draußen bei den Knechten des Königs. Als dies David erfuhr, schickte er Urija mit einem Brief an den Befehlshaber Joab zurück an die Front, in dem er auftrug: »Stellt Urija nach vorn, wo der Kampf am heftigsten ist, dann zieht euch von ihm zurück, so daß er getroffen wird und den Tod findet« (2 Samuel 11,15). Als ihm später die Nachricht vom Tod des Urija in der Schlacht um Rabba überbracht wurde, schickte David wieder nach Batseba und heiratete sie, und sie gebar ihm einen Sohn, Salomo.
David schloß sich seinen Truppen an, als der Fall Rabbas so gut wie sicher war, und er führte sie in die letzte und

DIE BEIDEN DAVIDS   167

erfolgreiche Schlacht. Dann »nahm er ihrem König die Krone vom Haupt, deren Gewicht ein Taler Gold betrug und an der ein kostbarer Stein war; sie wurde nun Davids Krone. Und er schaffte eine sehr große Beute aus der Stadt fort.« David machte auch viele Kriegsgefangene, die er für sich arbeiten ließ. Und ehe er endgültig nach Jerusalem zurückkehrte, unterwarf er auch die übrigen Städte der Ammoniter.

Die biblischen Erzählungen dieser Feldzüge, die der Kriegerkönig David unternahm, stimmen genau mit den historischen Beschreibungen jener Kriege überein, die Thutmosis III., der größte König der Alten Welt, führte.

21
DIE REISE IN
DEN HIMMEL

Thutmosis III., der Sohn einer Konkubine, wurde unter merkwürdigen Umständen der fünfte Herrscher der Achtzehnten Dynastie. Die Dynastie war knapp hundert Jahre zuvor begründet worden, als sich die Fürsten von Theben nach über einem Jahrhundert Fremdherrschaft der Hyksos, eines Hirtenvolkes, im sechzehnten Jahrhundert vor Christus zusammenschlossen und diese vertrieben; Amosis (ca. 1575–1550 v. Chr.) wurde als der erste König des neuen Geschlechts gekrönt. Insgesamt führte der neue Herrscher fünfzehn Jahre lang Kriege, um sicherzustellen, daß kein Teil Ägyptens mehr unter fremder Herrschaft stand, und er verfolgte die versprengten Hyksos bis in die Gegend von Gaza.

Sein Nachfolger war sein Sohn Amenophis I. (ca. 1550–1528 v. Chr.), der in Feldzügen gegen die Hyksos weiter nach Palästina und Syrien vordrang. Ihm wiederum folgte Thutmosis I. (ca. 1528–1510 v. Chr.), einer seiner Generäle, auf den Thron, nachdem der König die Heirat zwischen diesem und der königlichen Thronerbin arrangiert und ihn zum Mitregenten ernannt hatte. Trotz seiner kurzen Herrschaftszeit war Thutmosis I. der eigentliche Begründer des ägyptischen Reiches. Er zog an der Spitze seiner Armee nach Westasien und erreichte den Fluß Euphrat im Gebiet zwischen Nordsyrien und Mesopotamien im südlichen Anatolien. Es gelang ihm, dort den Fluß zu überqueren

und in Mitanni (dem alten Königreich im Norden Mesopotamiens) einzudringen, wo er eine Stele zum Andenken an
seinen Sieg errichten ließ. Zu dieser Zeit genügte es den
Ägyptern allerdings, ihre Feinde lediglich zu schlagen, sie
versuchten nie, die eroberten Gebiete ihrer Herrschaft zu
unterwerfen.

Von diesem Zeitpunkt an beginnt eine geheimnisvolle
Epoche in der ägyptischen Geschichte. Der nächste Herr-
scher war der Sohn des Königs, Thutmosis' II. (ca. 1510–
1490 v. Chr.), dessen Mutter allerdings eine unbedeutende
Frau war, nicht die königliche Gemahlin (die Königin
Amose). Um den Thron zu erben, heiratete er gemäß dem
Brauch seine Halbschwester Hatschepsut, die rechtmäßige
Erbin aus der Ehe seines Vaters mit der Königin Amose.
Thutmosis II. wiederum erwählte seinen Sohn Thutmo-
sis III. (ca. 1490–1436 v. Chr.), den er mit einer Konkubine
gezeugt hatte, zu seinem Nachfolger. Doch kurz vor dem
Tod von Thutmosis II. gebar Hatschepsut eine Tochter,
Neferure. Die übliche Methode, um Thutmosis III. das
Thronerbe zu sichern, wäre seine Heirat mit Neferure,
seiner Halbschwester, gewesen, die den rechtmäßigen Anspruch auf den Thron hatte. Aber diese Heirat fand nicht
statt. Vielleicht, weil die Königin Hatschepsut mit dieser
Ehe nicht einverstanden war? Wir wissen es nicht, doch es
ist nachgewiesen, daß sie an der Überzeugung festhielt,
Neferure sei die einzig legitime Erbin, »die Herrin der
beiden Länder, die Gebieterin von Ober- und Unterägypten«.[1] Unter diesen Umständen mußte Thutmosis II. seinen
Sohn vom Staatsgott Amun »adoptieren« lassen, um ihm
die Thronfolge zu sichern.

Die Geschichte von der göttlichen Erwählung von Thutmosis III. zum König findet sich in einer Inschrift in Karnak

am Ostufer des Nils in Oberägypten; verfaßt wurde sie lange nach der Thronbesteigung des Königs. Es wird darin geschildert, daß die Erwählungszeremonie an einem Festtag stattfand, als der König noch ein einfacher Tempeldiener im Tempel des Amun in Theben war und die Barke des Amun durch die Halle zog: »… [der Gott] umkreiste die Säulengänge auf beiden Seiten, jene, die vorne waren, begriffen sein Tun nicht, während er überall nach meiner Majestät suchte. Als er mich erkannte, siehe, da hielt er inne … [ich warf mich] zu Boden … in seiner Anwesenheit. Er stellte mich vor seine Herrlichkeit: Ich wurde auf den ›Platz des Königs‹ gestellt (den Platz im Allerheiligsten, den der König einnahm, um das vorgeschriebene Staatsritual auszuüben) … Dann [offenbarten] sie (die Priester) dem Volk die Geheimnisse im Herzen der Götter … es gab keinen, der sie kannte, keinen, der sie offenbarte [außer ihm].«

Danach wird beschrieben, wie der junge Prinz in den Himmel gezaubert wurde, um zum König ernannt zu werden: »[Er öffnete mir] die Tore des Himmels, die Pforten des Horizontes von Re. Ich flog als göttlicher Falke in den Himmel und schaute seine Gestalt im Himmel; ich betete seine Herrlichkeit an … ich sah die wunderbaren Erscheinungsformen des Horizontgottes auf seinen geheimnisvollen himmlischen Wegen.«[2] Da Thutmosis III. nun ins Allerheiligste eintreten durfte, war es ihm gestattet, die Herrlichkeit Gottes selbst zu schauen: »Re selbst setzte mich ein. Ich wurde mit den Diademen ausgezeichnet, die auf seinem Haupt [wa]ren, sein Schlangendiadem ruhte auf [meiner Stirn] … Ich war übersättigt von den Ratschlägen der Götter, so wie Horus, als er seine Schar im Hause meines Vaters Amun-Re zählte … Sein eigener Titel wurde mir beigefügt.«[3]

Thutmosis III., der den Herrschernamen Mencheper-Re
(»eingesetzt in der Art von Re«) bekommen hatte, war noch
ein kleiner Junge von etwa fünf Jahren, als sein Vater starb.
Obwohl er vom Staatsgott Amun selbst zum Thronerben
seines Vaters auserkoren worden war, ließ die Königin
Hatschepsut, seine Tante und Stiefmutter, ihn nicht regieren. Statt dessen ernannte sie sich selbst zu seinem Vor-
mund und ließ ihn auf den Reliefs jener Zeit immer nur an
zweiter Stelle hinter sich selbst darstellen. Bereits im Jahre
zwei der Herrschaft Thutmosis' III. ging sie soweit, die
Königschaft mit dem jungen König zu teilen, wobei sie
Männerkleidung trug und wie ein Mann auftrat. Zeit ihres
Lebens drängte sie Thutmosis III. in den Hintergrund und
betrachtete ihre Tochter Neferure als die rechtmäßige Erbin, die anstelle eines Mannes den Thron besteigen würde.
Ihre Pläne scheiterten jedoch, als Neferure im Jahr sech-
zehn der Doppelregentschaft starb, und von da an gewann
Thutmosis III. zunehmend an Bedeutung. Es scheint, als sei
er als junger Mann in die ägyptische Armee eingetreten,
und es besteht Grund zu der Annahme, daß er gegen Ende
der Mitregentschaft im Gebiet von Gaza kämpfte.
Die Gelegenheit, alleiniger Herrscher über Ägypten zu
werden, ergab sich für Thutmosis III., als Hatschepsut im
zweiundzwanzigsten Jahr der Doppelregentschaft starb.
Anscheinend bestand seine erste Amtshandlung darin, die
zahlreichen Monumente, die seiner Tante/Stiefmutter zu
Ehren errichtet worden waren, zu zerstören: Ihre Reliefe
wurden herausgeschlagen, ihre Inschriften ausgestrichen,
ihre Kartuschen unkenntlich gemacht, ihre Obeliske zuge-
mauert. Da Thutmosis III. also weder der Sohn einer ägyptischen Königin war noch durch die Ehe mit einer Thronerbin königliche Macht erlangt hatte, sondern vom
Staatsgott Amun zum Herrscher erkoren worden war, war

er formal gesehen kein rechtmäßiger Nachkomme der frü-
heren Amossidendynastie. Von nun an bis zum Ende der
Herrschaft der Amarna-Könige über Ägypten – also der
Regentschaft Echnatons, Semenchkares, Tutanchamuns
und Ejes – war es diese von Thutmosis III. begründete
Dynastie, die Ägyptens König stellte.

Der Sarkophag im Grab von Thutmosis III. (Nr. 34 im Tal
der Könige) war leer, als man ihn fand. Seine Mumie kam
aber schließlich zusammen mit zweiunddreißig anderen
königlichen Mumien zum Vorschein; sie war in der Nekro-
polis in Westtheben in einer drei Meter breiten und beinahe
dreihundert Meter langen Kammer am Ende eines schmalen Schachts verborgen. Mehr als dreitausend Jahre zuvor
waren diese Mumien dort von ägyptischen Priestern versteckt worden, um sie vor Grabräubern zu schützen, die
bereits zu jener Zeit ihr Unwesen trieben. Ironischerweise
wurde aber auch dieses neue und geheime Versteck von
Grabräubern ausfindig gemacht; erst als den für Altertümer zuständigen Behörden auffiel, daß verschiedene Grab-
gegenstände auf dem Markt auftauchten, begannen sie,
nach deren Herkunftsort zu suchen. Als man die Mumien
schließlich entdeckt hatte, brachte man sie ins Kairoer Museum.

KÖNIGE DER SPÄTEN ACHTZEHNTEN UND FRÜHEN NEUNZEHNTEN DYNASTIE[4]

König	Regierungsdauer	Regierungszeit
Thutmosis III. (DAVID)	54	1490–1436 v. Chr.
Amenophis II.	23	1436–1413 v. Chr.
Thutmosis IV:	8	1413–1405 v. Chr.
Amenophis III. (SALOMO)	38	1405–1367 v. Chr.
Echnaton (MOSE) (allein)	6	1367–1361 v. Chr.
Semenchkare	-	-
Tutanchamun (JESUS)	9	1361–1352 v. Chr.
Eje (EFRAIM)	4	1352–1348 v. Chr.
Haremhab	13	1348–1335 v. Chr.
Neunzehnte Dynastie		
Ramses I.	2	1335–1333 v. Chr.
Sethos I.	29	1333–1304 v. Chr.
Ramses II.	67	1304–1237 v. Chr.

Die Mumie von Thutmosis III. wurde außerhalb ihres Sarges vorgefunden, und die Räuber hatten sie schwer beschädigt, als sie ihr die Juwelen abgenommen hatten. Der Kopf, der vom Körper abgetrennt war, zeigte, daß der König zum Zeitpunkt seines Todes beinahe völlig kahl war, abgesehen von einigen wenigen kurzen, weißen Haaren hinter dem linken Ohr. Auch alle vier Gliedmaßen waren vom Rumpf abgetrennt, ebenso die Füße von den Beinen, und beide Arme waren an den Ellbogen auseinandergebrochen: »... vor der Wiederbeisetzung war eine Erneuerung der Umwicklung erforderlich, und da Teile des Körpers sich abgelöst hatten, mußten die Restaurateure die Mumie zwischen vier ruderförmigen Holzstücken zusammenpressen,

um die nötige Festigkeit herzustellen ... Glücklicherweise
hatte das Gesicht, das zur Zeit der Einbalsamierung mit
Pech übergossen worden war, diese grobe Behandlung gut
überstanden und schien unversehrt, als die schützende
Maske abgenommen wurde.«[5]
Diese Worte stammen von Gaston Maspero, dem damaligen Generaldirektor des Kairoer Museums, und er schreibt
weiter: »Seine Statuen stellen ihn zwar nicht als gutausse-
henden Mann dar, zeigen ihn jedoch als einen Menschen
mit feinen, intelligenten Gesichtszügen. Allerdings geht
aus dem Vergleich mit der Mumie hervor, daß die Künstler
ihr Modell idealisiert haben.«[6] Eine andere Meinung über
das Aussehen des Königs vertritt der amerikanische Wissenschaftler William C. Hayes: »Thutmosis III., unbestrit-
ten der berühmteste Pharao, der jemals auf dem ägyptischen Thron saß, scheint sich nicht nur als Krieger,
Staatsmann und Verwalter hervorgetan zu haben, sondern
auch als einer der besten Reiter, Bogenschützen und All-
roundsportler jener Zeit ... Physisch (jedoch) kann er nicht
allzu einnehmend gewesen sein. Seine Mumie zeigt, daß er
ein untersetzter, kleinwüchsiger Mann war, weniger als
einen Meter zweiundsechzig groß, und auf seinen Porträts
wird er beinahe durchweg mit der am stärksten gekrümm-
ten Nase aller Thutmossiden dargestellt.«[7]
Die kleine Statur und das physische Erscheinungsbild, das
Hayes »nicht allzu einnehmend« fand, taten dem Privatle-
ben von Thutmosis III. jedoch keinen Abbruch. Seine
Hauptfrau und die Mutter seines Thronfolgers, Amenophis' II. (ca. 1436–1413 v. Chr.), war seine Halbschwester
Meritre. Über sie weiß man nicht viel, aber sie war sicherlich nicht die Thronerbin. Überdies war er mit drei syrischen Frauen verheiratet, deren Grab man in Westtheben
gefunden hat, und er herrschte über einen großen Harem.

Es gibt keinen Beleg dafür, daß Thutmosis III. mit der zu Besuch weilenden Sara ein Verhältnis gehabt hatte, das die Geburt Isaaks zur Folge hatte. Die ägyptischen Schreiber mußten die Sache entweder für zu unbedeutend oder für eine große Sünde gehalten haben, die man besser nicht in offiziellen Schriften der Nachwelt hinterließ. Und ganz ähnlich verhielten sich die Verfasser der biblischen Schriften: Sie leugneten zwar diese Ehe nicht, versuchten aber, die Identität des Vaters sowie die des Kindes, das aus dieser Verbindung hervorgegangen war, geheimzuhalten.

22
ARMAGEDDON

Als Thutmosis III. nach dem Tod von Hatschepsut in seinem zweiundzwanzigsten Regierungsjahr Alleinherrscher über Ägypten wurde, waren vier Jahrzehnte vergangen, in denen die Ägypter keine größeren militärischen Aktionen im westlichen Asien unternommen hatten. Nun änderte sich die Situation völlig. Der König von Kadesch, einer starken, befestigten Stadt am Fluß Orontes in Nordsyrien, führte ein syrisch-kanaanitisches Bündnis an, das sich gegen Ägypten erhob. Daraufhin marschierte Thutmosis III. in Westasien ein, um die Gebiete zwischen Nil und Euphrat zurückzugewinnen, die vierzig Jahre zuvor sein Großvater Thutmosis I. erobert hatte. In den folgenden zwanzig Jahren führte er insgesamt siebzehn Feldzüge im westlichen Asien, die am Ende seinen Ruf als mächtigsten König des Altertums begründeten. Der Bericht über diese zahlreichen Kriege wurde von den Tagesaufzeichnungen des Schreibers, der die Armee begleitete, in die Annalen übertragen; diese stellen ein 223zeiliges Dokument dar, mit dem die Innenseiten der Mauern beschriftet sind, die das von Thutmosis III. in Karnak erbaute steinerne Allerheiligste umgeben. Der Bericht beginnt damit, daß der König in den letzten Tagen seines zweiundzwanzigsten Regierungsjahrs an der Spitze seiner Truppen von der befestigten Grenzstadt Zarw aufbricht.

Zehn Tage später erreichte er Gaza, wo er den Beginn seines dreiundzwanzigsten Jahres mit Festlichkeiten zu

Ehren seines »Vaters« Amun beging, dessen Bildnis in einem Schrein der marschierenden Armee vorangetragen wurde. Dort verbrachte er die Nacht, ehe er nach Norden in das Kernland Kanaans vordrang. Er lagerte in einem Ort namens Jehem südlich einer Bergkette, die er auf dem Weg zur Stadt Megiddo, wo sich die Feinde versammelt hatten, überqueren mußte. Hier nun hatte er die Wahl zwischen drei möglichen Routen, doch die kürzeste, die sogenannte Aruna-Straße, war eng und gefährlich. Deshalb berief er einen Kriegsrat ein und sagte zu seinen Armeeführern: »Jener schändliche Feind von Kadesch ... hat unter sich die Fürsten aller Länder versammelt, die Ägypten ergeben waren ... Und er sagt (so sagen sie): ›Ich werde hier in Megiddo auf den Kampf mit Seiner Majestät harren.‹ Sagt mir offen, was ihr denkt.«

Auf die Frage, welchen Weg sie nach Megiddo nehmen sollten, antworteten die Offiziere: »Wie kann man auf dieser Straße gehen, die so schmal ist? Werden nicht unsere Pferde eines hinter dem anderen gehen müssen, ebenso wie unsere Soldaten und das gemeine Volk? Soll unsere Vorhut kämpfen, während die Nachhut noch hier in Aruna (dem Ort, an dem die enge Straße beginnt) steht?« Doch unter dem Eindruck der neuesten Berichte seiner Boten entschloß sich Thutmosis III., den Weg nach Megiddo über die beschwerliche enge Straße zurückzulegen. Diese für seine Feinde unerwartete Entscheidung wurde von seinen Offizieren kommentiert: »Möge Amun deinem Plan gewogen sein ... Der Diener wird seinem Herrn folgen.«[1]

So kam es zur ersten Schlacht von Armageddon.

Die militärische Bedeutung von Megiddo und ihre geschichtliche Tradition als Schlachtfeld der Völker wird »treffend wiedergegeben in der Apokalypse des Johannes

(Offenbarung 16,16 ff.), in der Armageddon (*Har Meggid-
don*, der Berg von Megiddo) als der Schauplatz der letzten
Schlacht bezeichnet wird, die am Jüngsten Tag alle Könige
der Welt mit den Heerscharen Gottes austragen werden.«[2]
Dies unterstreicht den bis in die christliche Zeitrechnung
erhalten gebliebenen Glauben, daß der aus dem Hause
David geborene Messias eines Tages die Schlacht seines
Vorfahren, der Megiddo eroberte, erneut führen muß und
an jenem Ort der letzte Entscheidungskampf zwischen Gut
und Böse stattfindet.

An der Spitze seiner Truppen marschierte Thutmosis III.
auf der schmalen Bergstraße von Aruna auf Megiddo zu,
und das Bildnis des Amun wies ihm den Weg. Als er
schließlich im Tal südöstlich von Megiddo herauskam, sah
er, daß sich die feindlichen Truppen geteilt hatten – so wie
in der biblischen Schilderung des Angriffs auf Rabba. Da
die Gegner offenbar damit gerechnet hatten, daß er eine der
beiden anderen, breiteren Straßen nehmen würde, hatte
ein Truppenteil im Süden bei Taanach Stellung bezogen,
der andere näher bei Megiddo. Dank seiner unerwarteten
Entscheidung tauchte Thutmosis III. nun zwischen den
beiden Armeen des Feindes auf. Auf Anraten seiner Offiziere ließ der König zwei Tage lagern, bis auch die hintere
Truppenstaffel eingetroffen war. Nachdem er dann seine
Armee in verschiedene Einheiten unterteilt hatte, begann
er mit dem Angriff: »In einem Streitwagen aus reinem Gold
und angetan mit seiner prachtvollen Kampfesrüstung
brach Seine Majestät auf, wie Horus mit dem mächtigen
Arm, tatendurstig wie Montu (der ägyptische Kriegsgott),
der Thebaner, während sein Vater Amun seinem Arm
Stärke verlieh. Der Südflügel der Armee Seiner Majestät
befand sich auf einem Hügel südlich [des] [Baches] Kina,
der Nordflügel war nordwestlich von Megiddo, während

Seine Majestät sich in der Mitte befand und Amun schüt-
zend seine Hand über ihn hielt …«

In der darauffolgenden Schlacht gewannen die Ägypter
die Oberhand, und die Könige, die sich gegen Thutmosis
erhoben hatten, suchten Zuflucht beim Heiligtum in Megiddo. Bürger der Stadt retteten sie, indem sie »Kleidungs-
stücke herunterließen, um sie hochzuziehen«, denn die
Stadttore waren geschlossen worden.

Die Verfasser des Schlachtenberichts stellen bedauernd
fest, daß die Feinde »ihre Pferde und Streitwagen aus Gold
und Silber zurückließen«, denn »hätte die Armee Seiner Majestät sich nur nicht dem Erbeuten der feindlichen Besitztümer hingegeben, dann [hätte] sie Megiddo zu
diesem Zeitpunkt [eingenommen]«[3]. Statt dessen mußte
die Stadt, die die Einwohner mit einem Schutzzaun und
einem Graben umgeben hatten, sieben Monate lang bela-
gert werden: »Sie (die Soldaten des Pharao) maßen [diese]
Stadt ab, die von einem Graben umgeben und mit dem
frischen Holz all ihrer herrlichen Bäume umzäunt war.«
Der König jedoch befand sich nicht unter seinen Soldaten:
»Seine Majestät weilte in einer Festung östlich dieser
Stadt.«[4]

Eine Stele in Gebel Barakal in Nubien schildert, wie die
Stadt sich schließlich ergab und dieser langwierige Krieg
zu Ende ging: »Dann sandten jener Feind und die Fürsten,
die bei ihm waren, Boten zu Meiner Majestät, all ihre
Kinder trugen reichlich Tribut herbei, Gold und Silber, alle
Pferde, die sie besaßen, ihre prachtvollen Streitwagen aus
Gold und Silber wie auch diejenigen, die bemalt waren, all
ihre Kampfrüstungen, Bogen, Pfeile und Kriegswaffen. Mit
diesen waren sie von ferne gekommen, um gegen Meine
Majestät zu kämpfen, und nun brachten sie sie Meiner
Majestät als Tribut dar. Sie standen auf den Mauern, prie-

sen Meine Majestät und baten um Schonung ihres Lebens.«[5]
Die meisten Städte zwischen dem Jordan und dem Meer
sowie einige nordsyrische Städte, darunter Hamat (nördlich von Kadesch), erkannten nach dem Fall Megiddos die
Oberhoheit Ägyptens an, und ihre Fürsten kamen mit
Geschenken ins Lager von Thutmosis III., um ihm zu huldigen.

Nach dieser langen Zeit der Belagerung, die Thutmosis III.
in einer »Festung im Osten« verbracht hatte, kehrte er
zurück, um den letzten entscheidenden Angriff auf Megiddo anzuführen. Damit begann für den König eine lange
und erfolgreiche Periode militärischer Aktivitäten. Nach
der Eroberung Megiddos marschierte er weiter in den
Südlibanon, wo er drei Städte am Fluß Litani (Leontes)
einnahm und dann nach Ägypten zurückkehrte. Aber erst
bei seinem sechsten Feldzug im dreißigsten Herrschaftsjahr sollte es ihm endlich gelingen, seinen hartnäckigen
Feind zu bezwingen – die Stadt Kadesch in Nordsyrien, die
die Niederlage ihrer Verbündeten bei Megiddo überlebt
hatte und weiterhin zur Rebellion gegen Ägypten aufhetz-
te. Drei Jahre nach der Belagerung und Eroberung Kadeschs überquerte Thutmosis III. bei seinem Feldzug, der
die Wiederherstellung des ägyptischen Reichs vom Nil bis
zum Euphrat zum Ziel hatte, den Euphrat und schlug den
König von Mitanni:»Meine Majestät drang zu den fernsten
Grenzen Asiens vor. Auf den Hügeln des Gotteslandes
(Phönizien) … ließ ich zahlreiche Boote aus Zedernholz
bauen. Sie wurden auf Wagen geladen, die von Ochsen
gezogen wurden und Meiner Majestät voranfuhren, um
damit jenen großen Fluß zu überqueren, der zwischen
diesem Land und Nahrin (Mitanni) fließt … Dann errich-

tete Meine Majestät eine Stele auf jenem Berg von Nahrin,
die von dem Berg auf der Westseite des Euphrat stammte.«[6]

Maspero erklärt: »Er gelangte in das Land (Mitanni) über
die Furten von Karkemisch (zwischen Syrien im Westen,
Mesopotamien im Osten und dem Hethiterland Anagol im
Norden), in der Nähe der Stelle, an der sein Großvater
Thutmosis I. ein Jahrhundert zuvor eine Stele errichtet
hatte. Neben diese stellte er eine weitere …, um den Punkt
zu markieren, bis zu dem er sein Reich ausgedehnt hatte.«[7]
Obwohl es ihm nun gelungen war, das ehemals von seinem
Großvater gegründete Reich vom Nil bis an den Euphrat
wiederherzustellen, betrachtete Thutmosis dennoch die
Schlacht von Megiddo als die bedeutendste militärische
Leistung seines Lebens. Aus diesem Grund wird in allen
Inschriften, die von seinen Feldzügen berichten (nicht nur
in denen an den Wänden des Tempels in Karnak), dieser
erste Feldzug ausführlicher als alle anderen geschildert.
Auch widmete sich der König diesem Thema in der In-
schrift auf einer Stele, die bei Gebel Barakel, in der Nähe
des vierten Katarakts in Nubien, gefunden wurde und aus
seinem siebenundvierzigsten Jahr stammt, als die Zeit der
Kriege bereits hinter ihm lag. In der Schrift faßte er die
Errungenschaften seiner Herrschaft wie folgt zusammen:
»Ich sage euch weiterhin – höre, o Volk! Er (der Gott) gab
mir bei meinem ersten Feldzug die fremden Länder von
Retenu (Kanaan/Syrien), als sie zum Kampf gegen Meine
Majestät antraten, Millionen und Hunderttausende von
Männern aus allen fremden Ländern warteten in ihren
Streitwagen – dreihundertunddreißig Fürsten, von denen
jeder seine (eigene) Armee hatte.«[8]

DIE GESCHICHTE
ZWEIER STÄDTE

In der biblischen Erzählung werden häufig Orts- und Personennamen vertauscht, und häufig stimmt auch die Chronologie der Ereignisse nicht, was ohne Zweifel auf die langjährige mündliche Überlieferung zurückzuführen ist. Was zum Beispiel die Chronologie betrifft, so heißt es in der Bibel, David habe die syrische Stadt Zoba angegriffen, deren König mit dem Namen Hadad-Eser bezeichnet wird. Er habe die Schlacht gewonnen, nach diesem Erfolg seine militärische Garnison nach Syrien (Aram) verlegt, und die Syrer seien seine Untertanen geworden und hätten ihm Tribut gezahlt. Zwei Kapitel später jedoch lesen wir, daß die Ammoniter sich vor David fürchteten und die Syrer um militärische Hilfe baten. Ja es wird sogar erwähnt, daß Zoba zu den syrischen Verbündeten gehörte. Dies wäre aber nicht möglich, wenn Zoba bereits geschlagen worden wäre und David Garnisonen in Syrien gegründet hätte. Daraus ist eindeutig der Schluß zu ziehen, daß die Ereignisse genau in umgekehrter Reihenfolge zu dem biblischen Bericht stattfanden.

Was die Ortsbeschreibung betrifft, so werden in den Annalen Thutmosis' III. zwei Namen nie erwähnt, die bei den militärischen Eroberungen Davids im Alten Testament eine herausragende Rolle spielen – Rabbat und Zoba. Rabbat ist mit dem heutigen Amman gleichzusetzen, der Hauptstadt des haschemitischen Königreichs Jordanien. Doch indem er Rabbat als die Stadt benennt, die von David angegriffen und besetzt wurde, unterläuft dem biblischen Erzähler ein weiterer Irrtum, denn die Stadt, die er meint, ist Megiddo. Und Zoba wiederum ist mit Kadesch gleichzusetzen, das einst eine nördliche syrische Festung am Orontes war. Die archäologischen Zeugnisse weisen jedoch erneut eindeutig darauf hin, daß die Schlachten um diese beiden Städte von Thutmosis III. geführt wurden und nicht von dem Stammesfürsten David, der im zehnten Jahrhundert vor Christus lebte. Denn zu diesem Zeitpunkt waren Megiddo und Kadesch bereits zerstört, und das heutige Amman war damals nur eine Ansiedlung von geringer Bedeutung.

* * *

Megiddo ist das heutige Tell Megiddo oder auch Tell el-Mutesellim, einer der wichtigsten Stadthügel Palästinas, der sich vierzig bis sechzig Meter über die Ebene erhebt und eine Fläche von etwa sechzigtausend Quadratmetern einnimmt. Das Stadtgebiet wurde in den verschiedenen Epochen noch durch eine Unterstadt erweitert.

Aufgrund seiner strategischen Lage an der Verbindungsstelle zweier stark frequentierter Straßen im Jesreel-Tal hatte die Stadt sowohl für den Handel als auch für militärische Zwecke große Bedeutung. Megiddo beherrschte die Straße des Meeres, die von der Hauptküstenstraße im Land der Philister abzweigte. Diese Küstenstraße begann bei Zarw, der ägyptischen Grenzstadt im Nordsinai, und führte schließlich nach Obergaliläa und Nordsyrien. In Megiddo zweigte von dieser Straße eine Ost-West-Route ab, die vom Mittelmeer über den Jordan ins Land der Ammoniter führte. Nach der Eroberung Megiddos machte Thutmosis

daraus den ägyptischen Hauptstützpunkt für das Tal, und
es blieb mindestens bis Mitte des zwölften Jahrhunderts
vor Christus, also bis zur Thronbesteigung Ramses III.,
unter ägyptischer Herrschaft.

Die Ausgrabungen, die seit Beginn dieses Jahrhunderts
immer wieder in Megiddo durchgeführt wurden, waren
die umfangreichsten in Palästina. Diese Ausgrabungen haben gezeigt, daß die Stadt, die seit 3300 v. Chr. besetzt war,
im zwölften Jahrhundert vor Christus völlig zerstört und
danach wiederaufgebaut wurde. Im siebzehnten Jahrhundert vor Christus fiel Megiddo offenbar an die Hyksos, die
zu jener Zeit sowohl über Ägypten als auch über Kanaan
herrschten. Das Verteidigungssystem der Stadt entsprach
damals »in typischer Weise den Befestigungen der Hyksos-
Periode«.[1]

In der zweiten Hälfte des fünfzehnten Jahrhunderts vor
Christus, zu der Zeit also, da Thutmosis III. Megiddo besetzte, wurde den Funden nach die Stadt zerstört, jedoch
gibt es »keine Hinweise auf einen Niedergang ... Diese Zeit
gehört zu den Perioden größten materiellen Reichtums im
kanaanäischen Megiddo. Der Palast wurde stark vergrö-
ßert (auf fünfzig Meter Länge) und von einer zwei Meter
dicken Mauer umschlossen ... In dem Palast wurde ein
großer Schatz aus Elfenbein, Goldgefäßen, Schmuck, Gold-
und Lapislazuliperlen gefunden. Dieser Schatz ... der im
Boden eines der kleineren Räume im Nordtrakt des Palastes versteckt war ... ist ein eindeutiger Hinweis auf den
großen Reichtum der Könige von Megiddo in der Amar-
nazeit (vierzehntes Jahrhundert vor Christus).«[2]

Nach der Einnahme durch Thutmosis III. nahm also die
Bedeutung Megiddos unter ägyptischer Herrschaft zu.
Diese Situation dauerte an bis zum letzten Drittel des
zwölften Jahrhunderts vor Christus, danach deuten die

Zeugnisse auf eine weitere Zerstörung hin. Dieses Datum
konnte durch Kartuschen von Ramses III. und Ramses VI.
(etwa 1141–1134 v. Chr.) genau bestimmt werden, die auf
Gegenständen in der letzten Schicht »vor einer plötzlichen
völligen Zerstörung« gefunden wurden. »Dies [die Zerstö-
rung] geht aus den Zeichen für Verwüstung hervor, die in
den (Schicht) VII-A-Gebäuden eingemeißelt waren und
aus zahlreichen Gegenständen …, die in dieser Schicht auf
dem Boden verstreut vorgefunden wurden. Wenn der Säu-
lenfuß mit der Kartusche von Ramses VI. tatsächlich zur
Schicht VII-A gehört, dann kann das Ende dieser Schicht
auf etwa 1130 v. Chr. datiert werden.«[3]
Diese Zerstörung Megiddos geschah daher zur selben Zeit
wie die Zerstörung Hazors und anderer syrischer und
kanaanäischer Städte durch die Philister, die »Seevölker«,
die, wie wir gesehen haben, nichts mit der Inbesitznahme
des Gelobten Landes durch die Israeliten zu tun hat. Vor
dem Ende des zwölften Jahrhunderts vor Christus wurde
Megiddo erneut besiedelt: »Die Gebäude waren sehr dürftig, und die Stadt scheint nicht befestigt gewesen zu sein.«[4]
Hierauf folgte eine Zeit, in der – den Funden nach – neu
gebaut wurde. Man fand Töpferware der Philister, und es
gibt Hinweise, daß die Stadt in der zweiten Hälfte des
elften Jahrhunderts vor Christus von ihnen benutzt wurde.
Doch auch diese Siedlung scheint in der zweiten Hälfte des
elften Jahrhunderts vor Christus zerstört und durch not-
dürftig errichtete Gebäude ersetzt worden zu sein, die auf
eine Periode des Niedergangs hinweisen. Nun gab es »be-
scheidene Häuser anstelle der großen Gebäude in der vorhergehenden Schicht. Sie waren aus Schutt und luftge-
trockneten Lehmziegeln erbaut. Die Wände waren zum
Teil mit einer Schlammschicht aus demselben Lehm bedeckt, aus dem auch die Ziegel bestanden. Das Stadttor aus

der Schicht VI-A (der vorhergehenden Schicht) existierte
offensichtlich nicht mehr ... Allem Anschein nach war also
die Stadt in dieser Periode überhaupt nicht befestigt.«[5]
So also sah die Stadt in der ersten Hälfte des zehnten
Jahrhunderts vor Christus aus, als angeblich der Stammeskönig David lebte – sie war völlig unbefestigt, es bestand
keinerlei Notwendigkeit, sie gewaltsam einzunehmen, um
sie zu unterwerfen.

In den Einzelheiten des biblischen Berichts von Davids
Feldzug gegen die Ammoniter finden sich Ähnlichkeiten
mit der Schlacht Thutmosis' III. um Megiddo. Während die
Ammoniter vor ihrem Stadttor bereitstanden – obwohl der
Name an dieser Stelle nicht erwähnt wird, kann es sich nur
um Megiddo handeln –, hatten ihre syrischen Verbündeten
ein wenig entfernt auf freiem Feld Stellung bezogen. Dann
flohen – genau wie in Megiddo – Davids Feinde und suchten Zuflucht in ihrer Stadt, die daraufhin besetzt wurde.
Anders als in dem in Karnak gefundenen Bericht über die
Schlacht von Megiddo, heißt es im Zweiten Buch Samuel,
die folgende lange Belagerung der Stadt habe erst »um die
Jahreswende« begonnen, doch wie bei der Schlacht von
Megiddo endete sie mit einem Sieg. Mit Ausnahme dieser
zeitlichen Lücke zwischen der Schlacht und der Besetzung
stimmt der biblische Bericht über diese Ereignisse genau
mit den historischen Einzelheiten des erfolgreichen Feldzugs Thutmosis' III. gegen Megiddo überein. Diese Schlußfolgerung wird noch dadurch untermauert, daß Salomo,
der Nachfolger Davids, das Reich erbte, ohne daß er in
Kriege verwickelt wurde, und daß zu seinen Besitzungen
auch Megiddo gehörte. Im Ersten Buch der Könige 9,15
erfahren wir, daß eines seiner Ziele bei der Aushebung von
Frondiensten der »Bau ... der Mauern von ... Megiddo«

war. Außerdem wird Megiddo bei der Aufzählung seiner Besitzungen im Ersten Buch der Könige 4,12 genannt.

Im heutigen Amman sind bei der Erweiterung der Hauptstadt nach dem Zweiten Weltkrieg unter anderem ein Tempel und Reste einer alten Mauer gefunden worden, die aus dem neunten Jahrhundert vor Christus stammen, also ein Jahrhundert nach der Zeit des Stammesfürsten David. Die meisten anderen ausgegrabenen Gebäude und Gräber sind auf die Zeit zwischen dem neunten Jahrhundert vor Christus und der Römerzeit zu datieren. Die Archäologie liefert also keinerlei Zeugnisse, die die biblische Aussage stützen, in der ersten Hälfte des zehnten Jahrhunderts vor Christus habe der Stammesfürst David Rabbat (Amman) nach langer Belagerung erobert. Es sind keine Mauern aus dieser Zeit gefunden worden, so daß es sich nur um eine unbedeutende Ansiedlung gehandelt haben kann.

Wie wir an früherer Stelle gesehen haben, wirft schon das Alte Testament Zweifel an der Echtheit der Rabbat-Geschichte auf. Hanun, der Sohn von Nahesch, war laut der Bibel König in Rabbat, als David die Stadt einnahm (Zweites Buch Samuel 10,2). Doch fünf Kapitel später, als der Stammesfürst David aus Furcht vor seinem Sohn Absalom flieht, heißt es, Rabbat sei immer noch frei und habe einen König, Schobi, den Sohn Nahas. Und ganz im Gegensatz zu einem Vasallen, der seinen Herrn in der Stadt willkommen geheißen hätte, hegte dieser Mitleid mit David und seinem Gefolge und schickte ihnen Nahrungsmittel, Getränke und andere Gegenstände, weil »das Volk in der Steppe ... hungrig, durstig und erschöpft« war (Zweites Buch Samuel 17,28–29).

Was Thutmosis III. betrifft, so nennt er zwar Rabbat als eine der unterworfenen Städte seiner Regierungszeit[6], doch es

gibt keinerlei Hinweise darauf, daß er selbst einen Feldzug
gegen Rabbat geführt hätte. Allem Anschein nach hat die
Stadt wie viele andere kanaanäische und syrische Städte an
Thutmosis III. Tribut gezahlt, ohne daß ein Krieg notwendig geworden wäre.

Und was ist mit Zoba? Nichts deutet darauf hin, daß es in
Syrien oder Kanaan zur Zeit Thutmosis' III. (fünfzehntes
Jahrhundert vor Christus) einen Ort dieses Namens gab.
Die Eroberung der Stadt, muß, wie vorher erläutert wurde,
derjenigen Rabbats *gefolgt* und nicht vorausgegangen sein.
Dies stimmt auch genau mit der Ereignisfolge überein, die
in den Kriegsannalen Thutmosis' III. beschrieben werden.
Demnach ging die Einnahme Megiddos dem Sieg über
Kadesch voraus, das sowohl in Megiddo als auch in Nordsyrien den Widerstand anführte. Wie Thutmosis III., der
nach der Eroberung Kadeschs Garnisonen in Syrien errichtete, konnte David Syrien erst unter seine Herrschaft bringen, als er Zoba geschlagen und eingenommen hatte. Darüber hinaus fand Davids Sieg über Hadad-Eser, den König
von Zoba, statt, als er »seine Grenzen am Euphrat zurück-
erobern wollte«. Und dem Sieg Thutmosis' III. über Kadesch folgte drei Jahre später der Feldzug, der ihn zu den
Ufern des Euphrat führte, und der Sieg über den König von
Mitanni, nachdem er den Fluß mit seinen Booten aus Zedernholz überquert hatte.

Kadesch, in der kanaanäischen Epoche der nordsyrische
Stützpunkt am Orontes, ist mit dem modernen Tell Nabi
Mind südlich des Homs-Sees gleichgesetzt worden. Ge-
meinsam mit Megiddo stand Kadesch an der Spitze der
Koalition kanaanäischer Könige gegen Thutmosis III. Ob-
wohl er mit den anderen besiegten Königen in den Mauern

von Megiddo eingeschlossen war, gelang es dem König von Kadesch, zu fliehen, und er führte, wie wir sahen, auch weiterhin Aufstände gegen Ägypten an, bis Thutmosis III. schließlich in seinem dreißigsten Regierungsjahr Kadesch eroberte. Kadesch blieb unter ägyptischer Herrschaft, bis es im vierzehnten Jahrhundert vor Christus, der Amarna-Zeit, unter den Einfluß der hethitischen Bewohner Anatoliens geriet. Danach wurde es von Sethos I., dem zweiten König der Neunzehnten Dynastie, zurückerobert, entglitt aber bald dem Zugriff Ägyptens aufgrund seiner geographischen Nähe zum Einflußbereich der Hethiter. Ramses II., der Sohn Sethos' I., führte zwar später einen großen Krieg gegen Kadesch, mußte aber schließlich einen Friedensvertrag akzeptieren, nach dem Kadesch unter hethitischer Herrschaft blieb.

Für diese Kriege haben Archäologen bei ihren Ausgrabungen in Kadesch Zeugnisse gefunden. Aus diesen geht auch deutlich hervor, daß die letzte Zerstörung des syrischen Stützpunktes wie die Megiddos im zwölften Jahrhundert vor Christus stattfand, und zwar durch die Philister. Die befestigte Stadt Kadesch existierte also zur Zeit des Stammesfürsten David zu Beginn des zehnten Jahrhunderts vor Christus nicht mehr.

Im folgenden sollen noch einmal die wichtigsten Schlußfolgerungen aus diesem Kapitel zusammengefaßt werden:

– Die Kriegsannalen Thutmosis' III. und der biblische Bericht von Davids Feldzügen stimmen darin überein, daß der König gegen eine bedeutende befestigte Stadt in Kanaan kämpfte, die von einem syrischen Bündnis unter Führung einer syrischen Stadt unterstützt wurde.

– Die Armee des Königs schlug die Koalition bei den
  Stadttoren, und der Feind suchte Zuflucht innerhalb der
  Stadtmauern.

– Die Armee des Königs belagerte die Stadt über einen
  langen Zeitraum, bevor sie sie dann schließlich einnehmen konnte.

– Trotz des Sieges über das syrische Bündnis bedrohte die
  wichtigste syrische Stadt den König weiterhin, bis er sie
  schließlich eroberte. Und dies geschah, kurz bevor er
  sein Hauptziel, die Wiedereroberung der Grenzen am
  Euphrat und die Errichtung einer Stele zur Feier seines
  Sieges, erreicht hatte.

Die historischen und archäologischen Zeugnisse bestätigen, daß diese Ereignisse zur Regierungszeit Thutmosis'
III. stattfanden. Abgesehen von dem biblischen Bericht,
gibt es nicht den geringsten Beweis dafür, daß sie erst fünf
Jahrhunderte später, zur Zeit des Stammesfürsten David in
der ersten Hälfte des zehnten Jahrhunderts, stattfanden.
Die einzig mögliche Schlußfolgerung hieraus ist, daß trotz
der Widersprüche in den Ortsbezeichnungen die Annalen,
die die biblischen Erzähler heranzogen, von den Taten
Thutmosis' III. beeinflußt waren.

24
JERUSALEM,
DIE STADT DAVIDS

Jerusalem, die »Stadt Davids«, die drei Religionen geweiht ist – dem Judentum, dem Christentum und dem Islam –, die sich alle auf ihn berufen, bietet den deutlichsten Beweis für die Identität König Davids. Die Stadt liegt inmitten der Hügel von Judäa in einer Höhe von siebenhundertvierzig Metern und knapp sechzig Kilometer vom Mittelmeer entfernt. Sie besteht aus einer ummauerten Altstadt und einer Neustadt, die sich jenseits der Mauern ausdehnt und im großen und ganzen ab 1860 entstand. Jerusalem nahm seinen Anfang als düstere Festung auf dem Südosthügel am Rande der Wüste von Juda, auf die man von den benachbarten Hügeln hinabblickte. Die gegenwärtigen Mauern der Altstadt mit ihren sieben Toren wurden zuletzt von dem Osmanischen Sultan Süleyman dem Prächtigen im sechzehnten Jahrhundert nach Christus restauriert und wiederaufgebaut. Die erste Siedlung Jerusalems geht auf das Steinzeitalter zurück, als die Menschen in Höhlen lebten, und von der Frühen Bronzezeit im dritten Jahrtausend vor Christus an gibt es Zeugnisse kontinuierlicher Besiedlung.

Im Zweiten Buch Samuel wird die Einnahme Jerusalems als eine von dem Stammesfürsten David durchgeführte militärische Operation beschrieben: »Der König zog mit seinen Männern nach Jerusalem gegen die Jebusiter, die in dieser Gegend wohnten ... eroberte David die Burg Zion;

sie wurde die Stadt Davids« (2 Samuel 5,6–7). Dann heißt es in dem biblischen Bericht weiter, daß die Stadt von Davids Männern eingenommen wurde, indem sie durch einen Schacht in die Festung eindrangen: »David ließ sich in der Burg nieder und nannte sie die Stadt Davids. Und David begann ringsum zu bauen, und zwar von Millo an bis zur Burg« (2 Samuel 5,9). Doch aus den Zeugnissen geht klar hervor, daß die Operation friedlich verlief und fünf Jahrhunderte früher von Thutmosis III., dem historischen David, ausgeführt wurde.

Die Verbindung zwischen Thutmosis III. und Jerusalem stammt aus der Zeit, als er sich dort niederließ, während seine Armee Megiddo besetzt hielt. In seinen Annalen ist, wie wir an früherer Stelle gesehen haben, davon die Rede, daß er »in einer Festung im Osten seiner Stadt« geblieben war. Obwohl der Name dieser Festung an keiner Stelle des ägyptischen Textes erwähnt wird, deutet alles darauf hin, daß mit diesem Ort Jerusalem gemeint ist, das südöstlich von Megiddo liegt. Wenn man die belagerte Stadt verließ und gen Osten reiste, war die einzig mögliche Route die Straße des Meeres, an die sich in der Nähe des Jordans die Straße anschloß, die südlich nach Jerusalem führte. Allem Anschein nach ist der Bericht über die Festung, in der der König sich aufhielt, deshalb unvollständig, weil der Schreiber bei der Armee geblieben war, um über den Feldzug gegen Megiddo zu berichten, anstatt Thutmosis III. zu begleiten.

Daß in der Bibel von dem »König mit seinen Männern« die Rede ist, deutet darauf hin, daß der Herrscher und seine Leibwache und nicht seine ganze Armee beteiligt waren. Bei dem »Schacht«, durch den sie Zugang zur Burg fanden, handelte es sich wohl um eine Art Kanal, durch den die

Oben: Amenophis III.: der historische Salomo, zu dessen Zeiten Frieden in Westasien herrschte. Er stationierte eine Garnison nördl. von Jerusalem und baute im 14. Jh. v. Chr. den Millo und den nach ihm benannten Tempel.

Unten: Das heutige Jerusalem. Die alte Stadt nahm lediglich den kleineren unteren Hügel rechts auf dem Bild ein. Auf dem höheren und breiteren Hügel dahinter befand sich der Tempel Salomos, wo heute der Felsendom steht.

Unten: Thutmosis III.: der historische David, der große Vorfahr des Tutanchamun und mächtigste König der Alten Welt, der im 15. Jh. v. Chr. das ägypt. Reich vom Nil bis zum Euphrat wiederherstellte.

Tutanchamun, der aus einer Lotosblüte herauswächst, das Symbol der heiligen Geburt.

Nofretete, die Mutter Tutanchamuns: die biblische Madonna, deren Bildnis die Grabkammer ihres Mannes Echnaton anstelle der Göttin Isis schmückte.

Die Statue von Isis und ihrem Sohn *(rechts)*
aus dem 6.Jh. v. Chr., heute im Museum in
Turin; der Maler Masaccio ließ sich in seiner
Darstellung *Jungfrau und Kind (unten)* davon
inspirieren.

Die Drei Weisen, abgebildet auf einer Schmuckplatte, die Anfang dieses Jahrhunderts
im Tal der Könige in der Nähe des Grabes von Tutanchamun gefunden wurde. Sie
zeigt drei Typen von Fremden (wie sie von den
Ägyptern dargestellt wurden), die
König Ejes Namen huldigen.

Oben: Die Szene auf der Rückseite des Throns Tutanchamuns zeigt, wie er von seiner Frau Anchesenpaamun (der biblischen Maria Magdalena) mit Öl gesalbt wird, genau so, wie es die Evangelisten beschreiben. Obwohl der König nach Amun benannt ist, steht er dennoch unter dem Schutz des Aton.

Links: Eine dreiarmige Alabasterlampe in der Form dreier Lotosblüten, die Tutanchamun gehörte.

Die Totenmaske Tutanchamuns, die prächtigste Pharao-Darstellung, die je gefunden wurde und dem König exakt zu gleichen scheint. Die Augen deuten auf Leiden hin.

Links: Eines der beiden Ritual-gewänder, die Tutanchamun gehörten und, wie Howard Carter feststellte, der priesterlichen Dalmatika gleichen, die christliche Geistliche tragen.

Unten: Das *anch* oder ägyptische Kreuz, das von den alten Ägyptern bei den osirischen Totenritualen verwendet wurde und ewiges Leben symbolisierte. Obwohl Echnaton Osiris wie auch die anderen Götter abschaffte, behielt er das Kreuz als Symbol des von Aton, seinem Gott, gegebenen Lebens bei. Nach dem Tod Tutanchamuns wurde es zu einem Symbol für dessen Auferstehung. Diesen Spiegelkasten aus Holz fand man in seinem Grab.

Rechts: Der Priester Panehesi auf einer Abbildung in seinem Grab in Amarna. Er wurde dort nie begraben und ist mit dem biblischen Pinehas, dem aaronitischen Priester, gleichzusetzen. Nach dem Talmud war er derjenige, der Jesus tötete.

Unten: Das Katharinenkloster, erbaut im 6. Jh. v. Chr. am Fuß des Berges Sinai, an derselben Stelle, an der Mose sein Zelt errichtet hatte und Jesus getötet wurde.

Links: Johannes der Täufer wurde in den ersten Jahren der christlichen Zeitrechnung von Herodes Antipas zum Tode verurteilt; Gemälde von Puvis de Chavannes (1824-98)

Oben: Eje (rechts), der biblische Efraim, der 2. Sohn Josefs und Großonkel Tutanchamuns sowie dessen Nachfolger. Auf diesem Fresko in der Grabkammer Tutanchamuns sieht man, wie er das Ritual des Mundöffnens durchführt, bei dem Tutanchamun von den Toten auferstanden sein soll.

Stadt mit Wasser von einer Quelle mit dem Namen Gihon –
dem christlichen Jungfrauenbrunnen – versorgt wurde
und der etwa 325 Meter unterhalb Jerusalems im Tal lag
(siehe auch Anhang E).

Kurz nach der Ankunft Davids wird beschrieben, wie die
Israeliten »die Lade des Herrn in das Zelt [trugen], das
David für sie aufgestellt hatte, und sie an ihren Platz in der
Mitte des Zeltes [setzten] ...« (2 Samuel 6,17). Die Folge
davon, daß die Lade nach Jerusalem gebracht wurde, war
angeblich, daß die Stadt zum zentralen Heiligtum der israelitischen Stämme wurde. Doch hier taucht nun ein weiteres Element der Verwirrung auf, da wir es nicht nur mit
zwei Davids, sondern auch mit zwei Laden zu tun haben
– die Bundeslade, in die Mose die Zehn Gebote gelegt hatte,
und die Lade, in der Thutmosis III. seinen Gott Amun-Re
in der Schlacht von Megiddo vor sich her trug, wie es in
den Annalen von Karnak beschrieben wird: »Das Jahr 23,
erster Monat der dritten Jahreszeit, Tag 19 – erwache im
[Leben] im Zelt des Lebens, des Reichtums und der Gesundheit, in der Stadt Aruna. Weiter mit meiner Majestät
gen Norden, trage vor mir her meinen Vater Amun-Re, den
Herrn der Throne der beiden Länder, [damit er mir den
Weg öffne] vor mir.«[1]
Wie ich an anderer Stelle gezeigt habe,[2] wurde der Gedanke einer heiligen Lade den Israeliten durch Mose (Echnaton) nahegebracht und entstammte den religiösen Praktiken der Ägypter. Bei Festen und anderen Gelegenheiten
wurde die ägyptische Gottheit von den Priestern in einer
Lade getragen, die gewöhnlich die Form eines Bootes hatte.
Als der König sich zu Beginn der langwierigen Belagerung
Megiddos in der Burg von Jerusalem aufhielt, war der
einzig mögliche Platz für die Lade mit dem Gott Amun-Re

die Wohnstatt des Königs. Wie wir wissen, gab es in der
ägyptischen Religion Vorschriften, nach denen nur der
König und die hohen Priester vor die Gottheit treten durften.

Der friedliche Charakter der Ereignisse zeigt sich auch in
der Tatsache, daß Arauna, der König der Jebusiter, noch
die Herrschaft über den Berg Morija, den hoch gelegenen
heiligen Ort nördlich der Stadt, innehatte. Es gibt einen
Bericht darüber, wie David die Tenne auf dem Berg Morija
»für fünfzig Silberschekel« kaufte, um einen Altar für den
Herrn zu bauen: »Mein Herr, der König, möge alles nehmen, was er für gut findet, und es (als Opfer) darbringen.
Sieh her, hier sind die Rinder für das Brandopfer und die
Dreschschlitten und das Geschirr der Rinder als Brennholz.
Das alles gab [*als ein König*, Hervorh. d. Autors] Arauna
dem König ...« (2 Samuel 24,22-23).

Es mag merkwürdig erscheinen, daß als Ort für einen Altar
eine Tenne auf dem Berg Morija ausgewählt wird, doch es
ist »offensichtlich, daß dieser Ort schon vor David als heilig
galt, denn ein hoch gelegener, exponierter Platz am Eingang zur Stadt, der als Tenne benutzt wurde, diente häufig
als Kultplatz. Der heilige Charakter Jerusalems auf dem
Tempelberg wird bereits im Buch Genesis (Berg Morija)
angedeutet (sic) ...«[3] An dieser früheren Bibelstelle wird
beschrieben, wie Abraham an eben diesem Platz den Segen
empfing:

»Melchisedek, der König von Salem (Jerusalem), brachte
Brot und Wein heraus. Er war Priester des Höchsten Gottes. Er segnete Abram und sagte: Gesegnet sei Abram vom
Höchsten Gott, dem Schöpfer des Himmels und der Erde,
und gepriesen sei der Höchste Gott, der deine Feinde an
dich ausgeliefert hat ...« (Genesis 14,18–20). Daher galt
dieser hoch gelegene Platz nördlich von Jerusalem seit der

Zeit Abrahams als heilig, und zwar nicht nur für die Einwohner der Stadt, sondern auch für die anderen Völker Kanaans.

Doch die Tenne wurde nicht von dem Stammeskönig David gekauft, um einen Altar für den Herrn zu errichten, sondern von Thutmosis III. als Platz für einen Schrein des Staatsgottes Amun-Re. Dies wird in den Psalmen deutlich, wo von David – ähnlich wie von ägyptischen Königen – als »Sohn Gottes« die Rede ist: »Ich selber habe meinen König eingesetzt auf Zion, meinem heiligen Berg. Den Beschluß des Herrn will ich kundtun. Er sprach zu mir: ›Mein Sohn bist du. Heute habe ich dich gezeugt. Fordere von mir, und ich gebe dir die Völker zum Erbe, die Enden der Erde zum Eigentum.‹« (Psalmen 2,6–8).

Der neue Name Zion taucht erstmals in der Bibel auf, als wir von König Davids Einzug in Jerusalem erfahren – »eroberte David die Burg Zion; sie wurde die Stadt Davids« (2 Samuel 5,7) – und erhält von diesem Zeitpunkt an zunehmende Bedeutung.

Der Name Zion, dessen Bedeutung unbekannt ist, stammt aus der Bibel und findet sich in keiner anderen historischen Quelle. Was die Sache aber noch verwirrender macht, ist die Tatsache, daß der Name nicht immer denselben Ort bezeichnet. In manchen Fällen – so in dem oben genannten – scheint damit die Burg Jerusalem selbst gemeint zu sein. Doch gleichzeitig gewinnt man den Eindruck, daß die Burg nach dem König benannt wurde: »David ließ sich in der Burg nieder und nannte sie die Stadt Davids …« (2 Samuel 5,9). In anderen Fällen bezeichnet Zion nur den heiligen Bereich, in dem der Tempel gebaut wurde: »Dann werdet ihr erkennen, daß ich der Herr, euer Gott, bin und daß ich auf dem Zion wohne, meinem heiligen Berg. Jeru-

salem wird heilig sein ...« (Joël 4,17). Hier bezeichnet
Zion eindeutig den heiligen Bereich des Tempelberges,
und Jerusalem steht dazu zwar in Beziehung, wird aber
getrennt davon genannt. Dann wird Zion noch wie folgt
erwähnt: »Der Herr erhöre dich am Tage der Not, der
Name von Jakobs Gott möge dich schützen. Er sende dir
Hilfe vom Heiligtum und stehe dir bei vom Zion her«
(Psalmen 20,1–2). Hier ist mit Zion eindeutig nur das Heiligtum gemeint.

Weitere Komplikationen ergeben sich daraus, daß man
später glaubte, der Berg Zion habe sich nicht im Bereich des
Tempels befunden, im Norden des alten Jerusalem, sondern im Westen. Im ersten Jahrhundert nach Christus wurde hier am südlichen Ende des Hügels eine kleine Kirche
gebaut, die mit dem Coenaculum (dem Raum des Letzten
Abendmahles Jesu) gleichgesetzt wurde. Viele Jahrhunderte später – im Jahre 1936 – entstand hier ein christliches
Kloster, das heute Marienkirche heißt. Dennoch hat die
moderne Archäologie bestätigt, daß dieser westlich gelegene Berg nicht zum alten Jerusalem gehörte und zur Zeit des
Stammeskönigs David nicht besetzt wurde.

Alles deutet darauf hin, daß mit Zion der alte heilige Bezirk
Jerusalem gemeint war, der künstlich abgeflachte Bereich
auf dem Berg Morija, wo Salomo seinen Tempel errichtete
und auf dem sich heute zwei der größten Heiligtümer des
Islam befinden – der Felsendom, erbaut von Mohammeds
zweitem Kalifen Omar, und die al-Aksa-Moschee. Der
Tempelbezirk ist im Osten, Süden und Westen von der
monumentalen herodianischen Umfriedungsmauer umgeben. Ein großer Teil der westlichen Mauer (Klagemauer),
der bis heute erhalten geblieben ist, gilt als der meistbe-
suchte heilige Ort in der jüdischen Tradition. In biblischen
Zeiten, das heißt, vor dem Einzug Davids in die Burg, galt

dieser Bereich nicht nur für die Jebusiten, sondern auch für Abraham als heiliger Bezirk. Ja, der Berg Morija wird mit dem Ort gleichgesetzt, an dem zuerst der Tempel errichtet wurde: »Salomo begann, das Haus des Herrn in Jerusalem auf dem Berg Morija zu bauen, wo der Herr seinem Vater David erschienen war ...« (2 Chronik 3,1). Es handelt sich um denselben Ort, auf den in dem Bericht über Abrahams Absicht, Saras Sohn Isaak zu opfern, versteckt hingewiesen wird: »Abraham nannte jenen Ort Jahwe-Jire (Der Herr sieht), wie man noch heute sagt: Auf dem Berg läßt sich der Herr sehen« (Genesis 22,14). Und wie vorher erwähnt, erhielt auch Abraham den Segen von König Melchisedek an demselben heiligen Ort.

Doch erst als David *seine* Lade in diesen heiligen Bezirk stellte, verwandelte sich dieser in ein heiliges Zentrum, das man für die Wohnstatt des Herrn hielt: »Denn der Herr hat den Zion erwählt, ihn zu seinem Wohnsitz erkoren: Das ist für immer der Ort meiner Ruhe; hier will ich wohnen, ich hab ihn erkoren.« (Psalmen 132, 13–14).

Nachdem Thutmosis das Bild des Amun-Re in seiner Lade nach Jerusalem gebracht hatte, war der logische Platz dafür – in einer Zeit, da es keine religiöse Intoleranz gab – der bereits existierende heilige Bezirk auf dem Berg Morija. Hier verrichtete vermutlich Thutmosis III. während seines siebenmonatigen Aufenthalts seine Gebete.

Es gibt noch einen anderen Fall, wo Thutmosis III. sich einen vorhandenen heiligen Ort für seine eigenen Kulthandlungen aneignete. Nummer 41 der Tell el-Amarna-Briefe, die im wesentlichen die diplomatischen Archive der Achtzehnten ägyptischen Dynastie darstellen, wurde von den Einwohnern der syrischen Stadt Tunip an Echnaton geschickt. Darin wird erwähnt, Thutmosis III. habe die Stadt eingenommen, sei in den Tempel eingedrungen und

habe ägyptischen Gottheiten ein Opfer dargebracht: »War
es nicht Manachbirya (Thutmosis III.), der die Wohnstatt
dieser Leute rettete? Seine Götter und sein Gesetz haben
unsere Region gewählt; sie lobpriesen die Götter des Königs von Ägypten, unseres Herrn, sie wohnten in der Stadt
Tunip.«[4]

* * *

Nachdem Thutmosis III. Jerusalem nach siebenmonatigem
Aufenthalt verlassen hatte, wurde der heilige Bezirk seiner
Gottesverehrung ägyptisiert. Das geht leicht aus dem Namen hervor, den dieser Ort nun bekam – Zion. Obwohl
dieser Name erstmals in der Bibel auftaucht, ist er kein
ursprünglich hebräisches Wort. Zion besteht vielmehr aus
zwei Bestandteilen: Der hebräische erste Teil »Zi« bedeutet
»Land der Dürre, unfruchtbarer Ort«.[5] Die Bedeutung des
ägyptischen Wortteils hingegen ist bisher noch nicht ent-
schlüsselt worden.

»On« ist der biblische Name einer alten heiligen Stadt der
Ägypter, die die Griechen Heliopolis nannten und die nicht
weit im Norden des heutigen Kairo lag. Im alttestamentlichen Bericht über das Leben des Patriarchen Josef, der die
Israeliter nach Ägypten führte, erfahren wir, daß der Pharao, nachdem er Josef auf einen hohen Posten ernannt
hatte, ihm eine ägyptische Frau gab, »die Tochter Potiferas,
des Priesters von On« (Genesis 41,45). Obwohl Heliopolis
die erste heilige Stadt der Ägypter war, verlagerte sich
während der Achtzehnten Dynastie der Schwerpunkt, und
Theben in Oberägypten wurde die neue Hauptstadt des
Reiches und die heilige Stadt des Staatsgottes Amun-Re.
Von nun an bürgerte es sich ein, Theben »das südliche On«
und Heliopolis »das nördlich On« zu nennen, wobei »On«
im Sinne von »heilige Stadt« gebraucht wurde.

Im Deutschen hat das Wort »On« nur zwei Buchstaben, im Hebräischen dagegen drei – *aleph* (das, wie das französische »h«, keinen eigenen Vokalwert hat und daher mit dem folgenden Vokal zusammengezogen wird, »o« und »n«). Meiner Ansicht nach diente die Tatsache, daß das *aleph* (das nur am Anfang oder Ende eines Wortes stehen kann) bei der Zusammenfügung von »Zi« und »On« wegfiel, dazu, die ursprüngliche Bedeutung des Namens zu verschleiern – der On (heilige Ort) der Wüste.

So enthüllt das Wort »Zion«, mit dem der heilige Bezirk im Norden Jerusalems von der Zeit an benannt wurde, da König David in die Stadt einzog, seinen ägyptischen Ursprung. Von diesem Zeitpunkt an war der Berg Morija nicht mehr nur für die Einwohner Jerusalems, sondern für alle asiatischen Königtümer des Reiches ein heiliger Ort. Indem der biblische Erzähler die früher stattfindende Segnung Abrahams durch El Elijon – eine der Bezeichnungen für den israelitischen Gott – auf demselben Berg Morija einfügte, wollte er betonen, daß dieses Gebiet bereits in Beziehung zu dem Gott Israels stand, bevor König David es als Stätte der Verehrung bestimmte.

Nach seinem siebenmonatigen Aufenthalt in Jerusalem kehrte Thutmosis III. nach Megiddo zurück und führte seinen erfolgreichen Angriff auf die Stadt durch. Dann zog er nach Theben. Wir haben keinerlei Hinweis darauf, ob er Jerusalem bei seinen zahlreichen Feldzügen in Westasien noch einmal aufsuchte. Trotzdem vergaßen seine Nachkommen, die Kinder Saras, niemals ihren großen Vorfahren, und nachdem sie Ägypten verlassen und sich schließlich im Gelobten Land Kanaan angesiedelt hatten, machten sie einen heiligen Bezirk zum Heiligtum ihrer neuen Heimat und zum Ort größter Verehrung.

25
JERUSALEM,
STADT DES FRIEDENS

Fälschlicherweise, wie ich meine, wurde behauptet, der Name Jerusalem tauche in ägyptischen Quellen schon zur Zeit der Zwölften Dynastie, im neunzehnten und achtzehnten Jahrhundert vor Christus auf. Ohne auf die äußerst komplizierte semantische Problematik einzugehen, können wir sagen, daß es in den Tell el-Amarna-Briefen aus dem vierzehnten Jahrhundert vor Christus einen klaren Bezug zu Jerusalem gibt. Diese Briefe, sechs Schreiben des Herrschers von Jerusalem an den ägyptischen König, sind in Akkadisch, der diplomatischen Sprache jener Zeit, verfaßt. Als Quelle dieser Briefe wurde »mat Urusalim« angegeben, das »Land Jerusalem«, und aus ihnen geht eindeutig hervor, daß Jerusalem damals unter ägyptischer Herrschaft stand und sich dort eine ägyptische Militärgarnison befand. Dennoch taucht der Name Jerusalem nicht in den westasiatischen Städtelisten von Thutmosis III. oder einem seiner Nachfolger auf, die in jener Epoche herrschten, als Kanaan Teil des ägyptischen Reiches war. Für dieses Fehlen des Namens Jerusalem gab es bisher keine hinreichende Erklärung. Ich vertrete die Meinung, daß Jerusalem den Ägyptern unter einem anderen Namen bekannt war, nämlich als Kadesch.

Unter den Annalen Thutmosis' III., die in Karnak gefunden wurden, befand sich ein Namensverzeichnis von mehr als hundert Orten in Palästina, die Thutmosis während seines ersten asiatischen Feldzugs unterworfen hatte. Südpalästina scheint keinen militärischen Widerstand geleistet zu haben, denn die erwähnten Orte liegen alle nördlich dieses Gebiets in einer Region zwischen Geser (im Süden), Damaskus (im Norden), dem Mittelmeer (im Westen) und dem Jordanfluß (im Osten). Jerusalem wird nicht erwähnt. Jedoch finden wir an der Spitze der Palästina- (oder Megiddo-) Liste den Namen Kadesch.

Da es mehr als einen Ort dieses Namens gab, waren sich die Wissenschaftler stets uneins darüber, welcher hier gemeint war. Der Einleitungstext zu dieser Liste lautet: »Verzeichnis der Länder von Ober-Retenu ..., die Seine Majestät in der Stadt des elenden m-k-i (Megiddo) ... bei seinem ersten siegreichen Feldzug aufbewahrte, gemäß dem Befehl seines Vaters Amun, der ihn auf glückliche Pfade geleitet hat.«[1] Die Kernfrage lautete, ob das hier genannte Kadesch mit der nordsyrischen Stadt am Fluß Orontes gleichzusetzen sei, die, wie wir gesehen haben, von Thutmosis III. in einem späteren Kriegszug besiegt wurde; oder ob der Name vielmehr mit einer unbedeutenderen Örtlichkeit gleichen Namens in Obergaliläa, nördlich von Hazor, identifiziert werden müsse.

Keine der beiden Möglichkeiten kann, so meine ich, angesichts der vorliegenden Belege in Frage kommen. Zwar sind viele dieser Namen in der Palästinaliste nicht identifiziert worden, aber keiner von denen, die identifiziert werden konnten, bezeichnen einen Ort, der nördlicher als Damaskus gelegen ist. Denn Damaskus war eine Grenze, die Thutmosis III. bei seinem ersten Feldzug nicht überschritt. Daraus ergibt sich, daß die syrische Stadt am Fluß Orontes nördlich von Damaskus nicht das Kadesch des ersten Kriegszuges sein kann. Die Tatsache, daß Kadesch in dieser Liste an oberster Stelle steht, gefolgt von Megiddo, dem

Hauptziel des ersten Feldzugs, schließt weiterhin die Möglichkeit aus, es könnte die Stadt im nördlichen Palästina
gemeint sein. Archäologische und historische Fakten legen
den Schluß nahe, daß jene Stadt damals nur eine kleine
unbefestigte Siedlung war, die in ägyptischen Quellen nirgends Erwähnung fand. Nach Yohanan Aharoni, dem bekannten israelischen Archäologen, war »das rauhe, hüge-
lige und relativ unwirtliche Gebiet Obergaliläa in der
späten Bronzezeit (1550–1200 v. Chr.) beinahe unbe-
wohnt«.[2]

Der moderne arabische Name für Jerusalem ist *al-Quds*,
was im Hebräischen zu *ha-Qudesh* wird. Dieses Wort bedeutet sowohl im Arabischen als auch im Hebräischen
»heiliger Boden« und wird im ersten Vers von Kapitel 11
des Buches Nehemia verwendet, wo von »Jerusalem, der
heiligen Stadt« (auf hebräisch *Yurushalayim ha Qudesh*) die
Rede ist. Wie zuvor schon erwähnt, war der Ort, an dem
David seinen Altar und Salomo später seinen Tempel errichtete, geheiligter Boden, bereits bevor David ihn von
Arauna, dem Jebusiterkönig von Jerusalem, erwarb. Dort
soll Abraham den Segen Gottes erhalten haben: »Melchisedek, der König von Salem, brachte Brot und Wein heraus.
Er war Priester des Höchsten Gottes. Er segnete Abram und
sagte: Gesegnet sei Abram vom Höchsten Gott, dem
Schöpfer des Himmels und der Erde, und gepriesen sei der
Höchste Gott, der deine Feinde an dich ausgeliefert hat …«
(Genesis 14,18–20).

Deshalb wurde dieses Gebiet nördlich von Jerusalem
schon seit den Zeiten Abrahams als heiliger Boden betrachtet, nicht nur von den Bewohnern der Stadt, sondern auch
von den anderen Völkern Palästinas. Und die Erwähnung
Qudesh in der Bedeutung Jerusalem im Buch Nehemia
zeigt, daß auch die Stadt diesen Namen trug.

Urusalim, der akkadische Name für Jerusalem, wie er in den Tell-el-Amarna-Briefen verwendet wird, kann in zwei Bestandteile zerlegt werden: *Uru* und *Salim*. Der erste Teil, *Uru*, stammt von dem Verb *yarah*, was soviel bedeutet wie »gründen« oder »errichten«. Der zweite Bestandteil jedoch hat zu zahlreichen Mißdeutungen Anlaß gegeben. Eine Anzahl von Wissenschaftlern vertrat den Standpunkt, es handle sich hier um eine westsemitische oder amoritische Gottheit, um Schulmanu oder Schalim. Demnach würde Urusalim bedeuten: »Schalim hat gegründet.« Jedoch gibt es keinen textlichen oder archäologischen Beweis für die Annahme, daß die amoritische Gottheit Schalim in Jerusalem verehrt wurde – was ja auch nicht der Fall sein konnte, wenn die Gründung der Stadt auf diese Gottheit zurückging.

Wenn wir uns von dieser spektakulären Interpretation des zweiten Bestandteils des Wortes Urusalim nicht irritieren lassen, sehen wir, daß *Salim* – die frühen jüdischen Rabbinen haben dies in der Haggadah, dem Legendenbuch des Talmud, richtig verstanden – »Frieden« bedeutet (auf hebräisch *schalom* und auf arabisch *salam*). Dann würde die Bedeutung von Urusalim »Gründung des Friedens« oder »Errichtung des Friedens« lauten – eine Deutung, die historisch gestützt wird: durch die Nichterwähnung Urusalims in ägyptischen Quellen mit Ausnahme der Tell-el-Amarna-Briefe … durch die Tatsache, daß Kadesch, das sowohl in der Bibel als auch im Koran als Synonym für Jerusalem verwendet wird, in den meisten Verzeichnissen asiatischer Städte erwähnt wird, die die ägyptischen Könige jener Zeit erobert haben … und schließlich dadurch, daß jenes Kadesch keiner der beiden oben genannten Orte sein kann.

Der einzige historisch überlieferte Name für den König von

Jerusalem während der Achtzehnten Dynastie ist Abdi-
Kheba, der an Amenophis III. (ca. 1405–1367 v. Chr.)
schrieb. Doch warum hatte er aus Urusalim anstatt aus
Kadesch geschrieben? Der Grund liegt darin, daß er mit
dem Pharao »Frieden schloß« – und eine Tradition des
Friedens fortführte –, ähnlich wie die Franzosen, die Paris
im Zweiten Weltkrieg zur offenen Stadt erklärten, damit
Hitlers vorrückende Truppen die Stadt nicht in Schutt und
Asche legten. Im Falle von Kadesch bedeutete Frieden
nicht einfach nur den Wunsch, nicht gegen den ägyptischen König kämpfen zu müssen. »Frieden« stand für die
Unterwerfung unter Thutmosis III., ganz ohne Krieg. In
diesem Zusammenhang sei erwähnt, daß der Begriff »Islam«, der die gleiche Wurzel wie *salam* hat, ebenfalls Unterwerfung bedeutet – hier allerdings Unterwerfung unter
den Willen Gottes. Ein weiteres Beispiel ist der Schlußsatz
der Israel-Stele – »Die Prinzen (von Kanaan) liegen im
Staub und flehen um Gnade« –, in dem jenes Wort, das mit
»Gnade« wiedergegeben ist, *salam* lautet und die Unterwerfung unter den Willen des Pharao bedeutet.
Dieser Bezug geht klar aus den Briefen hervor, die Abdi-
Kheba später an Echnaton, den Sohn und Nachfolger von
Amenophis III., schickte. In einem dieser Briefe heißt es:
»Siehe dieses Land Jerusalem, weder mein Vater noch
meine Mutter gaben es mir; der mächtige Arm [des Königs]
gab es mir.« In einem anderen Brief dagegen beruft er sich
auf seine königliche Herkunft: »... der mächtige Arm des
Königs schickte [mich] ins Haus meines Vaters.« Dies erinnert an die biblische Geschichte von David, der eine Tenne
auf dem Berg Morija erwarb, um dort einen Altar für die
Bundeslade des Herrn zu errichten. Der König jenes Gebiets, Arauna mit Namen, von dem David diese Tenne
kauft, sagt: »Das alles gab der König Arauna dem Kö-

nig …« (2 Samuel 24,23). Nachdem der König von Jerusalem das Land auf friedvollem Wege der ägyptischen Herrschaft unterstellt hatte, ließ Thutmosis III. ihn und seine Nachfolger offenbar als Regenten weiterherrschen. So ist es auch zu erklären, daß Jerusalem nicht an der Rebellion der verbündeten kanaanäischen und syrischen Prinzen teilnahmen, gegen die Thutmosis III. in Megiddo Krieg führte. Der König sah keine Notwendigkeit, die Festung einzunehmen, und konnte so direkt von Gaza nach Megiddo marschieren und sich während der monatelangen Belagerung Megiddos ins sichere Jerusalem zurückziehen, ohne militärische Gewalt anzuwenden. Obwohl ägyptische Schreiber weiterhin den Namen Kadesch verwendeten – der als Bezeichnung für Jerusalem auch heute noch im Arabischen (al-Quds) gebräuchlich ist –, erinnerte die Stadt, indem sie sich Urusalim nannte, den Pharao immer an ihre Unterwerfung. Später wurde auch von den biblischen Erzählern dieser Name benutzt, von dem dann die griechische Version Hierosolyma (die erste Silbe bedeutet Heiligkeit) abgeleitet ist und so in die westliche Welt gelangte.

26
DAVID UND ABRAHAM

Wenn Thutmosis III., den ich als den biblischen König David identifiziert habe, der leibliche Vater Isaaks war, dann müssen er und Abraham zur gleichen Zeit gelebt haben; und zwar im fünfzehnten Jahrhundert vor Christus. Eine sorgfältige Prüfung der biblischen Abraham-Geschichte bestätigt diese Vermutung.

Die wichtigsten Einzelheiten der Geschichte Abrahams finden sich in einer Reihe voneinander unabhängiger Überlieferungen des Buchs Genesis, in den Kapiteln 11,26 bis 25,10. Seit dem Ende des letzten Jahrhunderts haben sich die Bibelwissenschaftler der Meinung des deutschen Gelehrten Julius Wellhausen (1844–1918) angeschlossen, wonach der Pentateuch – also die ersten fünf Bücher des Alten Testaments, die der Verfasserschaft des Mose zugeschrieben wurden – in der uns heute vorliegenden Form auf verschiedene Autoren zurückgeht. Man ging von fünf Quellen des Pentateuch aus: eine jahwistische Quelle aus dem neunten Jahrhundert vor Christus, in der Gott als Jahwe (J) bezeichnet wird; eine elohistische, in der Gott Elohim genannt wird und die aus dem achten Jahrhundert vor Christus datiert; das Buch Deuteronomium, das als eigenständige Quelle gilt und aus dem siebten oder sechsten vorchristlichen Jahrhundert stammt; und eine Priesterschrift aus dem fünften Jahrhundert vor Christus (P); schließlich ist die Zusammenstellung das Werk eines Redakteurs, der die komplette Sammlung zwischen dem

fünften und dem zweiten Jahrhundert vor Christus über-
arbeitete und herausgab.

Man nahm an, der größte Teil der Geschichte Abrahams
aus dem Buch Genesis stamme aus der Quelle J des neunten Jahrhunderts. Ohne die Thesen Wellhausens grundsätzlich in Frage zu stellen, gelangten moderne Bibelwissenschaftler zu dem Schluß, daß die Abraham-Geschichte
der Genesis erst in jener Zeit entstanden sein kann, als
König Davids Reich vom Euphrat bis zum Nil wiedererrichtet wurde. Da sie – fälschlicherweise – annahmen, daß
dies in der ersten Hälfte des zehnten Jahrhundert vor Christus der Fall gewesen war, wird heute davon ausgegangen,
in dieser Zeitspanne sei der erste Bericht über Abraham
und seine Zeit verfaßt worden. Wir haben aber bereits
gesehen, daß die Wiedererrichtung jenes Reiches – gewiß
eine historische Tatsache – nur während der Regierungszeit von Thutmosis III. fünfhundert Jahre früher stattgefunden haben kann. Einige Bibelforscher meinten sogar,
die Abraham-Geschichte spiegle Verhältnisse wider, die
nur während der Regierungszeit des Königs David ge-
herrscht haben können: »H. W. Wolff stellt fest, daß bestimmte Völker in der Genesis genannt werden – Philister,
Moabiter, Ammoniter, Aramäer, Edomiter, Amalekiter
und Kanaaniter –, die gemäß dem Zweiten Buch Samuel,
Kapitel 8, zu Davids Reich gehörten.«[1]

Andere Bibelforscher vertraten die Ansicht, Abraham habe
im siebzehnten Jahrhundert vor Christus gelebt, zweihundert Jahre vor Thutmosis III. Die Bezeichnung *Salem* für
Jerusalem (Genesis 14,17) in der Abraham-Geschichte, die
für die Stadt erst seit Thutmosis III. üblich war, widerspricht dieser These. Doch wir wollen uns noch nicht in
Details verlieren.

Im Gelübde oder Bund, von dem sowohl bei David als auch

bei Abraham die Rede ist, finden wir einen deutlichen
Zusammenhang zwischen diesen beiden Figuren. Die verschiedenen Überlieferungen, die gewöhnlich zur Geschichte Abrahams zusammengefügt werden, werden
hauptsächlich durch das verbindende Element der Verheißungen des Herrn an Abraham zu einem Bericht verknüpft. Diese Verheißungen, die sich vom ersten Erscheinen Jahwes bis zum Ende der Geschichte immer
wiederholen, sind unterschiedlicher Art:

– Verheißung eines Erben
– Verheißung zahlreicher Nachkommen
– Verheißung königlicher Nachkommen
– Verheißung des Landes Kanaan
– Verheißung des Landes vom Nil bis zum Euphrat

Wissenschaftler haben sich in Auseinandersetzungen darüber verbissen, welche dieser vielen Verheißungen die
entscheidende in der Geschichte ist: »In den vergangenen
Jahren hat sich die Diskussion darauf konzentriert, ob die
Verheißung des Landes oder die Verheißung zahlreicher
Nachkommen das Hauptthema war. Claus Westermann
hat auf die Unangemessenheit dieser Fragestellung hingewiesen, indem er die literarische Struktur dieser Verheißungen untersuchte. Er versuchte, jene Verheißungen her-
auszufiltern, die im Gegensatz zu den mit anderen
verknüpften für sich allein Bestand haben. Er glaubte, die
ersteren seien ursprünglich, wogegen die letzteren erst
über einen längeren Zeitraum hinweg hinzugekommen
seien. Bei dieser Vorgehensweise fand er heraus, daß einzig
die Verheißung eines Erben relevant war und den gefor-
derten Maßstäben genügt.«[2]
Wie Westermann gezeigt hat, war in der Tat die Verhei-

ßung eines Erben das wichtigste verbindende Element der Abraham-Geschichte. Noch bevor Abraham Ur verließ und sofort nachdem wir von seiner Heirat erfahren, werden wir darauf hingewiesen, daß »Sarai (Sara) unfruchtbar war« (Genesis 11,30). Doch wird bereits wenige Verse später, beinahe, um die Geschichte interessanter erscheinen zu lassen, die Verheißung des Herrn an Abraham erwähnt: »Ich werde dich zu einem großen Volk machen« (Genesis 12,2) – und wir wundern uns, wie es möglich sein kann, daß er der Gründer eines großen Volkes wird, obwohl seine Frau unfruchtbar ist.

Wagner formuliert es so: »Keinem Leser der Abraham-Geschichte kann dieses zentrale Thema der Verheißung eines Erben entgehen. In der Tat ist dies der Dreh- und Angelpunkt der ganzen Abraham-Geschichte – eine Verheißung, deren Erfüllung ständig in Frage gestellt scheint. Da ist die Unfruchtbarkeit seiner Frau … Abraham wird zugesichert, daß er einen Sohn haben werde … und dies scheint sich mit dem Auftauchen Hagars, einer ägyptischen Sklavin, zunächst zu erfüllen (Genesis 16,4). Hagars Vertreibung jedoch macht diese Hoffnung zunichte. Schließlich wird mitgeteilt, daß Sara schwanger werden wird (Genesis 17,16). Nachdem der langersehnte Sohn geboren ist, wird Abraham aufgerufen, ihn als Brandopfer darzubringen. Nur durch die Verheißung eines Erben gewinnen die verschiedenen Episoden der Abraham-Geschichte ihren Zusammenhang … diese Verheißung ist von solcher Bedeutung, daß ohne sie die ganze Geschichte auseinanderfallen würde.«[3]

Eine sorgfältige Untersuchung der Abraham-Geschichte ergibt jedoch, daß der versprochene Erbe nicht Abrahams, sondern nur Saras Sohn ist. Denn Abraham hatte Ismael: »Hagar gebar dem Abram einen Sohn, und Abram nannte

den Sohn, den ihm Hagar gebar, Ismael« (Genesis 16,15).
Und nach Saras Tod »nahm sich Abram noch eine andere
Frau namens Ketura. Sie gebar ihm Simran, Jokschan, Me-
dan, Midian, Jischbak und Schuach« (Genesis 25,1–2). Kei-
ner dieser sieben Söhne aber war der erwartete Erbe, des-
sen Geburt vorhergesagt worden war. Dies war Saras
Sohn, den sie mit David (Thutmosis III.) gezeugt hatte.
Die Verheißungen an Abraham galten also allein der Ge-
burt Isaaks, und deutlich ist auch, daß sie sich nicht auf
Abrahams Nachkommen bezogen, sondern allein auf die
Nachfahren Isaaks: »Ich werde meinen Bund mit ihm
(Isaak) schließen als einen ewigen Bund für seine Nachkommen« (Genesis 17,19). Abraham schien sogar wenig
erfreut, als die Geburt Isaaks angekündigt wurde: »Und
Abram sagte zu Gott: Wenn nur Ismael vor dir am Leben
bleibt« (Genesis 17,18); damit sollte gesagt werden, daß
Ismail ohne Isaak genug war, doch Gott bestand darauf:
»Deine Frau Sara wird dir einen Sohn gebären, und du
sollst ihn Isaak nennen« (Genesis 17,19). Die Geburt Isaaks
ist besonders bedeutsam, weil mit ihr die Prophezeiung
des Königtums verbunden ist: »Könige über Völker sollen
ihr (Sara) entstammen« (Genesis 17,16). Dies wird auch
durch andere Verheißungen bestätigt, die Abraham hinsichtlich der Nachkommen Isaaks erhält: »… deine Nachkommen sollen das Tor ihrer Feinde einnehmen. Segnen
sollen sich mit deinen Nachkommen alle Völker …« (Genesis 22,17–18). Die königliche Bestimmung für Isaak und
seine Nachkommen spricht für mein Argument, daß er der
Sohn von Thutmosis III. war. Dies ist auch aus der Beschreibung des Landes ersichtlich, das den Nachkommen
Isaaks versprochen wurde:

- »... vom Grenzbach Ägyptens bis zum großen Strom,
  dem Euphrat« (Genesis 15,18)
- »Dir und deinen Nachkommen gebe ich ganz Kanaan ...« (Genesis 17,8)

Die erste Verheißung, das Landversprechen zwischen Nil
und Euphrat, interpretiere ich als eine Verheißung für jene
Nachkommen Isaaks, die zur Zeit der Hungersnot nach
Ägypten hinunterzogen. Noch vor der Verheißung des
Landes zwischen Nil und Euphrat sagte der Herr zu Abraham, daß seine Nachkommen (Isaaks Nachkommen)
»Fremde in einem Land« sein würden, »das nicht ihres ist«,
aber daß sie »in der vierten Generation« nach Kanaan
zurückkehren würden. Deshalb bezog sich diese Verheißung auf jene Nachkommen, die mit dem Patriarchen Josef, den ich bereits als Juja identifiziert habe, nach Ägypten zogen.[4] Als Jujas Tochter Teje mit Amenophis III.,
dem Urenkel von Thutmosis III., verheiratet wurde, erfüllte sich dieser Teil der Verheißung. Denn die folgenden
vier Könige – Echnaton, Semenchkare, Tutanchamun
und Eje, die als Amarna-Könige bekannt sind –, regierten das Land zwischen den beiden großen Flüssen, bevor die Israeliten in das Gelobte Land Kanaan zurück-
kehrten. Erst als Kyros von Persien in der zweiten Hälfte
des sechsten Jahrhunderts vor Christus Babylonien besiegt
und Ägypten erobert hatte, wurde ein anderer König Herrscher über das Land zwischen Nil und Euphrat. Das Versprechen der bevorstehenden Geburt Isaaks, das Abraham
gegeben wurde, ist also verschieden von der Verheißung
oder von dem Bund, der zwischen dem Herrn und den
Israeliten auf dem Berg Sinai geschlossen wurde. Dort war
der Bund ein Vertrag zwischen Gott und den Israeliten; die
Verheißung von Nachkommen an Abraham, die bereits

vor der Geburt Isaaks gegeben wurde, ist ein Versprechen,
das weitervererbt wurde und an keine Bedingungen geknüpft war.

In Ägypten hingegen sagte der Herr zu Mose: »Ich führe
euch aus dem Frondienst für die Ägypter heraus und rette
euch aus der Sklaverei ... ich nehme euch als mein Volk
an ... Ich führe euch in das Land (Kanaan), das ich Abraham, Isaak und Jakob unter Eid versprochen habe. Ich
übergebe es euch als Eigentum ...« (Exodus 6,6–8). Später,
im Sinai, bat der Herr Mose, den Israeliten zu sagen: »Ihr
habt gesehen, was ich den Ägyptern angetan habe, wie ich
euch auf Adlerflügeln getragen und hierher zu mir gebracht habe. Jetzt aber, wenn ihr auf meine Stimme hört
und meinen Bund haltet, werdet ihr unter allen Völkern
mein besonderes Eigentum sein ...« (Exodus 19, 4–5). Die
Israeliten erwiderten: »... Alles, was der Herr gesagt hat,
wollen wir tun ...« (Exodus 19,8), und damit verpflichteten
sie sich, den Bund einzuhalten.

Darauf folgt die Geschichte der Zehn Gebote, der Gesetze,
die sie nach dem Willen des Herrn zu befolgen hatten.
Später jedoch, während der Abwesenheit des Mose, erfahren wir, daß die Israeliten ihre Verehrung der kanaanäischen Götter wiederaufnahmen und sich ein Goldenes
Kalb errichteten, das sie anbeteten. Dieser Akt des Ungehorsams war ein Bruch des Bundes, und der Herr weigerte
sich in seinem Zorn, die Israeliten ins Gelobte Land zu
begleiten: »... Ich selbst ziehe nicht in deiner Mitte hinauf,
denn du bist ein störrisches Volk ...« (Exodus 33,3). Erst als
Mose um Vergebung bat und zusicherte, daß die Israeliten
die Gesetze von nun an befolgen würden, erneuerte der
Herr seinen Bund mit ihnen. Um es mit den Worten von
Ronald E. Clements, Professor für Alttestamentarische Stu-
dien am King's College in London zu sagen: »Mit dem

Bund, der auf dem Sinai geschlossen wurde, trat das Gesetz
als Forderung in die Geschichte der Israeliten ein und
stellte so die Bedingung für den Fortbestand des Bundes
dar.«[5]
Das David gegebene Versprechen ist – im Unterschied zu
dem auf dem Berge Sinai, das an bestimmte Bedingungen
geknüpft war – mit der Verheißung Abrahams vergleich-
bar: es gilt für die Nachkommen. Nachdem festgestellt
wird, daß es der Herr war, der David zum Herrscher über
sein Volk ernannt hatte, heißt es weiter: »Nun verkündet
dir der Herr, daß der Herr dir ein Haus bauen wird«
(2 Samuel 7,11); »... Ich werde deinen leiblichen Sohn als
deinen Nachfolger einsetzen und seinem Königtum Bestand verleihen« (2 Samuel 7,12); »... Dein Haus und dein
Königtum sollen durch mich auf ewig bestehen bleiben ...«
(2 Samuel 7,12).
Da von jenem Reich, das sich vom Nil bis zum Euphrat
erstreckte, auch an anderer Stelle in der David-Geschichte
sowie der Salomo-Geschichte die Rede ist, besteht die hier
angesprochene Verheißung im Grunde aus zwei Elementen: Errichtung seines Throns und Errichtung des Throns
für seine Nachkommen: »Das Bündnis mit Abraham wurde zum Vorbild für den Bund zwischen Jehova und David;
Jehova versprach dabei, die Thronfolge für das Geschlecht
Davids zu garantieren (2 Samuel 23,5). Jehova verpflichtete
sich – genau wie bei dem Bund mit Abraham –, und deshalb konnte Israel dem König seine Gefolgschaft nicht
verweigern. Der Bund mit Abraham war die Prophezeiung, der Bund mit David die ›Erfüllung‹ ... die Form des
Bundesschlusses mit David gleicht der des Bundesschlusses mit Abraham, unterscheidet sich jedoch von der Form
des Gesetzesbundes auf dem Sinai-Horeb.«[6]
Der Hauptunterschied aber zwischen dem David gegebe-

nen und dem Abraham gegebenen Versprechen ist folgender: Das Königtum wird zwar David und seinen Söhnen
verheißen, nicht jedoch dem Abraham und auch nicht
einem der Nachkommen seiner sieben Söhne, sondern allein Isaaks Nachkommen. Es wird nicht einmal Isaak selbst
versprochen, denn ihm wird befohlen: »Geh nicht nach
Ägypten hinunter ...« (Genesis 26,2). Und damit wird ihm
auch verboten, das Erbe seines wirklichen Vaters anzutreten. Doch dieses Erbe wird, wie gesagt, später seinen Nachkommen zuteil, die nach Ägypten zurückkehren und vier
Generationen lang dort leben.

Im Hinblick auf die Ähnlichkeit zwischen den beiden Verheißungen meint Professor Clements: »Es ist durchaus
denkbar, daß die jehovistische Geschichte vom Bund mit
Abraham in Genesis 15 dem Bundesschluß zwischen Jehova und David nachempfunden wurde, und zwar in dem
Bestreben, diese beiden miteinander in Beziehung zu setzen. Zweitens haben wir bereits bemerkt, daß in Genesis 15
das thematische Motiv des Königtums auftaucht, was darauf schließen läßt, daß Genesis 15 von der Jerusalemer
Hoftheologie beeinflußt wurde.«[7] Hier ist Clements den
wahren Geschehnissen schon sehr nahe gekommen. Nicht
nur ist das Abraham gegebene Versprechen dem Bund mit
David ähnlich: es wurde ihm sogar nachgebildet. Die Verheißung an David war also die zeitlich frühere. Einfach
gesagt: Im Buch Genesis, in dem die Urvater-Rolle von
Thutmosis III. (König David) verschleiert wird, wird die
Verheißung Abraham zugesprochen. Als dann jedoch der
Stammeskönig David die Bühne der Geschichte betrat, als
man die Quelle J der ersten fünf Bücher des Alten Testaments im neunten Jahrhundert vor Christus niederschrieb,
wurde die Verheißung auf ihn übertragen (was die Israeliten von der Verheißung des Erbes ausgeschlossen hätte, da

zu jener Zeit und mehrere Jahrhunderte lang danach kein Reich existierte, das sie hätten erben können).

Die biblische Verheißung eines Erbes an König David klingt auch in ägyptischen Quellen an, in denen von der Thronbesteigung Thutmosis' III. die Rede ist. Wie bereits oben erwähnt, sollte er eigentlich nicht König werden. Weder war er der Sohn der Thronerbin noch deren Gemahl.

Nur aufgrund der Wahl, die der Gott Amun getroffen hatte, wurde der historische »König David« König. Die Verheißung, die Thutmosis III. erhielt, ist auf einer Stele festgehalten, die Auguste Mariette, der französische Ägyptologe, gefunden hatte und die sich jetzt im Museum von Kairo befindet: »Ich habe dir verliehen die Erde in ihrer ganzen Länge und Breite. Die Stämme des Ostens und die Stämme des Westens liegen dir zu Füßen …

In deiner Stärke und Macht hast du die große Biegung von Naharina (dem Euphrat) überschritten, und ich habe befohlen, sie deinen Donner hören zu lassen, der bis in ihr Lager dringen soll … Ich habe dir versprochen, daß deine Taten in ihre Herzen dringen werden, mein Uräus (die Schlange auf seiner Stirn, das Zeichen königlicher Macht) soll auf deinem Kopf erscheinen … Ich gebe dir die Gewißheit: Deine Eroberungen werden alle Länder umfassen, der Uräus, der auf meiner Stirn leuchtet, soll dir untertan sein, so daß es in der gesamten Breite des Himmels keinen gibt, der gegen dich aufsteht; vielmehr werden die Völker kommen und ihren Tribut auf dem Rücken bringen und sich vor deiner Majestät verneigen, auf mein Geheiß. Ich ordne an, daß jeder, der dich in deiner Zeit angreift, vor dir fallen wird, sein Herz wird ihm im Leib verbrennen, die Glieder zittern.«[8]

Die korrekte Abfolge der Ereignisse ist, so meine ich, folgende: Nach der Geburt Isaaks wollte Abraham nicht, daß
er am Leben bleibt, da er ihn als uneheliches Kind betrachtete. Jedoch entschloß er sich, ihn am Leben zu lassen, und
er hat wohl viele Versprechungen erhalten, die den königlichen Status Isaaks und seiner Nachkommen betrafen.
Daraufhin akzeptierte er seine Rolle als Isaaks Adoptivvater. Und obwohl Isaaks israelitische Nachkommen Abraham als ihren großen Vorfahren betrachteten, wußten sie
doch, wer der eigentliche Gründervater der Stämme Israels
war. Wie ich an anderer Stelle dargelegt habe, hätte Amenophis III. Teje, die Tochter von Josef dem Patriarchen
(Juja), nicht zu seiner königlichen Gemahlin genommen,
wenn er seinen eigenen Urgroßvater, Thutmosis III., nicht
auch als den ihren anerkannt hätte.[9] Später wollten die
Nachkommen der Israeliten ihrem wirklichen Vorfahren,
König David, den ihm gebührenden Platz in ihrer Überlieferung zukommen lassen. Die biblischen Erzähler wiederum, die viele Jahrhunderte später die Geschichten nieder-
schrieben, deuteten die Großtaten des mächtigen Königs
David zum Leben und Werk eines gewöhnlichen Führers
aus dem Stamme Juda um.
Die Vermutung, die angeblich dem Abraham gemachte
Verheißung sei in Wahrheit dem David zugedacht gewesen, wird durch die Tatsache erhärtet, daß Abraham aus
den biblischen Geschichten verschwindet, sobald die israelitischen Schriftsteller ihren wirklichen Urvater etabliert
hatten. Dies geschah, indem sie die Taten des Königs David
auf jenen Stammesführer übertrugen, der erst fünfhundert
Jahre später lebte: »In den Geschichten von J und E wie
auch in den Einführungskapiteln zu Deuteronomium wird
dem abrahamitischen Bund eine große Bedeutung beige-
messen. Bei den vorexilischen Propheten hingegen spielt

er überhaupt keine Rolle. Erst bei den großen Propheten der Exilzeit ... erhält Abraham den Stellenwert jenes Urvaters, dem die göttliche Verheißung des Landes Kanaan zuteil wurde ... Wie läßt sich diese Gleichgültigkeit der vorexilischen Propheten gegenüber dem abrahamitischen Bund erklären ...?«[10]

Von jenem Augenblick an, als David in Erscheinung tritt, geht deshalb die ursprünglich für Abraham geltende Verheißung auf David und seine Nachkommen über. Und aus dem Geschlecht ihres großen Stammvaters, dessen sie sich nunmehr versichert hatten, sollte der Messias, der erwartete Erlöser, hervorgehen.

27
DAVID UND BATSEBA

Eine Parallele in den Geschichten von Abraham und David liegt auch darin, daß es in beiden um verheiratete Frauen geht, die eine zweite Ehe mit einem König eingingen.

Im Buch Genesis erfahren wir, daß Abraham seine Frau Sara dem ägyptischen Hof als seine Schwester vorstellte und Sara vom herrschenden Pharao geheiratet wurde, der, wie schon gesagt, Thutmosis III. und der Vater Isaaks war. Bei der Geschichte von David und Batseba im Zweiten Buch Samuel liegen die Dinge ein wenig anders. Als David sich während der Belagerung der befestigten Stadt (Rabba) in der Burg Jerusalem aufhielt, sah er die badende Batseba und forschte nach, wer sie sei. Er erfuhr, daß sie die Frau des Hethiters Urija war, der auf seiten der königlichen Truppen an der Belagerung teilnahm. David sandte Boten zu ihr, die sie in sein Haus brachten, wo er mit ihr schlief; Batseba wurde schwanger. In der Hoffnung, seine Vaterschaft vertuschen zu können, ließ David Urija nach Jerusalem bringen, doch der Krieger weigerte sich, zu Hause zu schlafen, solange das königliche Heer in Zelten vor der belagerten Stadt leben und Härten und Entbehrungen hinnehmen mußte. Deshalb schickte David Urija zum Schlachtfeld zurück mit dem Befehl, ihm einen besonders gefährlichen Platz in den Kampfreihen zuzuweisen. Erwartungsgemäß kam Urija bei den Kämpfen ums Leben.

Sobald die Trauerzeit vorüber war, heiratete David Batseba, die ihm einen Sohn gebar: »Dem Herrn aber mißfiel, was David getan hatte« (2 Samuel 11,27).

Dieser letzte Vers und die ersten fünfundzwanzig Verse des folgenden Kapitels sind ohne Zweifel nachträglich eingefügt. Sie schildern, wie der Herr den Propheten Natan schickte, um David wegen seiner Sünde zu tadeln; im weiteren Verlauf werden Krankheit und Tod von Batsebas namenlosem Kind beschrieben sowie die Geburt eines anderen Sohnes, der Salomo genannt wurde. Anschließend folgt der Bericht vom Sieg Davids über die belagerte Stadt.

Die beiden Geschichten von Abraham und Urija stimmen in den Grundzügen überein. Beide Männer waren Fremde, Abraham ein Kanaaniter in Ägypten, Urija ein Hethiter in Jerusalem. In beiden Fällen wurde die Ehefrau von einem König geschwängert und gebar einen Sohn, der sterben mußte, weil er in Sünde gezeugt worden war. Doch die Geschichte im Buch Genesis wird kommentarlos erzählt, und es war der Pharao selbst, der Sara fortschickte, als er herausfand, daß sie bereits verheiratet war. Im Buch Samuel dagegen kommen spätere Moralvorstellungen zum Ausdruck, nach denen die Charaktere beurteilt werden. Die Beziehung zwischen David und Batseba wird als Ehebruch betrachtet, Urija wird in den Tod geschickt, um ihn loszuwerden; und während Isaaks Leben verschont und an seiner Stelle ein Lamm geopfert wird, muß hier das Kind sterben. Dem König droht künftiges Unheil als Strafe. Lediglich die Frau entgeht einer Bestrafung – und den Abkömmlingen aus dieser sündhaften Beziehung wird der Thron versprochen.

Hermann Gunkel, der große deutsche Bibelwissenschaftler, tat die ganze Geschichte von Urija und seiner Frau mit dem Argument ab, sie entbehre jeglicher historischen Grundlage. Diese ist jedoch im Buch Genesis zu finden, in

der Geschichte von Abraham, Sara und dem Pharao. Wenn
wir den Namen Urija untersuchen, der im Zweiten Buch
Samuel 23,39 erwähnt wird, so stellen wir fest, daß er aus
zwei Komponenten besteht: *Ur*, ein horitisches (nordmeso-
potamisches) Wort, das »Stadt« oder »Licht« bedeutet, und
Jah, eine Kurzform von Jahwe, dem israelitischen Gott. Die
Bedeutung dieses Namens könnte also »Jahwes Licht«
sein. Allerdings wird er als Hethiter bezeichnet. Warum
sollte ein Hethiter, der traditionelle Feind Ägyptens und
der Israeliten, einer der Helden in Davids Armee sein? Es
liegen uns keine Informationen vor, die das plötzliche
Erscheinen dieses Fremden und seiner Frau in Jerusalem –
wo sie anscheinend wohnten – erklären könnten.

Doch betrachten wir die Sache aus einer anderen Perspek-
tive: Solche erfundenen Namen geben in der Regel Hinweise auf die ursprüngliche Gestalt, die diesen Charakteren
zugrunde liegt. Ur, der erste Teil des Namens Urija, verweist auf Abrahams Geburtsort. Dieser wird in der Bibel
erstmals erwähnt in der Schilderung, wie Abraham und
Sara »miteinander aus Ur in Chaldäa aus[wanderten], um
in das Land Kanaan zu ziehen« (Genesis 11,31). Das könnte
entweder »eine Stadt in Chaldäa« heißen, oder, wenn das
Wort als Eigenname verwendet wurde, »(ein Ort namens)
Ur in Chaldäa«. Wie auch immer man das Wort in diesem
frühen Text deuten mag, später wurde Ur jedenfalls zu
einem Eigennamen, der den Geburtsort Abrahams bezeichnete. Folglich setzt der Name Urija die fiktive Figur in
Beziehung zu Abrahams Gott wie auch zur Stadt seiner
Herkunft.

Ähnlich verhält es sich mit dem Namen Batseba oder Bat-
scheba. In der ursprünglichen Lesart lautete er Bet-Scheba.
Das »e« in der ersten Silbe wurde später von den Schrei-
bern, die eine einheitliche Aussprache anstrebten, in »a«

geändert. Doch durch diese Veränderung ging der ursprüngliche Sinn des Wortes verloren. Es handelt sich hier wieder um zwei Bestandteile: *Bet*, was »ein Mädchen« oder »Tochter« bedeutet, und *Scheba*, ein Gebiet im Süden Kanaans, dessen Name von der dortigen Quelle herrührt, Beerscheba. Das Wort Beth-Scheba kann also als »ein Mädchen (oder eine Tochter) von Scheba« übersetzt werden. Demnach stammte Batseba aus der Gegend, in der sich Sara und Abraham nach ihrer Rückkehr aus Ägypten niederließen.

Obwohl die überlieferte Geschichte von Urija, David und Batseba fiktive Literatur ist, die auf den Erinnerungen an Abraham, Sara und den Pharao basierte, ist es andererseits nicht ausgeschlossen, daß Abraham dem König David in Jerusalem begegnete. In der Geschichte von Abraham werden zwei Ereignisse beschrieben, die dies plausibel erscheinen lassen.
Das erste Ereignis war Abrahams Begegnung mit Melchisedek, dem Priester und König von Salem, der Abraham mit den Worten segnete: »Gesegnet sei Abram vom Höchsten Gott, dem Schöpfer des Himmels und der Erde« (Genesis 14,19). Diese Segnung muß auf dem geheiligten Boden des Berges Morija stattgefunden haben, des Tempelbergs, den ich an früherer Stelle als Zion identifiziert habe.
Das zweite Ereignis verweist auf denselben Ort. Um Abraham zu prüfen, trug Gott ihm auf: »Nimm deinen Sohn, deinen einzigen, den du liebst, Isaak, geh in das Land Morija, und bring ihn dort auf einem der Berge, den ich dir nenne, als Brandopfer dar« (Genesis 22,2).
Der Zweck von Abrahams Besuch in Jerusalem, der nicht in den Handlungsverlauf der Geschichte paßt, ist unklar. Doch der Wissenschaftler John Gray nimmt an, daß dieser

Besuch im Zusammenhang mit David stand: »Die Bedeutung des Ereignisses (der befohlenen Opferung Isaaks), das
vermutlich außerhalb des Kontextes steht, ist ungewiß,
und wahrscheinlich diente es dem Kompilator der Zeit
Davids und Salomos zu einem bestimmten Zweck. Vermutlich sollte auf diese Weise authentisch belegt werden,
daß David den örtlichen Kult des El Elyon (Gott der Höchste) übernahm.«[1] Eine mögliche Abfolge der Geschehnisse,
die Abrahams Besuch in Jerusalem erklären könnte, wäre
folgende:
Nach der Auswanderung aus Ägypten ließen sich Abraham und Sara in Kanaan nieder, wo Isaak geboren wurde.
Später bezog Thutmosis III. im Verlauf seines ersten Asi-
en-Feldzugs Quartier in der Festung Jerusalems. Als Abraham dies erfuhr, brachte er Isaak nach Jerusalem, stellte ihn
dem König vor und drohte damit, das Kind zu töten. Der
König jedoch warnte Isaak davor, nach Ägypten zu gehen,
und brachte Abraham von seinem Vorhaben ab, indem er
ihm ein Stück Land in Kanaan versprach; im Gegenzug
verpflichtete sich Abraham, Isaak wie seinen eigenen Sohn
großzuziehen. Nach diesem Hergang der Ereignisse wäre
Isaak der namenlose, von König David gezeugte Sohn
Batsebas gewesen, der in der Geschichte von Urija, David
und Batseba auftaucht. Überdies erscheint die Version von
Samuel unglaubwürdig, weil zu jener Zeit hebräische wie
auch andere Kinder für gewöhnlich gleich nach der Geburt
einen Namen erhielten. Der Erzähler war darauf bedacht,
die Wahrheit über Isaaks Vater zu verheimlichen, und er
wußte sehr wohl, daß Isaak nicht getötet worden war.
Deshalb erfand er die Geschichte vom Kind, das in Sünde
gezeugt worden und gestorben war, und verschwieg dessen Namen.
Nach dem Alten Testament folgte Salomo David auf den

Thron Jerusalems. Ausgehend von der Theorie, daß David
der Stammeskönig war, der im zehnten vorchristlichen
Jahrhundert regierte, wurde Salomos vierzigjährige Regierungszeit von Wissenschaftlern ungefähr auf die Jahre
965–925 vor Christus datiert; seine Thronbesteigung fiele
demnach in die Regierungszeit des Pharaos Siamun (ca.
976–956 vor Christus) aus der schwachen Einundzwanzigsten Dynastie. Wenn jedoch, wie ich hier bereits gezeigt
habe, König David eigentlich Thutmosis III. war, dann
müssen wir rund vierhundert Jahre weiter zurückgehen, in
die Mitte der Achtzehnten Ägyptischen Dynastie. Mit dieser Epoche müssen wir uns befassen, wenn wir die Identität jenes Herrschers eruieren wollen, der in der Bibel Salomo genannt wird. Die Aufgabe wird dadurch kompliziert,
daß uns aus keiner Zeit ein historischer Beleg für einen
Herrscher namens Salomo vorliegt und sowohl das Alte
Testament wie auch der Talmud darin übereinstimmen,
daß dies nicht der eigentliche Name des Königs war. Wie
es im Zweiten Buch Samuel 12,25 heißt, gab der Prophet
Natan Salomo nach dessen Geburt den Namen Jedidja, was
soviel wie »durch den Herrn« oder »durch das Wort des
Herrn« heißt. Jedoch sprechen einige Anzeichen dafür, daß
Amenophis III., also nicht der unmittelbare Nachfolger
König Davids (Thutmosis' III.), sondern dessen Urenkel
die historische Person war, die im Alten Testament Salomo
genannt wird.
Da diese Beweise die bereits vorgebrachten Argumente
hinsichtlich der wahren Identität des Königs David lediglich weiter untermauern, werden sie in den Anhängen F
bis J angeführt; es wird dort auch darauf eingegangen,
worauf sich Salomos sprichwörtliche Weisheit gründet.

BUCH DREI

CHRISTUS
DER KÖNIG

28
DAS LEBENDE
ABBILD DES HERRN

Alles weist darauf hin, daß Tutanchamun mit dem historischen Jesus gleichzusetzen ist. Mir ist bewußt, daß das eine sehr kühne – und für manche Leute beunruhigende – Aussage ist. Dennoch scheint es die einzig logische Schlußfolgerung aus den vorhandenen Fakten zu sein.

Es gibt zwei Namen für die Nachfolger des Mose, den ich als den Pharao Echnaton identifiziert habe. Der eine ist Josua, der Prophet; der andere ist Tutanchamun, der gesalbte König, der nach Echnatons Thronverzicht der neue Herrscher wurde. Daß Josua mit Jesus gleichzusetzen ist, habe ich schon aufgezeigt. Kann man nun dasselbe von Tutanchamun sagen?

Lukas schreibt über die bevorstehende Geburt Jesu: »Er wird groß sein und Sohn des Höchsten genannt werden. Gott, der Herr, wird ihm den Thron seines Vaters David geben. Er wird über das Haus Jakob in Ewigkeit herrschen, und seine Herrschaft wird kein Ende haben« (1,32–33). Es gibt niemanden außer Tutanchamun, von dem man sagen kann, daß all diese Bedingungen erfüllt waren: Sohn des Höchsten, der den Thron seines Vaters (hier im Sinne von »Vorfahr«) David einnimmt.

Tutanchamun wurde in der Stadt Amarna geboren. In seinem Grab fand man ein Leinenhemd, das aus dem siebten Regierungsjahr Echnatons stammt und darauf hindeu

tet, daß er in diesem Jahr geboren wurde. Es steht außer
Frage, daß er zur königlichen Familie der Thutmossiden
gehörte, deren Oberhaupt vier Generationen zuvor Thutmosis III. (König David) gewesen war. Eine Inschrift auf
einem Löwen aus rotem Granit, der sich im Britischen
Museum befindet, besagt: »Er stellte die Monumente seines Vaters (gemeint ist auch hier ›Vorfahr‹) Amenophis III.
wieder her.«[1]

Professor R. G. Harrison, der verstorbene Professor für
Anatomie an der Universität Liverpool, der 1963 die Mumie des Königs untersuchte, stellte eine verblüffende Ähnlichkeit mit künstlerischen Darstellungen Echnatons fest,
was darauf schließen läßt, daß sie nahe Verwandte waren.
Howard Carter, der das Grab Tutanchamuns entdeckte,
war ebenfalls erstaunt, daß dessen Maske und Mumie so
sehr dem Echnaton und seiner Mutter, der Königin Teje,
glichen: »… bestimmte Gesichtszüge erinnern hier … an
den Echnaton, andere, besonders das Profil, gleichen vielleicht noch mehr der großen Königin Teje, der Mutter
Echnatons; oder anders ausgedrückt, als mich diese Gesichtszüge anstarrten, kam mir sofort die Verwandtschaft
mit diesen beiden Vorgängern in den Sinn.«[2] In der Grabkammer des jungen Königs wurden Gegenstände gefunden, die mit den Namen vieler Mitglieder der königlichen
Familie versehen waren – Echnaton, Königin Teje, Amenophis III., Thutmosis III. sowie zwei Brüder Echnatons,
Thutmosis und Semenchkare, werden erwähnt.

Die Frage, ob Tutanchamun der Sohn oder Bruder Echnatons und wer seine Mutter war, hat unter Wissenschaftlern
zu zahlreichen Auseinandersetzungen geführt, ist jedoch
leicht zu beantworten. Echnaton teilte sich die Herrschaft
zwölf Jahre lang mit seinem Vater Amenophis III., danach
regierte er fünf Jahre allein. Nach dem Hemd in seiner

Grabkammer zu schließen, fiel Tutanchamuns Geburt in das siebte Herrschaftsjahr seines Vaters. Das heißt, er bestieg den Thron im Alter von zehn Jahren und starb mit neunzehn. Diese Zeitangaben sind belegt durch anatomische Untersuchungen seiner Leiche sowie durch die Altersbestimmung von Gegenständen in seinem Grab.

Das siebte Regierungsjahr Echnatons entspricht dem dreiunddreißigsten seines Vaters. Zu diesem Zeitpunkt war die Königin Teje etwa einundvierzig Jahre alt. Zwei Jahre zuvor hatte sie eine Tochter, Baketaton, geboren, und rein physisch betrachtet hätte sie zwei Jahre später noch einem Sohn, Tutanchamun, das Leben schenken können. Doch wenn sie die Mutter Tutanchamuns gewesen wäre, dann hätte sich erstens sein Geburtsjahr auf Amenophis III. bezogen, nicht auf Echnaton. Zweitens geht aus den Funden im Grab von Tejes Verwalter Huja in Amarna hervor, daß Teje frühestens im zehnten Regierungsjahr Echnatons zum ersten Mal in der Stadt Amarna weilte; folglich konnte sie Tutanchamun nicht schon im siebten Herrschaftsjahr Echnatons in Amarna zur Welt gebracht haben.

Die einzig logische Folgerung lautet, daß Echnaton der Vater Tutanchamuns war. Und seine Mutter? Ohne Beweise dafür liefern zu können, vertreten manche Wissenschaftler die Ansicht, die Mutter des jungen Königs sei nicht die Königin Nofretete gewesen. Doch archäologische Funde legen den Schluß nahe, daß Tutanchamun sowohl vor als auch nach seiner Thronbesteigung im nördlichen Palast von Amarna zusammen mit Nofretete lebte.[3] Dies spricht zweifellos dafür, daß sie in einem Mutter-Sohn-Verhältnis zueinander standen.

Einigen Wissenschaftlern hat auch die Beziehung Tutanchamuns zur königlichen Familie Kopfzerbrechen bereitet, denn obwohl er die Thronerbin heiraten mußte, um an

die Macht zu gelangen, war Anchesenpaaton, die dritte Tochter Echnatons, seine Braut. Auch dafür gibt es eine einfache Erklärung. Da Echnatons älteste Tochter bereits mit Semenchkare verheiratet war, der wenige Tage
vor der Krönung Tutanchamuns starb, und die zweite
Tochter bereits gestorben war, fiel der Thron an Anchesenpaaton.

Der junge König in spe erhielt den Geburtsnamen Tutanchaton. Wie ich an anderer Stelle gezeigt habe, entspricht
dem ägyptischen Wort Aton das hebräische Adonai und
heißt soviel wie »der Herr«.[4] Demnach bedeutet sein Ge-
burtsname »das lebende Abbild des Herrn«. Also wurde er
schon bei der Geburt – vielleicht sogar davor, da es bei den
ägyptischen Königen Sitte war, die Namen ihrer Kinder
bereits vor der Geburt festzulegen – als der Sohn Gottes
angesehen, als »der älteste Sohn des Aton (des Herrn) im
Himmel« wie auch als Nachfolger Echnatons (Moses).

Die messianischen Glaubensformeln haben ihren Ursprung in Ägypten. Das Wort »Christus« stammt von dem
griechischen »Christos« ab, was dasselbe wie das hebräische und aramäische Wort *Maschih* bedeutet. Dieses wiederum leitet sich von *MeSHeH* ab, einem Verb in der Bedeutung »salben«. Ursprünglich wies das Wort »Christus«
also auf »den Gesalbten«, auf den »König«, hin.
Der Glaube an den Messias beruhte auf der Auffassung der
Ägypter, daß ihre Könige göttliche Wesen seien und ihre
Macht von Gott komme. Schon in ihrer frühesten Geschichte, noch vor dem dritten Jahrtausend vor Christus, setzten
die Ägypter ihren König mit dem Falkengott Horus gleich.
Danach wurde er zu einer Inkarnation des Gottes und
erschien »auf dem Thron des Horus«. Nach dieser Vorstel-

lung nahm der König eine Stellung zwischen Gott und Mensch ein.

Eine weitere bedeutende Entwicklung begann in der Zeit der Vierten Dynastie (dem siebenundzwanzigsten Jahrhundert vor Christus), in jener Epoche, als die Pyramiden gebaut wurden: Der König wurde nicht mehr mit Horus gleichgesetzt, sondern als der Menschensohn des Gottes Re, dem Gott des Kosmos, angesehen. Jede Tat des Königs galt ausschließlich als die Ausführung der Anweisungen seines Vaters. Dieses besondere Verhältnis zwischen dem Gott Re und dem König zeigte sich darin, daß es im Leben des Herrschers drei Hauptereignisse gab: seine heilige Geburt, seine Salbung bei der Krönung und seine Auferstehung nach dem Tod.

Die heilige Geburt des Königs wird in bildlicher wie auch in schriftlicher Form an der nördlichen Mauer der mittleren Kolonnade des Totentempels dokumentiert, den die Königin Hatschepsut in Dair al Bahri erbauen ließ, sowie in dem Tempel von Amenophis III. in Luxor. »Hier wie dort wird Zeugung und Geburt des jeweiligen Königs durch den Reichsgott (Amun-Re) und die Gemahlin des regierenden Herrschers geschildert, wobei der Gott sich in Gestalt des Pharao der gebenedeiten Frau nähert. Die Szenen werden in Bild und Text mit großer Zartheit dargestellt, gründen jedoch unbefangen auf dem Vorgang geschlechtlicher Zeugung und haben nichts von jener asketischen Vergeistigung an sich, die eine Lebenslinie des späteren Hellenismus wurde und vor allem die Züge der wunderbaren Geburt Jesu prägte.«[6]

Mit der Krönung wurde der Herrscher in das göttliche Amt des Königs eingesetzt. Zur Krönungszeremonie gehörte, daß der König mit Wasser gereinigt und gesalbt wurde, königliche Tracht anlegte und das Amtszepter entgegennahm; außerdem wurden ihm die beiden Kronen (von Ober- und Unterägypten) aufgesetzt und seine festgelegten königlichen Namen und Titel verlesen. Der König wurde nicht mit Öl gesalbt, sondern mit dem Fett des heiligen Krokodils. Auf diesen Ursprung geht das Wort »Messias« letztlich zurück: *MeSSeH* war das altägyptische Wort für Krokodil,[7] und das Bild der beiden Krokodile erschien im Amtstitel des Herrschers, der ihm bei der Krönung verliehen wurde. Dieses Wort läßt zwei Lesarten zu – *messhee* und *messeeh* –, denn das lange Doppel-e konnte entweder am Ende oder in der Mitte des Wortes eingefügt werden.[8] Da das ägyptische *s* im Hebräischen und Aramäischen zu *sch* wird, liegt es auf der Hand, daß das biblische Wort Messias seinen Ursprung in *meschih* hat, dem altägyptischen Wort, das für eine bestimmte, rituelle Art der Salbung des Königs steht.

Das letzte entscheidende Ereignis im Leben eines Herrschers war sein Tod und seine Auferstehung: »War der Mensch durch die Krönung Teilhaber der göttlichen Sphäre geworden, so hört er … mit dem Tode auf, Angehöriger der menschlichen Sphäre zu sein.«[9] Man glaubte, von da an sei der König mit den Göttern vereint und habe an ihrer ewigen spirituellen Existenz teil. »Es äußert sich endlich in dem Werden zu Osiris, womit der König in die ewige Wesenheit dieses Gottes einging und aus anfänglicher Handlungsanalogie zwischen beiden schließlich Identität des Seins wurde.«[10]

Wenn wir also im Alten Testament lesen, daß die Israeliten auf ihren »gesalbten Messias« warteten, so kann dies nur bedeuten, daß sie auf einen König warteten, der sie regierte und einte und ihre Feinde besiegte. Wie Osiris mußte der Messias erst sterben, bevor er ein Erlöser sein konnte, und auf die Hoffnung, daß der König, der Sohn Gottes, starb und wieder auferstand, gründen seine Anhänger die Aussicht auf ein ewiges Leben an seiner Seite. Den frühen Israeliten muß diese ägyptische Denkweise fremd und inakzeptabel erschienen sein, solange ihr königlicher Messias noch nicht gelebt hatte und gestorben war. Es war der Prophet Jesaja, der erstmals den Gedanken vom Messias als Erlöser zum Ausdruck brachte, und zwar in der Gestalt des Gottesdieners, der so zum Erretter der Welt wurde – und auf genau dieser Vorstellung basiert die Rolle, die die Evangelisten Jesus zuschreiben. Allein der Gedanke, daß Christus der Erlöser ist, bestätigt, daß er sein historisches Leben bereits hinter sich hatte.

29
DIE JUNGFRAUEN-
GEBURT

Die Jungfrauengeburt ist eine Sache der Theologie. Hier beschäftigen wir uns nur mit historischen Tatsachen. Dennoch lohnt es sich, einige Fakten jener Diskussion in Betracht zu ziehen, die zu diesem Dogma der katholischen Kirche geführt haben.

Im alten Ägypten war die göttliche Geburt ein Aspekt der königlichen Geburt, und obwohl das Kind als Sohn der Gottheit galt, schloß dies nicht aus, daß es einen menschlichen Vater oder sexuelle Beziehungen zwischen den Eltern gab. Der Geist der Gottheit benutzte den physischen Körper des Königs, um ein Kind hervorzubringen. Im christlichen Glauben jedoch ist kein menschlicher Vater beteiligt: Die Mutter ist eine Jungfrau, das Kind wird durch den Heiligen Geist und ohne jede sexuelle Beziehung empfangen.

Die Kirche, die erklärt, Maria, die Mutter Jesu, sei »immer Jungfrau« gewesen, scheint übersehen zu haben, daß es in den Evangelien mehrfach heißt, sie habe auch andere Kinder gehabt (Matthäus 12,46; Markus 3,31 und 6,3; Lukas 8,19; Johannes 2,12), und an anderer Stelle, Josef »erkannte sie aber nicht, bis sie ihren Sohn gebar ...« (Matthäus 1,25). In den neutestamentarischen Schriften des ersten Jahrhunderts nach Christus wird die Geburt Jesu nirgendwo erwähnt; erst die späteren Evangelienschreiber berichten davon. Das Hauptinteresse war auf den Tod und die Wie-

derauferstehung Jesu gerichtet; so findet sich weder in der
Apostelgeschichte noch in einem der Briefe ein Bericht
über die Umstände der Geburt. Ignatius, der zu Beginn des
zweiten Jahrhunderts nach Christus Bischof von Antio-
chien war, erwähnt als erster Kirchenvater die Geburt Jesu:
»Denn unser Gott, Jesus Christus, wurde von Maria empfangen, und entsprang nach Gottes Plan dem Samen Davids und dem Heiligen Geist.«[1] Trotz der Tatsache, daß
man aufgrund der Erwähnung des »Samens Davids« einen
menschlichen Nachkommen Davids erwarten dürfte, beschrieb Ignatius Maria als Jungfrau: »Marias Jungfräulichkeit und ihre Niederkunft sind beides Ausfluß des Königs
dieser Welt wie der Tod des Herrn.«[2]

Aus den Kommentaren eines anderen Kirchenvaters, Ju-
stins des Märtyrers, aus der Mitte des zweiten Jahrhunderts nach Christus geht hervor, daß der Gedanke einer
Jungfrauengeburt in Zusammenhang mit der Erfüllung
einer alttestamentarischen Prophezeiung zu sehen ist:
»Darum wird euch der Herr von sich aus ein Zeichen
geben: Seht, die Jungfrau wird ein Kind gebären, und sie
wird ihm den Namen Immanuel (Gott mit uns) geben«
(Jesaja 7,14).

Obwohl das hebräische Wort *alma* ein Mädchen oder eine
unverheiratete Frau bezeichnet, haben die Christen ihm die
Bedeutung Jungfrau gegeben. Man hat darauf hingewiesen, daß diese Verkündigung der jungfräulichen Geburt
Jesu Teil des Versuches war, das Christentum unter den
Heiden zu verbreiten. Denn die Griechen glaubten, daß
Semele als Mensch von ihrem Hauptgott Zeus geschwängert wurde und aus dieser Zeugung Dionysos hervorgegangen sei. So wendet sich Justin der Märtyrer mit folgenden Worten an sie: »Indem wir sagen, daß das Wort ...
ohne geschlechtliche Vereinigung als Jesus Christus für

uns geboren wurde ... sagen wir nichts Neues über das hinaus [was ihr sagt über] jene, die ihr die Söhne Zeus' nennt.«[3]

Zwei der Evangelien, die im zweiten Jahrhundert nach Christus entstanden – Matthäus in der ersten Hälfte, Lukas in der zweiten –, berichten über die Geburt Jesu. Matthäus erzählt wie folgt: »... Maria, seine Mutter, war mit Josef verlobt; noch bevor sie zusammengekommen waren, zeigte sich, daß sie ein Kind erwartete – durch das Wirken des Heiligen Geistes ... Dies alles ist geschehen, damit sich erfüllte, was der Herr durch den Propheten (Jesaja) gesagt hat: Seht, die Jungfrau wird ein Kind empfangen, einen Sohn wird sie gebären, und man wird ihm den Namen Immanuel geben, das heißt übersetzt: Gott ist mit uns« (Matthäus 1,18 und 22–23).

Lukas seinerseits beschreibt, wie Maria die Nachricht von dem Kind, das sie gebären würde, durch einen Engel offenbart wurde: »... wurde der Engel Gabriel von Gott ... zu einer Jungfrau gesandt. Sie war mit einem Mann namens Josef verlobt, der aus dem Haus David stammte. Der Name der Jungfrau war Maria ... Da sagte der Engel zu ihr ... Du wirst ein Kind empfangen, einen Sohn wirst du gebären: dem sollst du den Namen Jesus geben ... Maria sagte zu dem Engel: Wie soll das geschehen, da ich keinen Mann erkenne? Der Engel antwortete ihr: Der Heilige Geist wird über dich kommen, und die Kraft des Höchsten wird dich überschatten. Deshalb wird auch das Kind heilig und Sohn Gottes genannt werden« (Matthäus 1,26–27; 30–31 und 34–35).

Im Jahre 200 nach Christus war das Christentum eine Institution geworden, der eine dreistufige Hierarchie von Bischöfen, Priestern und Diakonen vorstand. Außerdem wurde sie als katholisch, das heißt universal, bezeichnet, und ihre Mitglieder erhielten das Etikett »orthodox«, also rechtgläubig im Gegensatz zu den gnostischen Sekten, die als häretisch galten. Die Kirche stellte eine Reihe von Glaubenssätzen auf, die alle Mitglieder anerkennen mußten und zu denen auch die Aussage gehörte, Jesus Christus sei »vom Heiligen Geist empfangen« und »von der Jungfrau Maria geboren« worden.

Dieser Glaubenssatz entwickelte sich weiter, und auf dem Concilium Trullanum II im Jahre 692 nach Christus hieß es schließlich, Maria, die Mutter Jesu, sei »immer Jungfrau« gewesen: »Da die Katholische Kirche immer sowohl die Jungfrauengeburt als auch die jungfräuliche Empfängnis unseres Gesegneten Herrn gelehrt und betont hat, daß Maria immer Jungfrau war, auch nachdem sie den eingeborenen Sohn gebar, folgt daraus notwendig, daß es kein Kindbett und keinen Kindbettfluß gab.«[4] Im dreizehnten Jahrhundert erreichte dieser Gedanke dann seinen Höhepunkt in den Schriften des Thomas von Aquin und war Bestandteil der unantastbaren Überlieferungen der Kirche: »Da sie Christus ohne die Verfehlung der Sünde empfing, gebar sie ihn ohne Schmerzen, ohne Verletzung ihrer jungfräulichen Unschuld, ohne daß die Reinheit ihrer Mädchenschaft Schaden erlitt.«[5]

Die gnostischen Sekten hingegen, die nicht zur Kirche gehörten und über ganz Ägypten und die Levante verstreut lebten, hatten eine völlig andere Sicht der Dinge. Die Gnostiker strebten nach Weisheit durch Meditation und mönchisches Leben und glaubten, da der Mensch durch den Geist Gottes erschaffen wird, könne die Erkenntnis des höchsten Wesens durch innere Kanäle erreicht werden, die den menschlichen Geist befähigen, sich mit dem göttlichen Geist zu verbinden. Diese Vereinigung war für sie das »Licht«, während diejenigen, denen dies nicht gelang, in

Dunkelheit lebten. Das mönchische Leben, bei dem der Geist betont wurde und das Fleisch eine geringere Rolle spielte, brachte, so glaubten sie, den Geist der Erlösung näher. Doch die vollständige Erlösung konnte nur im Leben nach dem Tod erreicht werden, wenn der menschliche Geist sich von seinem physischen Körper befreit hatte und mit dem Geist Gottes vereinigt wurde.

Das Christentum wurde politisch gestärkt, sobald die römisch-katholische Kirche die Christen in der ganzen Welt unter einer priesterlichen Autorität vereinigen konnte und einer kanonischen Überlieferung folgte. Die Gnostiker, die bereits von den Juden und Römern verfolgt worden waren, sahen sich nun auch von der Kirche verfolgt, die ihre Lehren als häretisch betrachtete. Diese vorkatholischen Sekten hatten ihre eigenen Evangelien und andere Schriften, die vom neutestamentlichen Kanon ausgeschlossen worden waren. Doch die Kirche versuchte, sicherzustellen, daß keine dieser Schriften erhalten blieb, so daß unser Wissen über sie bis zum Ende des Zweiten Weltkriegs nahezu vollständig auf den Kritiken der Gegner des Gnostizismus beruhte.

Doch im Dezember 1945 entdeckte Mahammad Ali el-Samman, ein ägyptischer Bauer, auf dem Berg el-Tarif in der Nähe der oberägyptischen Stadt Nag Hammadi zufällig einen großen, etwa einen Meter hohen irdenen Behälter. Als er den Tonkrug aufbrach, fand er nicht, wie erwartet, den goldenen Schatz, sondern dreizehn Papyrusbücher, die er seiner Mutter gab, damit sie sie im Ofen verbrenne. Erst als der Geschichtslehrer des Ortes die mögliche Bedeutung der Manuskripte erkannte, konnten einige Texte vor den Flammen bewahrt und für die Nachwelt gerettet werden. Bei der Prüfung der erhaltenen Schriften stellte sich heraus, daß es sich um eine gnostische Bibliothek aus

zweiundfünfzig Texten handelte. Zu ihnen gehörte auch
das Evangelium des Thomas, das aus hundertvierzehn
Jesus zugeschriebenen Aussprüchen bestand, die sich
nicht im Neuen Testament fanden. Die Texte waren in
koptischer Schrift abgefaßt, der liturgischen Sprache der
ägyptischen Christen, aber eindeutig von älteren, wahrscheinlich griechischen oder demotischen Texten – der
alten Form der ägyptischen Schrift – abgeschrieben und
stammten aus dem vierten Jahrhundert nach Christus.
Diese Texte zeigten, daß die Gnostiker verschiedene Auffassungen von der Jungfrauengeburt hatten. Eine Gruppe
verwarf die Jungfrauengeburt als nicht historisch, da kein
Kind ohne ein menschliches Elternpaar empfangen werden könne. Gleichzeitig wurde hier die Mutter Jesu mit der
dritten Person der Dreifaltigkeit gleichgesetzt, die aus Gott
Vater, Gott Sohn und dem weiblichen, mütterlichen Heiligen Geist bestehe. Das Evangelium des Philippus, einer der
Nag-Hammadi-Texte, erklärt: »Christus ... wurde von einer Jungfrau geboren« (das heißt vom Heiligen Geist).
Doch der Autor verspottet jene Christen, die die Schrift
wörtlich nehmen und irrtümlich von der Jungfrauengeburt Marias, der Mutter Jesu, »ohne menschlichen Vater«
sprechen.[6]
Andere Gnostiker hielten die mystische Stille – ein Aspekt
des Wesens Gottes – für die jungfräuliche Mutter Jesu,
während eine dritte Richtung die Weisheit (die griechische
Sophia) – einen weiblichen Aspekt des höchsten Wesens –
mit der Mutter Jesu identifizierte. Die Schriftrollen vom
Toten Meer hingegen halten Gott zwar für den Vater des
Messias, erwähnen jedoch keine jungfräuliche Mutter: »In
Übereinstimmung mit dem messianischen Mahl (dem Pa-
schamahl) heißt es, daß Gott den davidischen Messias
›zeugen‹ werde. Und ein Qumran-Text, in dem es um die

Wiedererrichtung des Königtums Davids am Jüngsten Tag
geht, das heißt, um die Prophezeiung aus dem Zweiten
Buch Samuel 7,13–14 –›und ich werde seinem Königsthron
ewigen Bestand verleihen. Ich will für ihn Vater sein, und
er wird für mich Sohn sein‹ –, bezieht sich auf dieselbe
Person wie im Neuen Testament (Hebräer 1,5). Offensichtlich existiert in den Qumran-Texten bereits der Gedanke
von dem weltlichen Messias als Sohn Gottes, ›gezeugt‹
vom Vater.«[7]

Doch es gibt Hinweise darauf, daß der Gedanke der Geburt
des Messias ohne sexuelle Vereinigung seinen Ursprung
nicht in Rom, sondern im alten Ägypten hat. So soll Isis
ihren Sohn Horus empfangen haben, indem sie sich des
Phallus von Osiris, ihres Bruders und Gatten, nach dessen
Tod und Zerstückelung bediente. Diese posthumen Vor-
gänge sind auf den Mauern des Osiristempels im oberägyptischen Abydos dargestellt.

In einer späteren Entwicklung der Legende wurden deren
physische Elemente völlig beseitigt und die Schwangerschaft Isis' auf kosmische Kräfte zurückgeführt. Zauber-
spruch 148 der Grabtexte, der davon handelt, wie Isis
verkündet wird, daß sie mit Horus schwanger ist, wurde
wie folgt übersetzt: »Der Krokodilstern (MeSSeH) trifft …
Isis erwacht schwanger von dem Samen ihres Bruders
Osiris.«[8]

DIE HEILIGE FAMILIE

Im Neuen Testament gibt es zahlreiche Frauen mit dem Namen Maria, von denen zwei in einem engen Verhältnis zu Jesus stehen – seine Mutter und Maria Magdalena. Maria im Griechischen entspricht im Hebräischen Mirjam, doch die Ursprünge des Namens liegen im Alten Ägypten, wo das Wort *mery* »die geliebt wird« bedeutet.

Dieser Beiname wurde zahlreichen Mitgliedern der ägyptischen Königsfamilie verliehen, so auch Nofretete, der Mutter Tutanchamuns, und Anchesenpaaton, seiner Frau. Wie ich an anderer Stelle bereits nachgewiesen habe, ist Königin Nofretete, die Halbschwester und Frau Echnatons, mit der Mirjam des Alten Testaments, der Schwester Moses, gleichzusetzen.[1] Der Name Nofretete bedeutet »die Schöne ist gekommen«. Wie die im Berliner Ägyptischen Museum ausgestellte Büste zeigt, war sie in der Tat eine ausgesprochen schöne Frau. Außerdem weiß man, daß sie auch eine wunderbare Stimme hatte, denn sie sang die Abendgebete im Aton-Tempel in Amarna. Und in talmudischen und christlichen Überlieferungen wird die Mutter Jesu als von königlicher Abstammung beschrieben, wie etwa folgende Passage zeigt: »Sie stammte aus einem Geschlecht von Prinzen und Herrschern« (b. Sanh., 106a).

Vor der Geburt Tutanchamuns hatte sie drei Töchter geboren und danach nochmals drei. Hingegen gibt es keinerlei Zeugnisse dafür, daß sie noch weitere Söhne hatte. Archäo-

logische Funde im nördlichen Palast von Amarna legen
den Schluß nahe, daß sie dort mit ihrem Sohn Tutanchamun blieb und zunächst nicht mit ihrem Mann ins Exil
zum Sinai ging, sondern erst nach dem Tode Tutanchamuns Echnaton dorthin folgte.
Nach Nofretetes Tod schrieb man ihr viele Eigenschaften
der altägyptischen Isis, der Mutter des Gottes Horus, zu.
Echnaton hatte den Isiskult abgeschafft, und nach dem Tod
Nofretetes trat auf den Grabbeigaben in Amarna deren
Bildnis an die Stelle desjenigen der Muttergottheit. So findet man es zum Beispiel statt des Isisbildnisses auf dem
Sarkophag Echnatons. Darüber hinaus gab es in Rom Statuen, die ursprünglich Isis und ihren Sohn darstellten und
die von der Kirche als Bildnisse für Maria mit ihrem Sohn
verwendet wurden.

Die andere Maria, die anscheinend in einer emotionalen
Verbindung zu Jesus stand, war wohl eine jüngere Frau –
Maria Magdalena. Zum ersten Mal erwähnt wird sie als
namenlose Sünderin: »Als Jesus in Betanien im Haus Simons des Aussätzigen bei Tisch war, kam eine Frau mit
einem Alabastergefäß voll echtem, kostbarem Nardenöl,
zerbrach es und goß das Öl über sein Haar« (Markus 14,3).
Lukas wiederum läßt sie die Füße Jesu salben: »Und [sie]
trat von hinten an ihn heran. Dabei weinte sie, und ihre Tränen fielen auf seine Füße. Sie trocknete seine Füße mit ihrem Haar, küßte sie und salbte sie mit dem Öl«
(7,38).
Danach taucht der Name Maria Magdalenas in der Aufzählung des Gefolges Jesu auf, und sie blieb bis über seinen
Tod hinaus in seiner Nähe. Obwohl keine befriedigende
Erklärung dafür gegeben wird, war sie der Person Jesu
sowohl emotional als auch physisch sehr verbunden. Sie

blieb in der Nähe des Begräbnisplatzes, wo man ihn nach seinem Tode hingelegt hatte, und es heißt, daß sie Jesus nach dessen Auferstehung begegnete: »Jesus sagte zu ihr: Halte mich nicht fest; denn ich bin noch nicht zum Vater hinaufgegangen. Geh aber zu meinen Brüdern, und sag ihnen: Ich gehe hinauf zu meinem Vater und zu eurem Vater, zu meinem Gott und zu eurem Gott« (Johannes 20,17).

Bei dieser Maria kann es sich nur um Anchesenpaaton, Tutanchamuns Königin, handeln. Im Grab des Königs wurden Ölgefäße aus Alabaster gefunden, und auf der Rückenlehne des königlichen Throns befindet sich eine Darstellung, auf der sie ihn mit Öl salbt, genauso wie es von den Evangelisten beschrieben wird. Darüber hinaus hat man noch vier weitere Gegenstände im Grab gefunden, auf denen das Paar in gelöster Haltung und romantischen Szenen gezeigt wird.[2] Ganz offensichtlich stand die Königin Tutanchamun sehr nahe, und ähnlich wird Maria Magdalena in den Evangelien beschrieben.

Der Beiname »Magdalena« ist damit erklärt worden, daß sie aus der Stadt Magdala, einem nicht identifizierten Ort am Westufer des Sees von Galiläa, stammte. Andererseits wissen wir aus biblischen wie auch aus ägyptischen Quellen, daß es Orte mit diesem Namen zur Zeit Tutanchamuns gab. Das hebräische Wort *migdol* bedeutet Wachturm und weist auf eine befestigte Stadt hin. Einem Bericht zufolge existierte solch eine Stadt als zweiter Militärposten östlich von Zarw an der Horus-Straße, die von Ägypten nach Gaza führte. Dieser Ort ist auch auf der Straßenkarte Sethos' I. in der Großen Säulenhalle in Karnak zu sehen und wird in vielen ägyptischen Texten erwähnt. Seine abseitige Lage im Ostdelta geht zudem aus einer Bibelstelle hervor: »… Ich mache Ägypten zum dürren Ödland, zur Wüste

von Migdol (der nördlichsten Grenzfestung Ägyptens) bis
Syene und bis an die Grenzen von Kusch« (Ezechiel 29,10).
Abgesehen von einem Besuch in Jerusalem mit zwölf Jahren (Lukas 2, 42–43), erfahren wir in den Evangelien nichts
über die Kindheit Jesu. Zwei Evangelisten erwähnen, wie
wir gesehen haben, nicht einmal seine Geburt. Dennoch
gibt es keinen Grund, anzunehmen, daß er sich in dieser
Zeit nicht verheiratet haben könnte. Die Evangelisten waren im wesentlichen daran interessiert, seine Lehren und
seine Botschaft zu vermitteln und nicht Einzelheiten aus
seinem persönlichen Leben. Selbst das Leben seiner Mutter
blieb weitgehend ausgeblendet. Doch dies bedeutet nicht,
daß es nichts darüber zu berichten gab, sondern weist
lediglich darauf hin, daß es den Rahmen der Evangelien
sprengte. Der Bericht des Johannes über Maria Magdalena
und die Auferstehung hingegen ist in der Tat zutreffend.
Anchesenpaaton, sowohl Gattin als auch Königin Tutanchamuns, konnte als einzige Person den Begräbnisriten
für ihn beiwohnen, miterleben, wie die Priester während
des Mumifizierungsrituals erklärten, er sei von den Toten
auferstanden, und so die Nachricht an die Anhänger wei-
tergeben. Die Tatsache, daß die Jünger Jesu aus der Zeit
Johannes des Täufers diejenigen sind, die in den Evangelien erwähnt werden, bedeutet nicht, daß der historische
Jesus zu Lebzeiten keine Jünger hatte. Von seinen Lebzeiten an gab es in jeder Generation eine Gruppe von Anhängern und Jüngern, die das Gedächtnis an ihn bewahrten
und seine Lehren lebendig hielten, bis sie durch den Tod
Johannes des Täufers an die Öffentlichkeit gebracht wurden. Die ersten zwölf könnten seine Staatsbeamten gewesen sein.
Hatte Tutanchamun Kinder? Da man in seinem Grab zwei
für weiblich gehaltene Föten gefunden hat, liegt die Ver-

mutung nahe, daß Anchesenpaaton zwei Kinder verlor. Auf einer Steinplatte, die man in Aschmunain bei Amarna auf der anderen Seite des Flusses fand, wird eine kleine Tochter erwähnt, die den Namen ihrer Mutter trug und nur Tutanchamun gehören konnte. Aus Zeugnissen über diplomatische Beziehungen mit dem Königreich der Hethiter in Kleinasien wissen wir, daß Tutanchamun ohne Erben starb: »Tutanchamun starb ohne [männlichen] Nachkommen, was mit der Aussage« seiner Witwe »übereinstimmt, daß sie keinen Sohn hatte, der auf den Thron hätte folgen können.«[3]

* * *

In den Evangelien gibt es zwei Personen, die den Namen Josef tragen. Die eine wird als Tischler bezeichnet, der aus dem Hause Davids stammt und der Stiefvater Jesu ist. Doch von den vier Evangelisten erwähnen nur Matthäus und Lukas diesen Josef, der noch vor dem öffentlichen Auftreten Jesu von der Bildfläche verschwindet und von dessen weiterem Schicksal wir nichts erfahren. Die zweite Person dieses Namens ist Josef von Arimatäa, der als reicher, angesehener Mann und als Jünger Jesu beschrieben wird. Er taucht nach der Kreuzigung Jesu plötzlich auf, um den Leichnam zu fordern und ihn zu begraben. Ich glaube, daß die beiden ein und dieselbe Person sind – nämlich Eje, Tutanchamuns Großonkel, Wesir und Nachfolger, den ich als Efraim, den Sohn des Patriarchen Josef identifiziert habe.

Das Verschwinden des ersten Josef, das völlig unerklärt bleibt, paßt nur zu gut zu dem plötzlichen Auftauchen des zweiten Josef: »Gegen Abend kam ein reicher Mann aus Arimatäa namens Josef; auch er war ein Jünger Jesu. Er

ging zu Pilatus und bat um den Leichnam Jesu ... Josef
nahm ihn und hüllte ihn in ein reines Leinentuch. Dann
legte er ihn in ein neues Grab, das er für sich selbst in einen
Felsen hatte hauen lassen ...« (Matthäus 27, 57–60). Markus gibt uns ein wenig mehr Informationen über
ihn: »... ging Josef von Arimathäa, ein vornehmer Rats-
herr, der auch auf das Reich Gottes wartete, zu Pilatus und
wagte es, um den Leichnam Jesu zu bitten ... Josef kaufte
ein Leinentuch, nahm Jesus vom Kreuz, wickelte ihn in das
Tuch und legte ihn in ein Grab, das in einen Felsen gehauen
war« (15,43 und 46). Aus diesen Textpassagen erfahren
wir, daß Josef am Abend des Todes Jesu auftauchte ... ein
Jünger Jesu war ... außerdem zur israelitischen Führungs-
schicht gehörte ... genügend Autorität hatte, um die Herausgabe des Leichnams zu fordern und ihn auch zu bekommen ... auf das – nahe – Reich Gottes wartete.
Diese geheimnisvolle Figur hat viel mit Eje gemeinsam, der
ebenfalls Autorität besaß und sich dem Königreich nahe
fühlte. Sieht man diese Textpassagen in Verbindung mit
der Aussage bei Jesaja, daß man dem Gottesknecht »bei
den Ruchlosen sein Grab [gab], bei den Verbrechern seine
Ruhestätte«, so kann man daraus schließen, daß Eje nach
dem Tod Tutanchamuns am Fuß des Berges Sinai dessen
Leichnam nahm und ihn in einem Grab bestattete – in dem
ersten Grab, nicht in dem späteren, das Haremhab usur-
pierte –, das ursprünglich nicht für Tutanchamun gedacht
war, sondern für Eje selbst, und aus einem Felsen im
Tal der Könige herausgehauen war. Die archäologische Funde untermauern diese Auffassung. Natürlich gibt
es keinen Zweifel, daß Eje selbst die Bestattung des jungen
Königs beaufsichtigte: »König Eje, Tutanchamuns Nachfolger, bestattete unseren Monarchen, denn dort, an den
Innenwänden der Grabkammer Tutanchamuns, hat Eje als

König veranlaßt, daß er selbst in den religiösen Szenen
dargestellt wird, dienend vor Tutanchamun, eine Szene,
die in den Königsgräbern dieser Nekropole ohne Vorbild
ist.«[4]

31
DER VERBORGENE

Die Verehrung Atons – eines höchsten, monotheistischen Gottes, der sich seinem Volk nicht sichtbar zeigte – war eine höchst intellektuelle Angelegenheit, die sowohl den ägyptischen als auch den israelitischen Massen des vierzehnten Jahrhunderts vor Christus völlig fremd blieb. Die Schließung der Tempel der alten ägyptischen Götter rief außerdem überall Widerstand hervor, so daß Eje – Echnatons (Moses) Onkel und Wesir, Befehlshaber der Wagenlenker, Oberstallmeister des Königs und Anführer der Bogenschützen – Echnaton vor einer Verschwörung gegen ihn und einer möglichen Rebellion des Heeres warnte, wenn er nicht die Anbetung der alten Götter neben Aton erlaubte.

Als Echnaton dies verweigerte, riet Eje ihm, sich in den Sinai zu retten, während er selbst – der mächtigste Mann Ägyptens – zurückblieb, um als starke militärische Kraft den Thron des Nachfolgers Tutanchaton zu schützen. Der junge König war zehn Jahre alt, als er 1361 vor Christus den Thron bestieg, und er nahm seine Schwester Anchesenpaaton zur Frau, die zwei Jahre älter als er und die dritte Tochter Echnatons war. Seine neunjährige Herrschaft auf dem ägyptischen Thron kann in vier Stadien eingeteilt werden.

In den ersten vier Jahren lebte er weiterhin in Amarna, der von seinem Vater erbauten Hauptstadt. Doch er beendete alle Bemühungen, die Anbetung des Aton bei seinen Un-

tertanen durchzusetzen. Nofretete, die zumindest zu dieser Zeit ihren Gatten nicht ins Exil in den Sinai begleitete,
sondern weiterhin mit ihren Kindern im nördlichen Palast
von Amarna lebte, wurde immer noch als »Große Königs-
gemahlin« bezeichnet, womit unterstrichen wurde, daß
Echnaton noch lebte und, zumindest von einigen Anhängern, als König betrachtet wurde. In dieser Zeit begann der
junge König mit Bauaktivitäten in Theben, wobei er »… die
älteren, von Echnaton erbauten [Aton-]Tempel erweiterte … und Echnaton lobend erwähnte«. Daß Echnaton zu
dieser Zeit noch lebte, wird durch die Tatsache bestätigt,
daß »die Strenge des alten Monotheismus« beibehalten
wurde.[1] Außer dem Namen Aton taucht keiner der alten
Götter Ägyptens bei diesen baulichen Veränderungen in
Theben auf.

Im zweiten Stadium seiner Herrschaft, etwa in seinem
vierten Regierungsjahr, verlegte der junge, nun etwa fünfzehn Jahre alte König seine Residenz von Amarna nach
Memphis südwestlich des heutigen Kairo. Zu diesem Zeitpunkt ließ er auch die Tempel der alten Götter Ägyptens
wieder öffnen und erlaubte die Anbetung der alten Götter
neben der des Aton. Die allgemeine Reaktion darauf zeigte
ihm, daß die Mehrheit seines Volkes seine eigenen Glau-
bensüberzeugungen nicht teilte. Daher änderte er im dritten Stadium seiner Herrschaft – in Anerkennung des
Reichsgottes Amun – seinen Namen und nannte sich von
nun an nicht Tutanchaton, sondern Tutanchamun, und
seine Königin hieß von nun an Anchesenpaamun. Die
Priesterschaft wurde offiziell anerkannt, es gab wieder
Tempeleinnahmen, und es wurden Arbeiten an den Tempeln vorgenommen, um die Verwüstungen durch die Zeit
der Vernachlässigung wieder rückgängig zu machen. Eine
Königssäule in Karnak enthält den offiziellen Erlaß für

diese Reformen: »Nun erschien Seine Majestät als König zu
einer Zeit, da die Tempel der Götter und Göttinnen von
Elephantine bis hin zu den Deltasümpfen in Ruinen lagen
und ihre Schreine verfallen waren. Sie hatten sich in [von]
Unkraut überwucherte Steinhaufen verwandelt, als ob die
Heiligtümer niemals existiert hätten.«[2] Hier finden wir
eine ähnliche Klage wie die Jesu angesichts des Zustands
des Jerusalemer Tempels.

Tutanchamun, der Herrscher über ganz Ägypten, galt als
der Stellvertreter des Amun von Theben, des Re von Heliopolis, des Ptah von Memphis und aller anderen Gottheiten. Trotzdem blieb der König selbst bis zu seinem Ende
Anhänger des Aton. Dies geht aus einer Darstellung auf
der Rückenlehne des in seinem Grab gefundenen Throns
hervor. Die Rückenlehne – Holz mit Gips, Gold- und Sil-
berfolie belegt und mit Einlagen aus buntem Glas und
Keramik – zeigt den König und die Königin in einer inti-
men Szene. Beide tragen die Krönungskrone und Silber-
schmuck. Die stehende Königin salbt den sitzenden König
mit Riechöl aus einem Gefäß, das sie in der linken Hand
hält.

Obwohl aus einer der Kartuschen hinter der Krone des
Königs deutlich hervorgeht, daß er den Thron erst nach
seiner Namensänderung benutzte, ist offensichtlich, daß er
immer noch dem Aton-Glauben anhing. Denn in der oberen Mitte sieht man das Symbol Atons mit den weit ausla-
denden Strahlen, die dem königlichen Paar den *anch*, den
ägyptischen Lebensschlüssel, geben. Aton wird hier als der
alleinige Gott dargestellt, seine zwei Kartuschen für den
herrschenden König des Universums bestimmen die Szene. Howard Carter war überrascht, als er dies sah: »Es ist,
gelinde gesagt, merkwürdig, daß ein Gegenstand mit so
deutlichen Zeichen … hier, in der Hochburg des Amun-

Glaubens ... öffentlich ins Grab gelegt wurde ... Es hat den Anschein, daß Tutanchamuns Rückkehr zum alten Glauben nicht völlig aus Überzeugung geschah.«[3] Dies wird durch einen Text bestätigt, den man auf anderen Gegenständen der Grabausstattung fand und der – nachdem einige der wichtigen ägyptischen Gottheiten erwähnt wurden – mit der Feststellung endet, daß Tutanchamun der »älteste Sohn des Aton im Himmel« war.[4]

Der Namenswechsel Tutanchamuns wird auch in biblischen Quellen bezeugt, in denen es um Christus geht. Im Buch Jesaja gibt es drei Hinweise auf Immanuel: »Darum wird euch der Herr von sich aus ein Zeichen geben: Seht, die Jungfrau wird ein Kind empfangen, sie wird einen Sohn gebären, und sie wird ihm den Namen Immanuel geben« (7,14). Die Meinungen darüber, was dieser Name bedeutet, gehen auseinander. Nach jüdischer Auslegung weist er nicht auf den Messias hin, ja stellt noch nicht einmal einen Eigennamen dar. Die Schriftrollen vom Toten Meer hingegen zeigen, daß die Essener von Qumran die Bezeichnung als Namen betrachteten.[5] Auch der Evangelist Matthäus hielt das Wort Immanuel für einen Namen, und zwar für ein Synonym für Jesus: »Dies alles ist geschehen, damit sich erfüllte, was der Herr durch den Propheten gesagt hat: Seht, die Jungfrau wird ein Kind empfangen, einen Sohn wird sie gebären, und man wird ihm den Namen Immanuel geben, das heißt übersetzt: Gott ist mit uns« (1,22–23). Zu dieser Übersetzung kommt man, indem man das Wort in zwei Teile zerlegt – Imma-nu (mit uns) und El (Elohim, Gott). Diese Lesart ist zwar denkbar, doch ist hier wohl eine andere beabsichtigt: Imman-u (sein Amun) El (ist Gott). Diese Interpretation ist auch deshalb möglich, weil der amerikanische Bibelwissenschaftler Abraham Yahuda ge-

zeigt hat, daß das hebräische *ayain*, der erste Buchstabe des
Wortes Immanuel, dem ägyptischen *aleph*, dem ersten
Buchstaben des Wortes Amun, entspricht.[6]
Diese Bedeutung wird durch eine Prüfung des ursprünglich hebräischen Jesaja-Texts bestätigt, in dem mit dem
doppelten Sinn des Wortes gespielt wird. Das ägyptische
Wort *amun* ist der Name des Reichsgottes, bedeutet aber
auch »verborgen« oder »ungesehen«; das hebräische Wort
alam bedeutet ebenfalls »verbergen« oder »verhüllen«. Jesaja verwendet in dem Vers über die Geburt Immanuels
das Wort *alma*, die weibliche Form von *alam*. *Alma* kann
nun als »ein junges Mädchen« oder »Jungfrau«, aber auch
als »die Verborgene« übersetzt werden. Der Grund dafür,
daß sowohl die Essener als auch die frühen Christen diesen
Vers beharrlich auf den Messias bezogen, liegt darin, daß
sie das Wort korrekt in dem Sinne interpretierten, wie
Jesaja es verwendete – um auf einen weiblichen Aspekt der
verborgenen Kraft Gottes hinzuweisen. Deshalb insistierte
auch die Kirche auf die Jungfräulichkeit der Mutter, denn
es handelt sich nicht um eine menschliche Mutter, sondern
um Gott, der als Gott Vater, Gott Mutter und Gott Sohn
begriffen wird. Zur Verdeutlichung möchte ich an dieser
Stelle eine wörtliche Übersetzung des hebräischen Textes
zitieren: »Daher gibt sich Adonai (der Aton) euch zum
Zeichen. Siehe, Alma (die Verborgene) empfängt, ein Sohn
wird geboren, und sie (die Verborgene) nannte ihn Amun-
u-el (sein Verborgener ist Gott).«[7] Das Wort Amun wurde
hier also verwendet, um einen Aspekt des »verborgenen«
Adonai zu benennen. Außerdem zeigen die von Jesaja
verwendeten Wörter, daß die Geburt bereits stattgefunden
hatte, als er sie schrieb.
Obwohl Matthäus – wie andere christliche Schriftsteller
auch – der Ansicht ist, Immanuel sei ein Synonym für Jesus,

gibt es dafür bisher noch keine eindeutige Erklärung. Erst bei der Überprüfung des Lebens Tutanchamuns, des historischen Christus, wird die Bedeutung klar – und auch der Ursprung des Wortes »Amen«, mit dem das jüdische, islamische und christliche Gebet endet.

Der vierte und letzte Abschnitt der Regierungszeit Tutanchamuns umfaßt das Jahr neun seiner Regierung, als er nach Sinai zog und Echnaton und sein Gefolge davon zu überzeugen suchte, nach Ägypten zurückzukehren. Sie sollten dort in Frieden leben können, wenn sie die von ihm vorgenommenen Reformen der Religion akzeptierten, während andere Völker ihrer jeweiligen Form der religiösen Verehrung nachgingen. Seine Versuche, Moses und seine Priester – während die Israeliten noch in Goschen waren – zur Rückkehr nach Ägypten und zum friedlichen Zusammenleben mit Menschen anderen Glaubens zu bewegen, die sie als Feinde betrachteten, spiegeln sich im fünften Kapitel des Matthäus-Evangeliums wider, in dem die Bergpredigt Jesu geschildert wird: »Selig, die Frieden stiften; denn sie werden Söhne Gottes genannt werden … Denkt nicht, ich sei gekommen, um das Gesetz und die Propheten aufzuheben. Ich bin nicht gekommen, um aufzuheben, sondern um zu erfüllen … Schließ ohne Zögern Frieden mit deinem Gegner … Ihr habt gehört, daß zu den Alten gesagt worden ist: Auge für Auge und Zahn für Zahn. Ich aber sage euch: Leistet dem, der euch etwas Böses antut, keinen Widerstand, sondern wenn dich einer auf die rechte Wange schlägt, dann halt ihm auch die andere hin … Ihr habt gehört, daß gesagt worden ist: Du sollst deinen Nächsten lieben und deinen Feind hassen. Ich aber sage euch: Liebt eure Feinde und betet für die, die euch verfolgen … damit ihr Söhne eures Vaters im Himmel werdet.«

Und auch in dem anschließend folgenden »Gebet des
Herrn« läßt sich das Anliegen Tutanchamuns, der über
zwei durch Rasse und Religion getrennte Völker herrschte,
nachempfinden. Doch anstatt daß seine Bitten erhört wurden, wurde er angeklagt, den Glauben verraten zu haben
– und getötet.

32
BEWEISE AUS DEM GRAB

Daß Tutanchamun durch Gewalt ums Leben kam, beweist der Zustand seiner Mumie, die erstmals 1925 von dem Pathologen Douglas E. Derry untersucht wurde. Doch damals handelte es sich lediglich um eine optische Prüfung, und Derry sah sich nicht in der Lage, eine Stellungnahme zur Todesursache abzugeben: »... sichtbare Zeichen an den äußeren Körperteilen als Ergebnis der Todesursache [gab es] überraschend wenige.«[1]

Eine gründlichere Untersuchung, unter anderem mit Hilfe von Röntgenstrahlen, wurde im Jahre 1968 von R. G. Harrison, Professor für Anatomie an der Universität von Liverpool, und A. B. Abdalla, Professor für Anatomie an der Universität Kairo, durchgeführt. Sie berichteten: »Als die Bandagen um die Überreste entfernt wurden, war sofort zu erkennen, daß die Mumie nicht aus einem Stück bestand. Kopf und Hals waren vom Rest des Körpers getrennt, und die Glieder waren vom Torso abgeschnitten ... Der Harzimprägnierung entströmte ein süßlicher Geruch, der sich bald in der ganzen Grabkammer ausbreitete und uns bei den weiteren Untersuchungen ständig begleitete. Wir stellten fest, daß die Gliedmaßen an mehreren Stellen gebrochen und vom Körper abgetrennt waren. Der rechte Arm war am Ellenbogen gebrochen, der Oberarm war von Unterarm und Hand getrennt ... Der linke Arm war am Ellenbogen gebrochen, außerdem am Handgelenk ... Das linke Bein war am Knie gebrochen. Das rechte Bein war intakt ...

Die Köpfe des rechten Humerus [Oberarmknochen] und
beide Femora [Oberschenkelknochen] waren vom Rest des
Knochens abgebrochen worden ... Kopf und Hals waren
am Verbindungsglied zwischen siebtem Hals- und erstem
Brustwirbel vom Torso abgetrennt.«[2]

Weiter heißt es in dem Bericht: »Das Gesichtsgewebe ist
über dem Schädel zusammengezogen, so daß die Wangen-
knochen stark hervortreten«[3] ... »Die Zähne sind fest zu-
sammengepreßt«[4] ... »Die Röntgenaufnahmen des Brust-
korbs zeigten, daß das Brustbein und der größte Teil der
Rippen im vorderen Teil der Brust entfernt worden waren.«[5] Das Alter zum Zeitpunkt des Todes wird auf etwa
achtzehn Jahre geschätzt, und die Körpergröße auf etwa
1,69 Meter: »Es ist interessant, daß die Größe der beiden
Statuen des jungen Königs, die an beiden Seiten der versie-
gelten Tür zur Grabkammer standen, nur um wenige Mil-
limeter von der oben geschätzten Größe abweicht.«[6] Die
Untersuchung bestätigte auch das vornehme Aussehen,
welches sich in der Goldmaske widerspiegelt: »Alles, was
von den Überresten des Königs sichtbar war, stimmte mit
Howard Carters Beschreibung überein, in der von einem
›vornehmen und gebildeten Gesicht‹ und einem ›heiteren
und gelassenen Ausdruck‹ die Rede ist.«[7]

Bei der Untersuchung gab es keinerlei Beleg für eine
Krankheit als Todesursache, und aus dem Zustand der
Überreste Tutanchamuns ist klar ersichtlich, daß er keines
natürlichen Todes starb, sondern schwerer körperlicher
Folter ausgesetzt und anschließend erhängt wurde.

Der Hauptvorwurf gegen den historischen Jesus gründete
sich auf seine Behauptung, »der Sohn von Re« – einer
ägyptischen, nicht einer israelitischen Gottheit – zu sein.
Dieser Titel war in die Säule des Königs eingraviert, die

man 1905 im Tempel von Karnak entdeckte[8], und er wirft
ein Licht auf die im Talmud geäußerte Ansicht, Jesus, der
Sohn Marias, sei auch der Sohn einer Person namens Pandira. Da Pandira kein hebräisches Wort ist, sind verschiedene Erklärungen seines Ursprungs angeboten worden.
Während die Evangelien Jesus mit einem göttlichen Vater
in Verbindung bringen, der nicht der Ehemann seiner Mutter war, behaupten die talmudischen Erzähler, er habe
keinen Vater gehabt und sei aus einer ungesetzlichen Verbindung zwischen seiner Mutter und Pandira hervorgegangen. Es ist sogar die Vermutung aufgestellt worden,
Pandira könne ein römischer Soldat gewesen sein, der eine
Liebesaffäre mit Maria hatte.
In Wahrheit aber ist das Wort Pandira schlicht und einfach die hebräische Form eines alten ägyptischen Beina-
mens für den König. Daß die Rabbinen an dem Wort
festhielten, ohne seine Bedeutung zu kennen, bestätigt nur
seine Echtheit. Im Hebräischen lautet das Wort Pa-ndi-ra.
Im Ägyptischen, also in der ursprünglichen Version, heißt
es Pa-ntr-ra oder Pa-neter-ra, der Gott Re. »Sohn von Re«
war eine wichtige Bezeichnung für alle ägyptischen Könige
von der Zeit der Erbauer der Pyramiden in der Vierten
Dynastie an, also siebenundzwanzig Jahrhunderte vor der
christlichen Zeitrechnung. So konnte Jesus durch diese alte
ägyptische Tradition als ägyptischer König identifiziert
werden.
Die Verschleierung der Umstände des Versöhnungstags,
die wir an früherer Stelle untersucht haben, weist auch
darauf hin, daß die Person, die am Berg Sinai an dem Tag
umgebracht wurde, als Jesus starb, ein ägyptischer König
war – und, was noch entscheidender ist, ein König, dessen
Vater noch lebte. Nachdem der Versöhnungstag vom Paschafest losgelöst worden war, bot er nicht nur die Gele-

genheit für allgemeine Reue: An die Stelle des Messias als
Opfer tritt nun ein Feind der Israeliten, und der Herr ist der
Verursacher des Todes, nicht derjenige, der sein Leben
lassen mußte: »... als der Herr alle Erstgeborenen in Ägypten erschlug, vom Erstgeborenen des Pharao, der auf dem
Thron saß ...« (Exodus 12,29).
Diese Passage ist bisher falsch gedeutet worden. Wenn nur
der Erstgeborene eines regierenden Pharaos erschlagen
worden wäre, wäre es nicht notwendig gewesen, die Worte
»der auf dem Thron saß« hinzuzufügen. Die Pharaonen
hatten per definitionem den Thron inne, so daß dieser
Satzteil eigentlich überflüssig war, es sei denn, es gab noch
einen anderen Pharao, der nicht auf seinem Thron saß.
Während der Erzähler über ein historisches Ereignis berichtete, versuchte er, durch die Art und Weise der Darstellung die wahre Identität des Opfers, des herrschenden Pharaos jener Zeit, zu vertuschen. Und um noch
weitere Verwirrung zu stiften, führt der Bibelredakteur
in der nächsten Passage des Buches Exodus noch einen
dritten Pharao ein – den Pharao, der die Israeliten unter-
drückt. Doch der Pharao kann keinen Erben gehabt haben,
der zu dieser Zeit ganz plötzlich starb, denn es gibt keinerlei historische Quellen, die ein derartiges Ereignis erwähnen.

Howard Carter berichtete, er habe im Grab Tutanchamuns
zahlreiche Zeugnisse gefunden, die eine Verbindung zu
späteren christlichen Überzeugungen und Riten nahelog-
ten.
Dazu gehörten unter anderem einige persönliche rituelle
Gegenstände – zwei Festtagskleider und ein Paar Handschuhe –, die denjenigen gleichen, die später von der rö-
misch-katholischen Kirche verwendet wurden: »Die bei-

den Kleider, die ich Festtagskleider genannt habe, erinnern an die offiziellen Gewänder in der Art, wie sie Priester tragen, wie zum Beispiel die Dalmatika, die von den Diakonen und Bischöfen der christlichen Kirche oder von Königen und Kaisern bei der Krönung getragen werden ... Sie haben die Form eines langen, weiten Gewandes, sind reich mit Gobelinarbeiten geschmückt und haben einen Saum an beiden Enden. Zu diesem Schmuck kommt bei dem einen noch ein breiter gestickter Rand am unteren Ende hinzu, der mit Palmen und Pflanzen und Tieren aus der Wüste gemustert ist. Die Öffnungen am Hals und an der Brust sind ebenfalls mit gewebten Mustern verziert. Eines der Gewänder ist vollständig schmucklos ... und hat enge Ärmel wie das Meßgewand; bei dem anderen sind auf der ganzen Fläche bunte Rosetten und auf der Brust Blumen und Kartuschen zu finden, auf dem Kragen ist ein Falke mit ausgebreiteten Flügeln und auf der Vorderseite von oben nach unten der Titel des Königs eingewebt ...

Vielleicht wurden sie zu besonderen Gelegenheiten getragen ... und ... waren ein Symbol der Freude ganz ähnlich wie die Dalmatika, die dem Diakon bei der heiligen Messe angelegt wird, während die folgenden Worte wiederholt werden: Der Herr möge dich mit dem Mantel der Freude und dem Gewand des Frohlockens bekleiden. Außerdem hatten diese Kleider möglicherweise denselben Ursprung wie die römischen, von denen die liturgischen Gewänder – die Dalmatika – der christlichen Kirche abstammen.«[9]

Die Handschuhe waren nach den Aussagen Carters in einem weitaus besseren Zustand, »sorgfältig zusammengefaltet und ebenfalls aus in Gobelintechnik gewebtem Leinen. Sie sollten möglicherweise mit den Gewändern

zusammen getragen werden (ein römisch-katholischer Bischof trägt beim Pontifikalamt ebenfalls Handschuhe –
sowie Tunika und Dalmatika unter seinem Meßgewand),
sind ähnlich gewoben mit einem glänzenden Schuppen-
muster und haben am Handgelenk einen Saum, auf dem
abwechselnd Lotusknospen und -blüten dargestellt
sind.«[10]

Darüber hinaus wurden noch weitere Objekte gefunden,
die Ähnlichkeiten mit den späteren christlichen Überzeugungen und Praktiken aufwiesen: »Es gab auch eine Reihe
von Straußenfedern, die an die Fächer erinnern, die noch
bei der päpstlichen Prozession in Rom üblich sind, wie bei
der eucharistischen Prozession Seiner Heiligkeit des Pap-
stes im Juli 1929 zu sehen war. Diese Wedel wurden wie
die päpstlichen Fächer bei den Prozessionen des Pharao
von Dienern getragen oder neben dem Thron gehalten. Sie
tauchen immer entweder an einer Seite des Königs oder
unmittelbar hinter ihm auf.«[11]

Das strahlende Gesicht, das wir aus den biblischen Berichten über die Verklärung Christi auf dem Berg kurz vor
seinem Tod und auch von Mose kennen, als er zum zweitenmal mit den Zehn Geboten vom Berg Sinai hinabsteigt,
wird auch Tutanchamun zugeschrieben, und zwar auf
einem Gegenstand in seinem Grab.

Auf einem königlichen Zepter, das in Zusammenhang mit
Opfern gebraucht wurde, findet sich folgender Text: »Der
Schöne Gott, geliebt, leuchtenden Gesichts wie Aton, der
scheint … Tutanchamun.«[12] Auf einer mit Gold belegten
Kleinfigur aus Holz war »der König als junger Kriegerho-
rus auf einem Floß aus Rohr dargestellt, der das Taifuntier
tötet, möglicherweise das altägyptische Vorbild des Heiligen Georg mit dem Drachen in der christlichen Zeit. Sie
gehörte zu einem Figurenpaar, das sich in einem schwar-

zen, schreinartigen Kästchen befand und sorgfältig in Leinen eingewickelt war.«[13]

Außerdem fand man einen dreiarmigen Leuchter, das Symbol der Dreifaltigkeit: »... ein wunderbarer dreiarmiger Leuchter in Blumenform, der aus einem einzigen Block durchsichtigen Kalkspats herausgearbeitet war. Er besteht aus drei lotosförmigen Ölgefäßen, wobei Stengel und Lotosblätter aus einem runden Sockel entspringen.«[14] Das Grab enthielt auch Früchte und Samen des Christusdorns, eines dem Weißdorn ähnlichen Baumes, der im Alten Ägypten beheimatet ist und aus dem Nahrung, Medizin und Holz gewonnen wurden. Darüber hinaus soll er auch religiöse Bedeutung gehabt haben. Angeblich wurde auch die Dornenkrone Christi aus diesem Baum gemacht: »Die Soldaten flochten einen Kranz aus Dornen; den setzten sie ihm auf ...« (Johannes 19,2).

Howard Carter nahm fälschlicherweise an, Tutanchamun sei im Frühjahr beigesetzt worden.[15] Da jedoch der Vorgang der Mumifizierung siebzig Tage dauerte, würde dies bedeuten, daß er im Winter gestorben war. Die im Grab gefundenen Beigaben aus der Botanik hingegen belegen, daß er im Frühjahr gestorben und im Sommer beigesetzt worden sein muß. Es handelt sich zum größten Teil um Frühlingsblüten und -früchte – kleine Pikrisblumen, Kornblumen, Alraunfrüchte, Waldnachtschattenbeeren –, die zu Kränzen gewunden auf dem zweiten und dritten Sarg lagen. Die Alraunfrüchte und die Nachtschattenbeeren waren nur verwendbar, wenn sie zuvor getrocknet wurden. Dies wird auch deutlich an dem Kragen auf dem dritten Sarg, wo die Alraunfrüchte zunächst halbiert getrocknet und zusammen mit blauen Perlen auf den Kragen geheftet wurden. Darüber hinaus blüht die bei diesen Kränzen verwendete blaue Wasserlilie erst im Sommer.

Tutanchamun starb höchstwahrscheinlich im April, also zur selben Zeit wie Christus.

An anderer Stelle im Tal der Könige gefundene Zeugnisse werfen ein Licht auf die Geschichte von den drei Weisen im Matthäus-Evangelium, die aus fremden Ländern kamen, um Geschenke für den neugeborenen König zu bringen und ihm ihre Ehrerbietung zu erweisen. Die Geschichte hat einen ägyptischen Ursprung. Während der Zeit des Reiches, als Ägypten den größten Teil Westasiens sowie Nubien und einen Teil des nördlichen Sudan unter Kontrolle hatte, waren derartige Besuche und Geschenke üblich.

In einem Raum nördlich des Grabes von Haremhab im Tal der Könige wurde eine Schachtel gefunden. Sie enthielt mehrere Stücke Goldfolie mit dem Namen Tutanchamuns und Ejes – Hinweise, die schließlich zur Entdeckung des Grabes des jungen Königs führten und auf die Quelle der Geschichte von den drei Weisen hindeuteten. Eines der Goldfolienstücke zeigte auf der linken Seite die beiden königlichen Kartuschen Ejes. Auf der rechten Seite stehen ihnen drei Fremde gegenüber, die in einer Haltung der Verehrung vor dem Namen des Königs die Arme erheben.

»Der erste hat einen großen Bart und dichtes, auf die Schultern fallendes Haar; seine Kleidung ist mit einem gesprenkelten Muster versehen, das oben Kreise und unten Rechtecke bildet; der Umhang und der breite Gürtel sind ebenfalls mit einer Verzierung versehen. Es handelt sich hierbei um einen typischen Vertreter der Syrer von der Mittelmeerküste.

Der zweite hat in Schichten übereinander geordnetes Haar, das von einer Feder gekrönt wird, der Kragen schmiegt sich eng an den Hals an, das Tuch ist über die Brust gelegt,

und das Gewand fällt in geraden Falten herab. Bei ihm
handelt es sich zweifellos um einen Schwarzen aus dem
Sudan.
Der dritte trägt einen spitz zulaufenden Bart; in seinem
wallenden Haar sind zwei große Federn befestigt; ein weiter Mantel hüllt den Körper ein, wobei aber die Extremi-
täten nackt sind. Dies ist die Art und Weise, wie in den
Gräbern der Könige und auf anderen ethnologischen Bild-
nissen die ... weißhäutigen Rassen des Nordens, Libyer von Marmarika und Bewohner der Mittelmeerinseln dargestellt werden. Es handelt sich hier also um eine
Darstellung der drei biblischen Völker Sem, Ham und
Jafet.«[16]
Hierin ist also der Ursprung der drei Weisen zu sehen, die
die verschiedenen Völker der damals bekannten alten Welt
repräsentierten.

Auf welche Art und Weise Jesus auch immer hingerichtet
wurde, vom theologischen Standpunkt aus betrachtet litt
er am Kreuz. Das römische Kreuz war lediglich ein Instru-
ment zur Bestrafung. Es ist jedoch bekannt, daß die alten
Ägypter das Kreuz (*anch*) als Symbol des Lebens betrachteten. Für Echnaton, der einem monotheistischen Glauben
anhing, war das Kreuz ein wesentliches Element seines
Gottes Aton. Die von ihm ausgehenden Lichtstrahlen enden jeweils in einer Hand, die das Kreuz an die Nasenlö-
cher des Königs hält und ihm, der betend vor dem Altar
steht, auf diese Weise Leben spendet. Natürlich war das
anch ein Bestandteil des Namens Echnaton, und auch in
seinem Grab finden sich zahlreiche Beispiele für das *anch*,
unter anderem in der auf der Rückenlehne seines Thron-
sessels dargestellten Szene – ein Hinweis auf den Glauben
seiner Anhänger, daß er vielleicht in dem Zelt am Fuße des

Berges, an der Stelle des heutigen Sankt-Katharinen-Klo-
sters, gelitten haben und gestorben sein mag, daß er jedoch
nur von einer Form des Lebens (der physischen) in eine
andere (spirituelle) überging.

33
DIE VERLORENEN
SCHAFE

Einige der in diesem Buch vorgebrachten Gedanken – und
sicherlich auch die Schlüsse, die man daraus ziehen muß –
werden zweifellos Staunen bei denjenigen Lesern hervor-
rufen, die damit zum erstenmal konfrontiert werden. Doch
es war die Absicht dieses Buches, die historische Figur
Christus zu identifizieren, nicht hingegen, später entstandene theologische Interpretationen seines Lebens und seiner Lehre zu hinterfragen. Alle Merkmale, die im Alten
und Neuen Testament dem Messias zugeschrieben werden
– daß er der Sohn Davids ist, der auf dem Thron saß; der
Sohn Atons, jenes Gottes, der mit dem hebräischen Jahwe
– dem Herrn – als Adonai gleichzusetzen ist, als solcher ein
gewaltsames Ende fand und – wie man glaubte – von den
Toten auferstanden war; und ein Prophet wie Mose sowie
sein Nachfolger – all diese Merkmale sind auch im Leben
Tutanchamuns zu finden.

Seine hervorstechende Eigenschaft, die allerdings durch
seinen frühen Tod nicht zur Geltung kommen konnte, war
seine einigende Kraft. Er selbst gab niemals den Glauben
an den Gott des Mose auf, doch wollte er auch die Nicht-
gläubigen zum Glauben führen. Im Gegensatz zu Mose sah
er ein, daß nicht alle Menschen dieselbe Vorstellung von
Gott hatten und nicht alle diesen in derselben Weise anbeteten, doch sie waren die verlorenen Schafe. Um sie zu
bekehren, bediente er sich sogar der alten Götter Ägyptens,

die auf Gemälden als konvertierte Anbeter Atons dargestellt werden und Vorbilder für die Engel und Heiligen des
späteren Christentums waren. Zum Beispiel enthält das
Fragment eines Liedes von Mose in Deuteronomium 32,
das in einer Höhle in Qumran gefunden wurde, einen Text
– Vers 43 –, in dem das Wort »Götter«, also der Plural
auftaucht: »Freut euch, ihr Himmel, mit ihm; und verbeugt
euch vor ihm, ihr Götter.« »Im Neuen Testament (Hebräer
1,6) heißt es dann in der zitierten Passage entsprechend
›Engel Gottes.‹«[1]
Im Gegensatz zu Echnaton (Mose) führte Tutanchamun
(Jesus) auch den Glauben an die Auferstehung und ein
Leben nach dem Tode ein – die wichtigste Botschaft des
Neuen Bundes. Auf einer Wand in seinem Grab ist er selbst
als Auferstandener dargestellt, der Eje lebendig gegen-
übersteht, was, wie aus dessen Grab ersichtlich ist, im
vollkommenen Widerspruch zu den Überzeugungen Echnatons (Mose) steht.

Die Wege, die in diesem Buch eingeschlagen werden, sind
in keinster Weise neu. Andere Wissenschaftler haben sie
bereits beschritten, sind jedoch umgekehrt, weil sie in be-
unruhigende Regionen führten, die anerkanntes Wissen in
Frage stellten oder sie mit ihren eigenen Glaubensüberzeu-
gungen in Konflikt brachten. Die von mir vorgebrachten
Argumente lassen sich ganz einfach zusammenfassen.
Es gibt nicht den geringsten zeitgenössischen Beweis für
die neutestamentliche Darstellung, wonach Jesus in der
Regierungszeit Herodes des Großen geboren und im ersten
Jahrhundert nach Christus zum Tode verurteilt wurde, als
Pontius Pilatus (26–36 n. Chr.) Prokurator in der römischen
Provinz Judäa war. Hingegen gibt es zahllose Zeugnisse,
die darauf hinweisen, daß Jesus viele Jahrhunderte früher

lebte. So enthalten zum Beispiel die Schriftrollen vom Toten Meer, die vor den Evangelien entstanden sind, einen
Bericht über die Verkündigung, der fast denselben Wort-
laut hat wie bei Lukas. Aus diesen Schriften geht klar
hervor, daß die Essener glaubten, der Messias (ihr Lehrer
der Gerechtigkeit) habe bereits gelebt und sei durch die
Hand des Frevelpriesters umgekommen; außerdem erwarteten sie nicht die erstmalige Ankunft des Messias, sondern
dessen Wiederkehr. Dasselbe kommt auch im Buch Jesaja
zum Ausdruck, das zwischen dem achten und sechsten
Jahrhundert vor Christus entstand. Hier wird der Messias
als der Gottesknecht bezeichnet, der vom Herrn erschaffen
wurde und einen gewaltsamen Tod durch sein Volk erlitt
– das heißt, geopfert wurde wie ein Lamm.

Einige talmudische Texte aus dem dritten Jahrhundert
nach Christus zeigen, daß die talmudischen Rabbinen von
Jesus wußten. Sie bezeichnen ihn als »Betrüger«, bringen
ihn aber nicht mit der Zeit des Herodes oder Pontius Pilatus in Verbindung. Statt dessen heißt es, er sei von einem
Priester namens Pinhas umgebracht worden. Pinhas ist mit
Phineas gleichzusetzen, dem biblischen Priester und Zeitgenossen Moses, sowie mit Panehesi, dem Obersten Diener
und Zweiten Priester des Aton (des Herrn), des monotheistischen Gottes, den Echnaton (Mose) in Ägypten einführte
und in den fünf Jahren seiner Alleinherrschaft seinem Volk
aufzwang.

Das Alte Testament bezeichnet Josua als den Nachfolger
Moses. Die frühen Kirchenväter hingegen betrachteten Josua und Jesus als ein und dieselbe Person, eine Überzeugung, die noch in der König-James-Bibel zum Ausdruck
kommt. Dort sind die Stellen, an denen Josua erwähnt
wird, mit einer Randbemerkung versehen, wonach er mit
Jesus gleichzusetzen sei und umgekehrt. Wenn, wie ich an

anderer Stelle dargelegt habe, Mose und Echnaton identisch sind und wenn auch Josua und Jesus ein und dieselbe
Person sind, muß Josua (Jesus) ein Abkömmling Moses
(Echnatons) sein. Diese Schlußfolgerung wirft ein neues
Licht auf den Bericht, wie Jesus in Begleitung dreier Jünger
kurz vor seinem Tod Mose und Elija auf dem Berg Sinai
begegnet und sich vor ihren Augen verwandelt. Die
scheinbare zeitliche Diskrepanz hat dazu geführt, daß die
Gegenwart Moses und Elijas symbolisch gedeutet wurde.
Doch wenn Jesus und Mose Zeitgenossen waren, kann
man von einer tatsächlichen Begegnung ausgehen, deren
Zeugen die drei Jünger waren.

Wie wir gesehen haben, unterschied sich die Religion Jesu
von der des Mose. Obwohl Jesus den Aton (Adonai) als den
einen wahren Gott beibehielt, übernahm er die alten Götter
Ägyptens als Engel, durch die die Ägypter zum wahren
Gott gelangen konnten; er forderte die Ägypter und Israeliten auf, sich gegenseitig zu akzeptieren, und im Gegensatz zu Mose glaubte er an ein Leben nach dem Tod. Doch
Phineas betrachtete diese Lehren als Blasphemie und tötete
ihn am Vorabend des Paschafestes im Zelt am Fuße des
Berges Sinai. Diese Tötung wurde durch das Abschlachten
Tausender von Israeliten einschließlich des Phineas durch
Efraim (Eje), den zweiten Sohn des Patriarchen Josef, ge-
rächt.

Erst der Tod Johannes des Täufers viele Jahrhunderte später veranlaßte die Anführer der Essener, die die Wiederkunft Christi als Richter am Ende der Welt erwartet hatten,
zu behaupten, sie hätten Jesus mit eigenen Augen gesehen.
Dies wiederum veranlaßte die Evangelisten, die Geschichte von Christus erneut zu erzählen und in die Zeit von
Herodes dem Großen und Pontius Pilatus zu verlegen.

Der tatsächliche Ablauf der Ereignisse blieb vor allem aus

zwei Gründen unklar. Jesus, so heißt es, sei ein Nachkomme König Davids und sitze auf dessen Thron. Verwirrung entstand deshalb, weil uns das Alte Testament mit zwei Davids konfrontiert – mit einem, der sich die meiste Zeit im Konflikt mit den Philistern befand, und einem anderen, dem Gründer eines Reiches, das sich vom Nil bis zum Euphrat erstreckte. Der David, der gegen die Philister kämpfte, war lediglich ein Stammesfürst, der im zehnten Jahrhundert vor Christus lebte. Der David, aus dessen Haus der Messias hervorgehen sollte, war Thutmosis III. (um 1490–1436 v. Chr.), der Ururgroßvater Echnatons und der mächtigste Krieger seiner Zeit, der als Vater Isaaks das erste Bindeglied zwischen den Israeliten und dem ägyptischen Königshaus darstellte. Zwischen der Regierungszeit Thutmosis' und der Eroberung des Landes durch die Perser im sechsten Jahrhundert vor Christus gibt es niemanden, von dem man sagen könnte, er habe ein Reich gegründet, das sich vom Nil bis an den Euphrat erstreckte. Und es war auch Thutmosis, der aus Jerusalem eine heilige Stadt machte, als er dort während seines Feldzuges eine Zeitlang residierte und die Lade seines Gottes aufstellte.

Das zweite Verdunklungsmoment war eine geschickte Verschleierungstaktik. Hierzu gehörte die »Wiederauferstehung« Josuas und Phineas' mit dem Ziel, im Buch Josua berichten zu können, das Gelobte Land sei mehr als ein Jahrhundert nach dem Tod der beiden in einem Blitzkrieg erobert worden. Hier handelt es sich um eine reine Erfindung, die durch neuzeitliche archäologische Ausgrabungen in keiner Weise gestützt wird und auch aus literarischen Gründen von Bibelwissenschaftlern zurückgewiesen wurde. Außerdem befindet sich im Buch Numeri ein verfälschter Bericht über die Ereignisse, die im Zelt am Fuße des Berges Sinai stattfanden. Selbst der Versöhnungs-

tag, der immer zur selben Zeit wie das Paschafest im Frühjahr abgehalten wurde, wird nun im Herbst begangen. Und
die Geheimnistuerei um die unter Verschluß gehaltenen
Inhalte der Schriftrollen vom Toten Meer macht deutlich,
daß diese Verschleierungstaktik weiterhin fortgesetzt
wird.

Zum Schluß möchte ich meine Hoffnung zum Ausdruck
bringen, daß die Identifizierung der historischen Person
Jesu den Glauben der Menschen an ihn eher stärken denn
schwächen wird – und daß wir vielleicht endlich vollständig die Geheimnisse der Schriftrollen vom Toten Meer
erfahren werden.

ANHÄNGE

ANHANG A

Der französische Bibelwissenschaftler P. L. Couchoud erstellte eine Liste mit den folgenden Versen des Alten Testaments, die bedeutsame Ereignisse der späteren Evangelien spiegeln:

Die jungfräuliche Geburt
»… Seht, die Jungfrau wird ein Kind empfangen, sie wird einen Sohn gebären, und sie wird ihm den Namen Immanuel geben« (Jesaja 7,14).

Die Geburt Jesu in Betlehem
»Aber du Betlehem-Efrata, so klein unter den Gauen Judas, aus dir wird mir einer hervorgehen, der über Israel herrschen soll …« (Micha 5,2).

Der Stern im Osten
»Ein Stern geht in Jakob auf, ein Zepter erhebt sich in Israel …« (Numeri 24,17).

Die Magier
»… alle kommen von Saba, bringen Weihrauch und Gold und verkünden die ruhmreichen Taten des Herrn« (Jesaja 60,6).

Die Flucht nach Ägypten
»Als Israel jung war, gewann ich ihn lieb, ich rief meinen Sohn aus Ägypten« (Hosea 11,1).

Die Ermordung der unschuldigen Kinder
»Ein Geschrei ist in Rama zu hören, bitteres Klagen und Weinen. Rahel weint um ihre Kinder und will sich nicht trösten lassen, denn sie sind dahin« (Jeremia 31,15).

Der Wohnsitz in Nazaret
»… und ließ sich in einer Stadt namens Nazaret nieder. Denn es sollte sich erfüllen, was durch die Propheten gesagt worden ist: Er wird Nazoräer genannt werden« (Matthäus 2,23, Zitat aus einem unbekannten prophetischen Buch).

Der triumphale Einzug in Jerusalem
»Juble laut, Tochter Zion! Jauchze, Tochter Jerusalem! Siehe, dein König kommt zu dir. Er ist gerecht und hilft; er ist demütig und reitet auf einem Esel, auf einem Fohlen, dem Jungen einer Eselin« (Sacharja 9,9).
»Gesegnet sei er, der kommt im Namen des Herrn« (Psalm 118,26).

Die Tempelreinigung
»… Und kein Händler wird an jenem Tag mehr im Haus des Herrn der Heere sein« (Sacharja 14,21).

Der Verrat durch Judas
»Auch mein Freund, dem ich vertraute, der mein Brot aß, hat gegen mich geprahlt« (Psalm 41,9).

Dreißig Silberlinge für einen Töpferacker
»… Doch sie wogen mir meinen Lohn ab, dreißig Silberstücke … Und ich nahm die dreißig Silberstücke und warf
sie im Haus des Herrn dem Schmelzer hin …« (Sacharja
11,12-13).

Die Todesfurcht im Garten Gethsemane
»Meine Seele, warum bist du betrübt, und bist so unruhig
in mir?« (Psalm 42,6).

Die Flucht der Jünger
»… Schlag den Hirten, dann werden sich die Schafe zer-
streuen …« (Sacharja 13,7).

Die Passion
»Doch er wurde durchbohrt wegen unserer Verbrechen,
wegen unserer Sünden zermalmt …« (Jesaja 53,5).

Kreuzigung zwischen zwei Dieben
»… weil er sein Leben dem Tod preisgab und sich unter die
Verbrecher rechnen ließ. Denn er trug die Sünden von
vielen und trat für die Schuldigen ein« (Jesaja 53,12).

Die Geißelung
»Ich hielt meinen Rücken denen hin, die mich schlugen,
und denen, die mir den Bart ausrissen, meine Wangen.
Mein Gesicht verbarg ich nicht vor Schmähungen und
Speichel« (Jesaja 50,6).

Jesu letzte Worte
»Mein Gott, mein Gott, warum hast du mich verlassen …?«
(Psalm 22,7).

Die Kreuzigung
»... sie durchbohren mir Hände und Füße« (Psalm 22,17).

Über seine Kleider wird das Los geworfen
»Sie verteilen unter sich meine Kleider und werfen das Los
um mein Gewand« (Psalm 22,18).

Die Szene unter dem Kreuz
»Alle, die mich sehen, verlachen mich, verziehen die Lip-
pen, schütteln den Kopf: ›Er wälze die Last auf den Herrn,
der soll ihn befreien! Der reiße ihn heraus, wenn er an ihm
Gefallen hat!‹« (Psalm 22,8–9).

Begräbnis in der Gruft eines reichen Mannes, Josef von Arimatäa
»Bei den Ruchlosen gab man ihm sein Grab, bei den Reichen seine Ruhestätte ...« (Jesaja 53,9).[1]

ANHANG B

DIE ZERSTÖRUNG HAZORS

Nach dem Sieg über die Könige des Südens wandte sich, so lesen wir, Josua nach Norden und besiegte Jabin, den König von Hazor und den Anführer eines Bündnisses gegen die Israeliten, und steckte dessen Stadt in Brand – keine andere (Josua 11,10–13). Bevor wir die Schlußfolgerungen betrachten, die Yigael Yadin daraus zieht, sei darauf hingewiesen, daß das Alte Testament sich selbst in der Darstellung der Ereignisse widerspricht. Das Buch der Richter etwa, das von Ereignissen handelt, die Generationen nach Josuas Tod stattfanden, bezeichnet Jabin immer noch als König von Hazor und als König aller nordkanaanäischen Reiche (Richter 4,17 und 23).

Hazor (das heutige Tell el-Qidah) war eine große kanaanäische Stadt im Oberen Galiläa, fast einhundertfünfzig Kilometer nördlich des Sees von Galiläa und strategisch wichtig gelegen. Von hier aus wurde die Via Maris kontrolliert, die von Ägypten nach Syrien, Mesopotamien und Anatolien führte. In ägyptischen Quellen finden wir zahlreiche Hinweise auf diese Stadt. Sie war zusammen mit anderen Städten von Thutmosis III. im frühen fünfzehnten Jahrhundert vor Christus erobert worden. Die Tell el-Amarna-Briefe aus dem vierzehnten Jahrhundert vor Christus, die über Ägyptens Beziehung zu fremden Ländern Auskunft geben, erwähnen Hazor mehrfach als Stadt des Königs Abdi-Tirschi, der seine Loyalität gegenüber Ägypten erklärte. Hazor taucht auch im Verzeichnis jener Städte auf,

die Sethos I. (ca. 1333–1304 v. Chr.) erobert hatte, der zweite Herrscher der Neunzehnten Dynastie. Erwähnung findet Hazor auch im Amun-Tempel in Karnak als eine Stadt,
die Ramses III. (ca. 1200–1168 v. Chr.) eingenommen
hatte.[1]

Hazor besteht aus zwei Teilen: einer älteren (und höher
gelegenen) Stadt auf einem Hügel (tell), rund vierhundert
Meter über der Ebene gelegen und mit einer Fläche von
etwas mehr als einem Hektar; und der unteren Stadt im
Norden, die eine großflächige rechteckige Hochebene von
etwa sieben Hektar umfaßt. Yadin, einer jener Wissenschaftler, die sich um den Nachweis bemühen, daß *alle*
Aussagen der Bibel wörtlich zu nehmen seien, stellte fest,
daß die untere Stadt auf der Hochebene eine aus dem
achtzehnten vorchristlichen Jahrhundert stammende Siedlung ist. Die obere Stadt auf dem Hügel sei, so Yadin, noch
älter und bereits seit dem siebenundzwanzigsten Jahrhundert vor Christus und bis in die hellenistische Zeit, also bis
ins erste Jahrhundert vor Christus hinein, besiedelt gewesen. Doch Yadin nahm als Zeitpunkt für die Zerstörung
Hazors »höchstwahrscheinlich ... [das] zweite Drittel des
dreizehnten Jahrhunderts vor Christus (die Regierungszeit
Ramses' II.)« an.[2] Diese Theorie ermutigte all jene, die dem
falschen Glauben anhängen, die Israeliten hätten das Gelobte Land unter Josua im späten dreizehnten Jahrhundert
vor Christus betreten, unmittelbar nach dem Auszug aus
Ägypten und in der Regierungszeit Ramses' II. oder seines
Sohnes Merenptah. Auf welche Grundlage stellt nun aber
Yadin seine Theorie, die im Widerspruch zu allen historischen Quellen steht, denen zufolge sich ganz Palästina in
jener Zeit unter ägyptischer Herrschaft befand? Die Ägypter waren in jenem Gebiet mit einer großen Zahl von Militärposten präsent.

Yadin faßt seine Hauptargumente folgendermaßen zusammen: »Die auffallende Übereinstimmung der Größe Hazors, wie sie durch unsere Ausgrabungen hervortrat, mit
der Dimension, die die Bibel durch die Beschreibung
›Hauptstadt all dieser Königreiche‹ andeutet, sowie die
Behauptung des biblischen Chronisten, daß Hazor – und
nur Hazor – von Josua zerstört und in Brand gesetzt wurde,
lassen kaum einen Zweifel, daß wir tatsächlich Jabins kanaanäische Stadt, von Josua zerstört, gefunden hatten.
Wenn das so ist, hat die Ausgrabung von Hazor zum
erstenmal archäologisches Material für die Datierung der
Lebenszeit Josuas und, indirekt, des Auszugs aus Ägypten
erbracht.«[3] Diesen Zeitpunkt muß der Autor als die Herrschaftsepoche Ramses II. bestimmt haben.
Yadin, sehr bemüht um Übereinstimmung mit den biblischen Quellen, versucht zu beweisen, daß Hazor durch
einen Brand zerstört wurde. Doch was er als Beweis vorträgt, hält einer genaueren Analyse nicht stand. So sagt er
etwa über den Abschnitt C der unteren Stadt auf der Hochebene: »Die Schicht IA (das obere Niveau der letzten Stadt,
die an dieser Stelle gebaut worden ist) wurde durch einen
gewaltsamen Brand zerstört. Dies beweist die Asche, die in
den weniger exponierten Teilen in den Abschnitten H und
K gefunden wurde.«[4] Er bringt jedoch keinen schlüssigen
Nachweis für eine Zerstörung des Abschnitts C durch Feuersbrunst, sondern behauptet – auf der Grundlage von
Funden an anderer Stelle (in den Abschnitten H und K) –,
ein ähnlicher Beweis in Abschnitt C sei nicht möglich, da
dieser Teil der Stadt »exponiert« gewesen sei.
Doch die Folgerungen aus den Funden in Abschnitt H sind
ebenfalls nicht haltbar: »Der Tempel von Schicht IA – die
jüngste im Abschnitt H – lag genau unter der heutigen
Oberfläche; mit einer dicken Backsteinschicht aus Resten

des Walls, die an vielen Stellen heruntergefallener *weißer*
(Hervorhebung des Autors) Verputz von der Decke überlagert. Die spätere Schicht versiegelte regelrecht die Überreste des Tempels nach seiner Zerstörung und Inbrandset-
zung. Dadurch ist uns eine einzigartige Sammlung von
Kultgefäßen und Einrichtungsgegenständen praktisch an
ihrem ursprünglichen Platz erhalten geblieben.«[5]
Yadin spricht immer noch vom Feuer, das in diesem Abschnitt ausgebrochen sein soll, obwohl alles dagegen
spricht, daß es dort jemals gebrannt hat. Die herabgefallene
Decke ist noch immer weiß: keine Wände, Einrichtungs-
oder andere Gegenstände, die in diesem Areal oder sonst
irgendwo in Hazor gefunden wurden, zeigten Spuren eines Brandes; lediglich Asche hat man gefunden, deren
Herkunft jedoch nicht schwer zu bestimmen ist. Yadin gibt
zu, daß hier im Tempel, »genau vor der Nische, wir einen
zur Seite hin umgestürzten Brandopferaltar aus Basaltstein
gefunden haben. Auf seiner oberen abgeflachten Seite waren noch Brandspuren sichtbar.«[6] Was hat er denn erwartet
– einen Brandopferaltar ohne Brandopfer, das heißt, ohne
irgendwelche Aschereste? Darüber hinaus muß man sich
fragen, wie die Brandreste eines Altars als Beweis für den
Brand der gesamten Stadt dienen können.
Yadin befaßt sich auch mit den Beweisen, die sich aus den
Funden mykenischer Keramik ableiten lassen. Die Tatsache, daß es verschiedene Typen gibt und daß eine annä-
hernd genaue Datierung jedes Typs gelungen ist, hat dazu
geführt, daß die Keramik zur Datierung der verschiedenen
archäologischen Schichten benutzt wird. Yadin fand eine
Vielzahl mykenischer Keramik des »Mykenisch IIIB (typisch für das 13. Jahrhundert v. Chr.) auf der obersten
Ebene … Diese Funde machen deutlich, daß die große
(untere) Stadt Hazor innerhalb der Stadtmauern … im

dreizehnten Jahrhundert vor Christus zerstört wurde – zu
einer Zeit, als mykenische Keramik noch in Gebrauch war.
Nach Furumark (der schwedische Archäologe Arne Furumark) kam mykenische Keramik etwa um 1230 v. Chr. aus
der Mode, und darum zeigt das vorliegende Beweismaterial ..., daß die Stadt spätestens um 1230 v. Chr. zerstört
worden ist.«[7]

Was Yadin hier vorträgt, ist folgendes: Da auf dem oberen
Niveau der unteren Stadt Scherbenfunde der Mykenisch
IIIB-Keramik gemacht worden sind, die aus der Zeit um
1300–1230 v. Chr. datieren, und da keine Beispiele späterer
Typen mykenischer Keramik vorhanden sind, wie etwa
Mykenisch IIIC, muß die Zerstörung Hazors auf das dreizehnte Jahrhundert datiert werden. Dies ist ein falscher
Schluß. Man kann nicht sagen, ein Krug aus dem Jahr 1230
v. Chr. sei in dem Jahr zerbrochen, in dem er hergestellt
wurde: Heutzutage besitzen viele Leute Porzellan aus der
Zeit ihrer Urgroßeltern oder aus noch älterer Zeit. Weiterhin könnte, wie in diesem Fall, das Fehlen späterer mykenischer Keramik in der Stadt Hazor auch andere Ursachen
haben – nämlich daß keine Keramik mehr eingeführt wurde.

Genau dies sagt Arne Furumark: »Mykenisch IIIB war
die Periode der größten mykenischen Ausdehnung. (Die
mykenische Stadt) Argolis war – mehr als jemals zuvor –
das politische und kulturelle Zentrum des gesamten ägäischen Raumes, und der mykenische König war zweifellos Herr über ein riesiges Reich. Die mykenische Keramik
erfuhr damals ihre größte Verbreitung, und die levanti-
nisch-mykenischen Zentren standen mit Argolis in engem
Kontakt ... Im östlichen Mittelmeer war diese Epoche ein
goldenes Zeitalter mit einem regen kulturellen und wirt-
schaftlichen Austausch und friedlichen Beziehungen ...

Auf diese blühende Epoche folgte die Mykenisch IIIC/I-
Periode, die den Niedergang und den Verfall der mykenischen Macht und Größe brachte. Die äußere Ursache hierfür ist bekannt: Sie ist die westliche Entsprechung jener
großen Völkerwanderungen, die zum Ende des Hethiter-
reiches führten und das alte politische System des Nahen
Ostens zum Einsturz brachte. Archäologische Funde vermitteln uns einen Eindruck von dem langen und erbitter-
ten Kampf der mykenischen Könige, die wiederholten Angriffe, die sogenannte dorische Invasion, abzuwehren ...
Blühende Mykenisch IIIB-Siedlungen ... wurden zu jener
Zeit aufgegeben, wahrscheinlich, weil sie nicht mehr sicher
waren. Die Katastrophe war unvermeidlich und Mykene
fiel ... In der unruhigen Periode nach Mykenisch IIIB wurden die überseeischen Verbindungen des griechischen
Mutterlandes unregelmäßiger.«[8] Das war der Grund dafür,
daß in Hazor keine Keramik aus IIIC gefunden worden ist;
nicht weil die Stadt im dreizehnten Jahrhundert zerstört
wurde, sondern weil ein solcher Typus mykenischer Keramik das Gebiet Obergaliläas überhaupt nicht mehr erreichte.
Wie vorher bereits gesagt, bestand das damalige Hazor aus
zwei Teilen, der älteren (oberen) Stadt auf dem *tell* (Hügel)
und der unteren Stadt auf der Hochebene. Während letztere nach der Zerstörung der letzten kanaanäischen Stadt
an dieser Stelle nicht wieder besiedelt wurde, war die Stadt
auf dem Hügel bis in die hellenistische Periode im fünften
Jahrhundert vor Christus hinein bewohnt: Yadin dazu: »In
den ausgegrabenen Arealen der oberen Stadt (auf dem *tell*)
wurden die Reste dieser Schicht über den Ruinen der zerstörten kanaanäischen Stadt und unter den Schichten der
späten Eisenzeit gefunden ... die Keramik, die zu den Gebäuden, Schächten und Inventaren der Schicht 12 (die über

der zerstörten Stadt liegt) gehört, unterscheidet sich grundlegend von derjenigen der frühesten Phase der Eisenzeit
(d. h. der Zeit der Philister).«[9]
Dies wiederum heißt, daß die Siedlung, die nach der Zerstörung der Stadt mit ihrer Mykenisch IIIB-Keramik aufgebaut wurde, Keramik der Philister benutzte. Diese Keramik
stammt aus der Eisenzeit des zwölften und nicht des dreizehnten vorchristlichen Jahrhunderts, was bedeutet, daß
die Stadt in jener Zeit zerstört worden sein muß.
Yadin hat nicht die Spur eines Beweises dafür erbracht, daß
Hazor in der zweiten Hälfte des dreizehnten Jahrhunderts
vor Christus durch Josua erobert wurde. Die Tatsache, daß
Hazor im Amuntempel Ramses III. (ca. 1200–1168 v. Chr.)
in Karnak erwähnt wird, läßt zwei Möglichkeiten offen:
Entweder die Stadt existierte damals noch und stand unter
seiner Herrschaft, oder Hazor wurde, wie viele andere Orte
in Syrien und Palästina, durch die »Seevölker«, die Philister, zerstört, gegen die Ramses III. in jenem Gebiet Krieg
führte.

ANHANG C

DAVID UND GOLIAT

Die Art und Weise, wie die Bibel uns überliefert worden ist, hat maßgeblich dazu beigetragen, daß die Geschichten um die beiden Davids so verworren erscheinen.

Der zweite David, der Stammeskönig, soll in den ersten vierzig Jahren des zehnten Jahrhunderts vor Christus Judäa und Israel in Kanaan regiert haben. Doch der Text der Bücher Samuel (die ursprünglich ein Buch darstellten) erhielt seine endgültige Form erst mehr als vierhundert Jahre später, am Ende der babylonischen Gefangenschaft. Diese ist auf etwa 587 v. Chr. zu datieren, als die Babylonier in Judäa einfielen und den Jerusalemer Tempel zerstörten. Der judäische König und zahlreiche Personen aus der israelitischen Oberschicht, einschließlich der Priester, wurden nach Babylon verschleppt. Ihre Gefangenschaft dauerte siebzig Jahre, bis der Perserkönig Kyros die Babylonier besiegte und den Israeliten gestattete, nach Jerusalem zurückzukehren und den Tempel wiederaufzubauen.

Als die israelitischen Priester und Schriftgelehrten gezwungen wurden, Jerusalem zu verlassen, nahmen sie eine Sammlung ihrer heiligen Schriften mit. In Babylon kamen sie nach reiflicher Überlegung zu dem Schluß, ihre geschichtliche Vergangenheit zu überdenken und sie für künftige Generationen in neuer Form niederzuschreiben. In dieser Zeit entstand dann der Text des Samuel, der auf einer Reihe verschiedener Überlieferungen beruhte, aus denen die Schriftgelehrten ein zusammenhängendes Gan-

zes zu konstruieren suchten. Der verantwortliche Redakteur verfügte über verschiedene Quellen, von denen jede
einen anderen Teil der Geschichte abdeckte, so zum Beispiel:

- die Knabenjahre des Samuel;
- die Lade und wohin die Israeliten mit ihr gezogen waren;
- zwei verschiedene Erzählungen über Samuel, Saul und
  die Vereinigung der zwölf Stämme. Die eine handelte
  von Mizpa und Rama und endete damit, daß Saul die
  Amalekiter verschonte und die Kriegsbeute nicht vernichtete, woraufhin Gott ihn verstieß. In der zweiten
  Geschichte ging es um Gilgal, und sie endete mit der
  erneuten Zurückweisung des Saul durch Gott, weil er
  angesichts eines bevorstehenden Krieges mit den Philistern Brandopfer darbrachte;
- die Geschichte vom Aufstieg Davids, angefangen von
  seiner Bekanntschaft mit Saul bis zu seiner Anerkennung als König von ganz Israel;
- die Geschichte der fürstlichen Familie Davids und seiner
  Nachkommen;
- die ägyptische Erzählung von der Erschlagung eines
  »mächtigen Kanaaniters« in der *Autobiographie des Sinuhe*;
- die Eroberung Jerusalems;
- die Geschichte von der Heirat Thutmosis' III. mit Sara,
  der Frau Abrahams;
- die Kriegsannalen von Thutmosis III.

Angesichts dieser Fülle an Material, dessen Ursprünge
unbekannt waren, machte sich der Bibelherausgeber im
sechsten vorchristlichen Jahrhundert daran, die vorhande-

nen Texte zu einer Geschichte zusammenzufassen. Die Tatsache, daß die Kriegsannalen von Thutmosis III. darin Eingang gefunden haben, zeigt, daß die Israeliten ihren großen Vorfahren, den eigentlichen Vater Isaaks, nie vergessen hatten. Aus semantischer Sicht stellt der Name dieses Pharaos kein Problem dar. Er besteht aus zwei Elementen, *Tut* und *mos*. In der Hieroglyphenschrift hat der erste Teil die Form eines Ibisvogels, der für Thot, den ägyptischen Gott der Weisheit und Lehre, steht. In der Übersetzung ins Hebräische wird daraus *Dwd*, was der hebräische Name für David ist. Der zweite Namensbestandteil *mos* bedeutet einfach »Kind« oder »Sohn«. Es gibt Hinweise darauf, daß es die Bibelredakteure waren, die dem Stammeskönig den Namen *Dwd* gaben. Einige Bibelwissenschaftler nehmen an, daß das nicht sein eigentlicher Name war: »Elhanan war Davids ursprünglicher Name, der später in David umgewandelt wurde.«[1] Dafür spricht auch, daß das Targum, die frühe Übersetzung der hebräischen Bibel ins Aramäische, »Elhanan« durch »David« ersetzt, und zwar im Zweiten Buch Samuel 21,19, wo es heißt: »Elhanan ... [erschlug] den Goliat aus Gat ...« (siehe Fußnote 1 in Kapitel 20).

Die Erzählung von der Erschlagung Goliats gehört weder zur Geschichte des einen David noch zu der des anderen. Im Ersten Buch Samuel, 16, wird David, der jüngste Sohn von Isai, dem Saul als Schafhirte und Zitherspieler vorgestellt, und Saul ernennt ihn zu seinem Waffenträger. Doch schon im nächsten Kapitel finden wir David in einen mächtigen Krieger verwandelt an der Spitze von Sauls Armee, die auf einem Berg auf der einen Seite des Terebinthentals lagerte, das sich auf halbem Weg zwischen Betlehem und der Mittelmeerküste Philistäas befand. Aus dem Lager der

Philister auf dem gegenüberliegenden Berg trat Goliat her-
aus und schlug vor, den Konflikt durch einen Kampf von
Mann zu Mann zu entscheiden.
Goliat wird als eine beeindruckende Gestalt geschildert:
»Er war sechs Ellen und eine Spanne groß. Auf seinem
Kopf hatte er einen Helm aus Bronze, und er trug einen
Schuppenpanzer aus Bronze, der fünftausend Schekel
wog. Er hatte bronzene Schienen an den Beinen, und zwischen seinen Schultern hing ein Sichelschwert aus Bronze.
Der Schaft seines Speeres war (so dick) wie ein Weberbaum, und die eiserne Speerspitze wog sechshundert Schekel. Sein Schildträger ging vor ihm her« (1 Samuel 17,4–7).
Goliat forderte die Israeliten auf, ihren Kandidaten auszu-
wählen, und versprach: »Wenn er mich im Kampf erschlagen kann, wollen wir eure Knechte sein …«
An dieser Stelle wird die Darstellung der Konfrontation
unterbrochen und eine Schilderung von Ereignissen eingefügt, die in der Septuaginta, der griechischen Bibelfassung,
deren Goliat-Geschichte auf frühen hebräischen Texten
basiert, nicht erwähnt werden. Es wird hier abermals berichtet, David sei der jüngste der acht Söhne Isais aus
Betlehem in Juda gewesen. Seine drei ältesten Brüder hatten sich bereits Sauls Armee angeschlossen, um in der
bevorstehenden Schlacht gegen die Philister mitzukämp-
fen, und Isai rief seinen jüngsten Sohn, der auf den Feldern
Schafe hütete, zu sich und trug ihm auf, seinen Brüdern
und ihrem Befehlshaber Essen zu bringen.
David befand sich im Lager, als Goliat erneut erschien und
seine Drohung wiederholte. Außerdem erfuhr David, daß
Saul bereit war, denjenigen, der den Philister tötete, mit
Reichtümern zu überhäufen und ihm seine Tochter zur
Frau zu geben. Deshalb meldete er sich freiwillig, dem
Goliat entgegenzutreten. Das beunruhigte seinen ältesten

Bruder, und Saul schickte nach David und versuchte ihn davon abzubringen, die Herausforderung anzunehmen. Von dieser Stelle an deckt sich der Text mit der griechischen Fassung.

Saul versuchte, David zu überreden, nicht für die Israeliten als Kampfgegner anzutreten, denn »du bist zu jung«. Aber David erwiderte: »Dein Knecht hat für seinen Vater die Schafe gehütet. Wenn ein Löwe oder ein Bär kam und ein Lamm aus der Herde wegschleppte, lief ich hinter ihm her, schlug auf ihn ein und riß das Tier aus seinem Maul. Und wenn er sich dann gegen mich aufrichtete, packte ich ihn an der Mähne und schlug ihn tot. Dein Knecht hat den Löwen und den Bären erschlagen, und diesem unbeschnittenen Philister soll es genauso ergehen wie ihnen, weil er die Schlachtreihen des lebendigen Gottes verhöhnt hat. Und David sagte weiter: Der Herr, der mich aus der Gewalt des Löwen und des Bären gerettet hat, wird mich auch aus der Gewalt dieses Philisters retten« (1 Samuel 17,34–37). Diese Rede überzeugte Saul, und er sagte zu David: »Geh, der Herr sei mit dir.«

David weigerte sich, bei der bevorstehenden Auseinandersetzung eine Rüstung oder ein Schwert zu tragen. Statt dessen trat er Goliat mit einem Stock, einer Schleuder und fünf glatten Steinen entgegen. Der in seinem Stolz verletzte Goliat sagte: »Bin ich denn ein Hund, daß du mit einem Stock zu mir kommst? … Komm nur her zu mir, ich werde dein Fleisch den Vögeln des Himmels und den wilden Tieren (zum Fraß) geben.«

Daraufhin antwortete David: »Du kommst zu mir mit Schwert, Speer und Sichelschwert, ich aber komme zu dir im Namen des Herrn der Heere, des Gottes der Schlachtreihen Israels, den du verhöhnt hast. Heute wird dich der Herr mir ausliefern …«

In der altbekannten Geschichte der nun folgenden kurzen
Auseinandersetzung streckte David den Goliat mit einem
Stein aus seiner Schleuder nieder, nahm das Schwert des
Philisters und hieb ihm damit den Kopf ab. Als das Heer
der Philister das sah, ergriff es die Flucht, verfolgt von den
Israeliten, die nach ihrer Rückkehr auch das Philisterlager
plünderten. Im Ersten Buch Samuel, 17,54, erfahren wir:
»David nahm den Kopf des Philisters und brachte ihn nach
Jerusalem. Goliats Waffen aber legte er in sein Zelt.«
In der griechischen Version endet hier die Geschichte von
David und Goliat. Der masoretische Text – eine etwas
»verfeinerte« Version der frühen hebräischen Texte und
die Quelle der deutschen Bibelfassung – enthält jedoch vier
weitere Verse. Darin wird abermals die erste Begegnung
zwischen Saul und David geschildert und der Eindruck
erweckt, daß sich die beiden überhaupt erst kennenlernten,
nachdem Goliat erschlagen worden war: »Als Saul David
dem Philister entgegengehen sah, sagte er zu Abner, seinem Heerführer: Abner, wessen Sohn ist der junge Mann?
Abner antwortete: So wahr du lebst, König, ich weiß es
nicht. Der König sagte: Dann erkundige dich, wessen Sohn
der Knabe ist. Als David zurückkehrte, nachdem er den
Philister erschlagen hatte, nahm ihn Abner mit und führte
ihn zu Saul. David hatte den Kopf des Philisters noch in der
Hand. Saul fragte ihn: Wessen Sohn bist du, junger Mann?
David antwortete: Der Sohn deines Knechtes Isai aus Betlehem« (1 Samuel, 17,55–58).
Wie bereits erwähnt, gehört die Goliat-Erzählung zu keiner
der Geschichten um die beiden biblischen Davids. Sie wurde vielmehr einem literarischen Werk aus dem alten Ägypten entliehen, der sogenannten *Autobiographie des Sinuhe.*
Da sich der Bibelredakteur verpflichtet fühlte, die großen
Siege von Thutmosis III. zu erwähnen, hielt er es anschei-

nend für notwendig, dem Stammeskönig David kriegeri-
sche Qualitäten zuzusprechen; auf diese Weise wollte er
seiner Geschichte Glaubwürdigkeit verleihen. Deshalb
baute er die Sinuhe-Legende ein, obwohl sie inhaltlich in
keinem Bezug zu David oder seiner Epoche steht. Der
Nachweis dafür läßt sich leicht erbringen.

– Zwischen den verschiedenen Versionen des Ersten Buches Samuel bestehen zahlreiche Unterschiede. Teile des
  auf hebräisch verfaßten Buches Samuel befanden sich
  unter den biblischen Schriften, die nach dem Zweiten
  Weltkrieg in Qumran am nordwestlichen Ausläufer des
  Toten Meers entdeckt wurden.
– Wie sich herausstellte, glich dieser frühhebräische Text
  mehr dem der griechischen Septuaginta-Bibel, die sich
  hinsichtlich der Goliat-Geschichte offenbar auf genauer
  überlieferte hebräische Texte stützte als die masoretische Fassung. Die wesentlichen Abweichungen sind folgende:

1. Die Goliat-Geschichte in der Septuaginta stammt aus
   einem früheren hebräischen Text, der sie noch als sepa-
   rate Erzählung behandelte und kaum einen Versuch
   unternahm, sie in die Rahmenhandlung der Lebensge-
   schichte von Saul und David einzupassen.
2. Nach der Schilderung, wie Goliat erstmals die Israeliten
   herausforderte, fügte der Redakteur des masoretischen
   Textes zwanzig zusätzliche Verse ein, in denen Davids
   Abstammung erläutert und ein Grund angeführt wird –
   die Überbringung von Nahrung –, warum er im israelitischen Heereslager im Terebinthental erschien.
3. Der Redakteur fügte zwei weitere Verse (41 und 50)
   hinzu, die nicht in der griechischen Version enthalten

sind; allerdings sind sie insofern bedeutungslos, als sie lediglich bereits erwähnte Fakten wiederholen.

4. Eingeschoben worden sind auch die letzten vier Verse des Kapitels 17, eine weitere Beschreibung der ersten Begegnung von Saul und David – der diesmal nicht als zitherspielender Schäfer, sondern als mächtiger Krieger dargestellt wird –, und zwar *nach* der Tötung Goliats.

5. Schließlich wurden auch fünf Verse am Anfang des Kapitels 18 hinzugefügt, in denen Sauls Zuneigung zu David, das Bündnis zwischen ihnen sowie Davids Ernennung zum Heeresführer durch Saul thematisiert werden.

– Obwohl Jerusalem in der Regierungszeit Sauls eine jebusitische Stadt war, wird behauptet: »David ... brachte ihn (den Kopf des Philisters) nach Jerusalem.« Das wäre ausgeschlossen gewesen, wenn die Geschichte ursprünglich ein wesentlicher Bestandteil des Buches Samuel gewesen wäre. Nach dem Text des Buches Samuel stand Jerusalem zur fraglichen Zeit noch nicht unter israelitischer Herrschaft. Warum hätte David den Kopf Goliats in eine fremde Stadt bringen sollen?

– In völligem Widerspruch zu der Geschichte von der Erschlagung Goliats durch David, wie wir sie im Ersten Buch Samuel finden, steht eine andere Version im Zweiten Buch Samuel [in der offiziellen englischen Bibelfassung]: »... Elhanan, der Sohn Jairs aus Betlehem [erschlug] den Bruder von Goliat aus Gat, dessen Speer einem Weberbaum glich« (2 Samuel 21,19). Die Einfügung »Bruder von« war, wie schon in Kapitel 20 erwähnt, eine Textverfälschung durch den Redakteur der König-James-Bibel, der den Widerspruch zur Darstellung im Ersten Buch Samuel aufzulösen suchte. Dieser Ungereimtheit war sich auch der Verfasser des Buches der Chroniken bewußt, und deshalb gab er Elhanan als denjenigen aus, der »Lachmi, den Bruder Goliats aus Gat« (1 Chroniken 20,5) erschlug.[2]

– Wie schon gesagt, kamen die Philister im zwölften vorchristlichen Jahrhundert von den Mittelmeerinseln nach Kanaan, und zwar vor den Israeliten. In der Folgezeit versuchten sie, ihr Territorium über den von ihnen bewohnten Küstenlandstrich hinaus auszuweiten, was zu ständigen Auseinandersetzungen mit den Israeliten führte, die sich inzwischen ebenfalls in Kanaan niederlassen wollten. Bei der Adaption der altägyptischen Sinuhe-Geschichte, die tausend Jahre früher spielte, als es noch keine Philister in Kanaan gab, sondern nur syrische und kanaanäische Stämme, entschied sich der Bibelredakteur also, Goliat aus historischen Gründen als Philister darzustellen. Doch das Zweite Buch Samuel, 21,20, sagt über ihn, er »stammte von Rafa« ab. Allerdings waren die Rafaiter (oder Rephaim) keine Philister, sondern ein sagenhaftes Riesenvolk, das in grauer Vorzeit in Kanaan gelebt haben soll und dem im Gegensatz zu den Philistern die Eisenverarbeitung unbekannt war.

Diese zahlreichen Widersprüchlichkeiten weisen darauf hin, daß die Goliat-Geschichte ursprünglich kein Bestandteil des Ersten und Zweiten Buches Samuel war – eine Tatsache, die noch klarer zutage tritt, wenn man die *Autobiographie des Sinuhe* untersucht.

ANHANG D

DIE AUTOBIOGRAPHIE SINUHES

Sinuhe war ein Höfling im Dienste Nefrus, der Tochter
Amenemhats I., des Gründers der Zwölften Ägyptischen
Dynastie im zwanzigsten Jahrhundert vor Christus. Die
Form seiner Autobiographie – die Geschichte seiner plötzlichen Flucht aus Ägypten, seines Umherziehens, seiner
Schlacht mit einem »mächtigen kanaanäischen Mann« wie
Goliat und seiner Rückkehr in das Land seiner Geburt, wo
er beigesetzt wurde – zeigt deutlich, daß sie ursprünglich
in seinem tatsächlichen Grab geschrieben wurde. Diese
anerkanntermaßen auf Tatsachen beruhende Geschichte
tauchte später in zahlreichen Versionen auf, die in der Zeit
des zwanzigsten Jahrhunderts vor Christus, als die Ereignisse tatsächlich stattfanden, bis hin zur Einundzwanzigsten Dynastie im elften Jahrhundert entstanden. Es handelt
sich um eine im alten Ägypten beliebte Erzählung, die
Schülern als literarisches Beispiel diente, und es steht außer
Frage, daß sie allen gebildeten Personen in Ägypten –
unabhängig von ihrer ethnischen Herkunft – vertraut war.
Die Geschichte beginnt um 1960 v. Chr., im Jahre 30 der
Regierungszeit Amenemhats I., welches gleichzeitig sein
letztes war. Zu dieser Zeit befand sich Sinuhe mit der
ägyptischen Armee, die von Sesostris, dem ältesten Sohn,
Erben und Mitregenten des Königs, angeführt wurde, fern
der Hauptstadt. Während sich die Armee auf dem Rück-
weg von Feldzügen gegen libysche Stämme im Westdelta
befand, überbrachte des Nachts ein Bote aus dem Palast

eine Nachricht, die Sesostris veranlaßte, seine Truppen augenblicklich zu verlassen und sich zum Palast zu begeben. Auch an die jüngeren Söhne des Königs, die in der Armee dienten, waren Botschaften ergangen, und eine von diesen kam Sinuhe zu Ohren, da sie laut verlesen wurde. Darin hieß es, es habe im Palast eine Verschwörung gegeben, und man habe – allerdings ohne Erfolg – versucht, Amenemhat I. im Schlaf zu töten.

Als Sinuhe dies hörte, bekam er solche Angst, daß er beschloß, davonzulaufen. Doch er erwähnt nicht, warum er solche Angst hatte. Vielmehr verwendet er einige Mühe darauf, in seiner Geschichte zu erklären, daß es überhaupt keinen einsichtigen Grund für ihn gab, wegzulaufen, obwohl er – selbst ein Höfling am Palast – sehr wohl indirekt hätte beteiligt sein können oder es zumindest Gründe dafür hätte geben können, daß man ihn der Beteiligung verdächtigte.

In seinem Bericht über ein Gespräch mit Nenschi, dem Sohn Amus, des Herrschers von Oberretenu (Nordpaläsina), heißt es, Nenschi habe gefragt: »Warum bist du hierhergekommen? Ist etwas geschehen am Sitz des Königs?« Und er antwortete: »Der König Ober- und Unterägyptens, Sehetepibre (Amenemhat I.) ist zum Horizont gegangen (gestorben), und niemand weiß, was nun geschehen wird … Als ich von einem Feldzug im Lande der Libyer zurückkehrte, hat es mir jemand verkündet. Mein Geist war verwirrt. Mein Herz war nicht mehr in meinem Leib, und es lenkte mich auf den Weg der Flucht. Doch niemand hatte über mich gesprochen; niemand spuckte mir ins Gesicht. Kein schmähendes Wort war zu hören, noch erklang mein Name aus dem Munde des Herolds. Ich weiß nicht, warum ich in dieses Land kam. Es war, als wäre es der Plan Gottes gewesen.«[1]

Was auch immer der Grund gewesen war, Sinuhe ergriff die Flucht. Vom Westdelta aus wandte er sich nach Süden, bis er eine Stelle erreichte, wo der Nil ein einziger Strom war – etwa bei dem heutigen Kairo – und er zum Ostufer übersetzte. Dann zog er, am kultivierten Land entlang, in Richtung Norden, bis er zum Eingang des Wadi Tumilat kam, dem Tal, das das Ostdelta mit dem Schilfmeer in der Nähe des heutigen Ismailia verbindet und welches der Beginn der Sinaistraße nach Edom südlich des Toten Meeres und zur Wüste Negev in Südpalästina war, die heute zu Israel gehört. Hier hatte Amenemhat I. eine Festung errichtet, die »Die Mauern des Prinzen« hieß und eine Infiltration der Beduinen verhindern sollte. Sinuhe war gezwungen, sich in einem Busch zu verstecken, damit ihn die Wache auf der Festungsmauer nicht sehen konnte. Sobald die Dunkelheit hereingebrochen war, setzte er seine Reise in den Sinai fort, wo ihm der Häuptling eines Beduinenstammes zu essen und zu trinken gab und ihm half, nach Südpalästina zu gelangen. Von dort aus setzte er seine Reise nordwärts fort, entlang der Straße, die in der Bibel Straße des Meeres heißt, wo er schließlich die Freundschaft des Prinzen Nenschi gewann.

Es ist nicht leicht, das Gebiet genau festzulegen, in dem Sinuhe die Jahre seines Exils verbrachte. In seinem Bericht über diese Zeit seiner Wanderungen findet sich die Feststellung: »Ich machte mich auf nach Byblos (einem alten Hafen im nördlichen Phönizien) und wandte mich Kedem zu (womit der Osten insgesamt gemeint ist). Dort verbrachte ich ein halbes Jahr. Dann nahm mich Nenschi, der Sohn Amus, des Herrschers des oberen Retenu mit (zu sich).« Die Erwähnung der Stadt Byblos ist so gedeutet worden, daß jenes Gebiet, in dem sich Sinuhe schließlich niederließ, östlich jener Stadt in Nordsyrien lag. Doch dies

ist völlig falsch, denn Sinuhes Worte müssen vor dem
Hintergrund gesehen werden, daß die Ägypter zu jener
Zeit nur unzureichende geographische Kenntnisse von
Westasien besaßen.

Erst zu Beginn der Achtzehnten Dynastie im sechzehnten
Jahrhundert vor Christus bekamen die Ägypter detaillierte
Informationen über dieses Gebiet. Bis dahin verwendeten
sie die Bezeichnung Retenu generell für Palästina-Syrien.
Sie kannten jedoch Byblos, denn sie unterhielten über den
Seeweg regelmäßige Handelsbeziehungen mit der Hafenstadt. Da der biblische Landweg der Philister in Gaza auf
die Straße des Meeres trifft, die Ägypten mit Westasien
verbindet, nach Nordsyrien führt und Byblos streift – den
einzigen Ort in Westasien, den die Ägypter gut kannten –,
ist die Aussage »machte mich auf nach Byblos« lediglich
eine Angabe der geographischen Richtung von Sinuhes
Reise und bedeutet: »Ich nahm die Straße, die nach Byblos
führt.« Er sagt an keiner Stelle, daß er diese Stadt auch
tatsächlich erreichte. Statt dessen verließ er die Straße des
Meeres und wandte sich irgendwo in Oberretenu »nach
Kedem« (Osten).

In dieser Zeit (der mittleren Bronzezeit, 2200–1550 v. Chr.)
wurde die Straße des Meeres auf der Höhe des nördlichen
Teils des Toten Meeres von einer Ost-West-Straße ge-
kreuzt, die Jerusalem am Jordan mit Jaffa (Joppa) am Mittelmeer verband.[2] Wahrscheinlich wandte sich Sinuhe an
dieser Stelle, in der Nähe des Gebietes, in dem der Kampf
zwischen David und Goliat stattgefunden haben soll, nach
Osten, da er so in der Nähe der Straße blieb, die in sein
Geburtsland Ägypten führte. Oberretenu, wo er sich niederlassen wollte, kann fraglos nur das Zentralgebiet Nord-
palästinas gewesen sein und nicht die Stadtstaaten Nord-
syriens, wie angenommen wurde. Die Stadtstaaten waren

befestigt und von starken Mauern umgeben, und außerhalb der Mauern gab es Dörfer und kultiviertes Land. Doch
nach Sinuhes Beschreibung lebte er unter einem Volk halb-
nomadischer Schäfer und Jäger, die in Zelten wohnten.
Wie wir an früherer Stelle gesehen haben, erfuhr Nenschi,
der Herrscher des Gebietes, von Sinuhes Anwesenheit,
nachdem dieser sechs Monate in Oberretenu gelebt hatte.
Nenschi sah in diesem exilierten Ägypter und ehemaligen
Höfling einen nützlichen Verbündeten, nahm ihn unter
seinen Schutz und ließ ihm eine bevorzugte Behandlung
zuteil werden: »Er stellte mich vor seine Kinder. Er verheiratete mich mit seiner ältesten Tochter. Er ließ mich von
seinem Land den erlesensten Teil dessen auswählen, was
er an der Grenze zu einem anderen Land besaß. Es war
gutes Land, das Jaa hieß. Dort gab es Feigen und Trauben
und mehr Wein als Wasser. Honig war im Überfluß vorhanden, und die Olivenbäume waren zahlreich. An den
Bäumen wuchsen alle erdenklichen Früchte. Gerste und
Emmer (Weizen), dazu alle Arten von Vieh ohne Grenzen … Männer jagten für mich und legten mir zusätzlich
zu dem, was meine Jagdhunde erbeutet hatten, (Nahrung)
vor … Ich verbrachte dort viele Jahre, während meine Kinder zu kräftigen Menschen heranwuchsen und jedes seinen
eigenen Stamm führte.«
Nenschi ernannte Sinuhe außerdem zum Befehlshaber seiner Armee. Diese Bevorzugung eines Fremden machte
anscheinend die Ansässigen eifersüchtig, denn Sinuhe läßt
uns wissen: »Es kam ein mächtiger Mann aus Retenu, der
mich vor meinem Zelt herausforderte. Er war ein Kämpfer
ohnegleichen, und er hatte ganz Retenu geschlagen. Er
sagte, er wolle mit mir kämpfen, denn er dachte, er würde
mich schlagen. Nach dem Ratschluß seines Stammes ge-
dachte er, mein Vieh zu stehlen. Doch jener Herrscher

sprach mit mir. Ich sagte: Ich kenne ihn nicht. Ich bin nicht
sein Freund, daß ich frei in seinem Lager herumgehen
könnte ... Er ist eifersüchtig, weil er sieht, daß ich deine
Angelegenheiten ausführe ... Wenn er kämpfen will, so
soll er es sagen. Weiß Gott nicht, was ihm bestimmt ist, um
zu wissen, wie es geschieht?
Ich spannte die Nacht über meinen Bogen. Ich schoß meine
Pfeile. Ich zog meinen Dolch heraus und richtete meine
Waffen auf. Als die Dämmerung hereinbrach, war Retenu
gekommen. Er hatte seine Stämme angestiftet und die
Hälfte des Landes versammelt. Er hatte diese Schlacht
bereits geplant. Er kam an die Stelle, wo ich stand, und ich
stellte mich neben ihn. Alle Herzen entbrannten für mich,
Männer und Frauen schrien. Alle Herzen strebten mir zu
und sagten: Gibt es außer ihm noch einen Starken, der mit
ihm kämpfen könnte? Er (nahm) seinen Schild, seine Axt
und einen Armvoll Wurfspieße. Doch nachdem ich seinen
Waffen entronnen war, ließ ich seine restlichen Pfeile,
die dicht aufeinander folgten, an mir vorbeischießen.
Dann stieß er einen Schrei aus, denn er wollte mich schlagen, und näherte sich mir. Ich schoß auf ihn. Mein Pfeil
bohrte sich in seinen Hals. Er schrie auf und fiel vornüber.
Ich erschlug ihn mit seiner eigenen Axt. Über ihn hinweg
schmetterte ich meinen Kriegsschrei. Alle Asiaten brüll-
ten ... und seine Leute trauerten um ihn. Dieser Herrscher,
Nenschi, der Sohn des Amu, schloß mich in seine Arme.«
Die Exilzeit Sinuhes begann, wie zuvor erwähnt, um 1960
vor Christus, dem letzten Jahr der Herrschaft Amenemhats. Nach dem Tod seines Vaters heiratete sein ältester
Sohn Sesostris seine Schwester Nefru – wie es ägyptische
Sitte war –, um die Thronfolge anzutreten, und herrschte
weitere fünfunddreißig Jahre allein. Während dieser Zeit,
seiner Exilzeit, sehnte sich Sinuhe nach dem Land seiner

Geburt und schickte wiederholt Botschaften zum Palast, in denen er um die Erlaubnis bat, nach Ägypten zurückzukehren, um dort sterben und bestattet werden zu können. Schließlich wurde ihm diese Bitte gewährt, und er verbrachte seine letzten Jahre am Hofe. Sein Grab ist bisher nicht gefunden worden, obwohl bekannt ist, daß es sich im Gebiet von Lischt in Mittelägypten befunden haben muß, wo die Pyramiden von Amenemhat I. und seinem Sohn Sesostris entdeckt wurden.

Sinuhe ist in Wahrheit eine wichtigere Figur in der biblischen Geschichte, als dieser Bericht zu erkennen gibt. Ich habe die Geschichte hier lediglich deshalb erzählt, um auf jene Schlacht mit dem »mächtigen kanaanäischen Mann« hinzuweisen, die im zwanzigsten Jahrhundert vor Christus stattfand und in der Konfrontation zwischen David und dem »Riesen« Goliat eintausend Jahre später ihr Echo findet. Die Parallelen zwischen beiden Berichten sind von vielen Wissenschaftlern konstatiert worden, so zum Beispiel von William Kelly Simpson: »Der … Bericht über den Kampf mit dem Krieger von Retenu ist oft mit der Auseinandersetzung zwischen David und Goliat verglichen worden, für die jene Schlacht vielleicht als literarisches Vorbild gedient hat.«

Zahlreiche Hinweise sprechen für die Hypothese, daß der Autor, der die Geschichte von Goliat in den Samuel-Text einfügte, *Die Autobiographie von Sinuhe* als Quelle benutzte:

1. Der Bericht Sinuhes lag vom zwanzigsten Jahrhundert vor Christus an in einer Vielzahl von Texten vor und war im fünfzehnten Jahrhundert vor Christus, der Zeit des Aufenthalts der Israeliten in Ägypten, weit verbreitet.
2. Wie an früherer Stelle in diesem Buch gezeigt wurde,

kann die Erzählung von der Tötung Goliats ursprünglich nicht zu der Geschichte von Saul und David in den
Versen 16 bis 31 gehört haben; vielmehr handelt es sich
um eine spätere Einfügung, die eine andere Version von
der ersten Begegnung zwischen den beiden Personen
liefert.

3. Während die Feinde Sauls die Philister waren, die im
   zwölften Jahrhundert vor Christus ins Land kamen,
   heißt es von Goliat, er stamme von den Refaim, die in
   alten Zeiten, also auch zur Zeit Sinuhes, in Kanaan
   lebten, ab.

4. Sinuhe erhielt den Oberbefehl über Nenschis Soldaten:
   Dem eingefügten Bericht zufolge erhält David genau
   den gleichen Posten. Es heißt: »... so daß Saul ihn (Da-
   vid) an die Spitze seiner Krieger stellte« (1 Samuel 18,5).
   Dies steht jedoch in Widerspruch zu jenen Teilen des
   Berichts, in denen die Beziehung zwischen David und
   Saul geschildert wird und die nichts mit der eingefügten
   Goliat-Geschichte zu tun haben. Hier heißt es nämlich,
   Abner sei der »Heerführer« Sauls (1 Samuel 17,55 und
   weitere Verse) gewesen, und David sei zuerst zu Sauls
   Waffenträger ernannt worden. Und nach Vers 18,3 habe
   er in Wirklichkeit nicht den Befehl über die ganze Armee
   bekommen, sondern sei »der Oberste einer Tausend-
   schaft« geworden.

5. Wie wir gesehen haben, hielten es spätere Bibelredakteure, die mit drei Versionen der Goliat-Geschichte konfrontiert waren, für notwendig, »den Bruder Goliats« im
   zweiten und dritten dieser Berichte einzuführen. Damit
   sollte das Problem gelöst werden, daß Goliat zum Zeitpunkt dieser Begegnungen angeblich bereits tot war.
   Alle drei Erzählungen werden auch in einem weiteren
   Schlachtbericht wiederaufgenommen. Dort erfahren

wir, daß ein Mann namens Benaja einen Ägypter tötete,
der »einen Speer in der Hand [hatte]. Benaja aber ging
nur mit einem Stock auf ihn los, riß ihm den Speer aus
der Hand und tötete ihn mit diesem Speer« (2 Samuel
23,21).

Aus all dem muß man den Schluß ziehen, daß *Die Autobio-
graphie Sinuhes,* die zur Zeit des Aufenthalts der Israeliten
in Ägypten ausgesprochen beliebt war und in Schulen als
Beispiel hervorragender Literatur diente, den Israeliten in
Erinnerung blieb, als sie in das Gelobte Land aufbrachen.
Später, in Babylonien, fügten die hebräischen Schriftsteller
Sinuhes Begegnung mit einem »mächtigen kanaanäischen
Mann« in das Erste Buch Samuel ein. Denn sie waren
ängstlich darauf bedacht, ein glanzvolles Bild vom Stammesfürsten David zu zeichnen, um ihren Lesern glaubwür-
dig vermitteln zu können, daß er mit dem Gründer des
großen Reiches zwischen Nil und Euphrat identisch sei.

ANHANG E

DER JUNGFRAUENBRUNNEN

Jerusalem wurde auf einer Hochebene erbaut und wird durch zwei Täler begrenzt, das Kidron-Tal (das heutige Silwan) im Osten und das Hinnom-Tal (das heutige Gehenna) im Westen. Diese beiden Täler vereinigen sich im Süden der Stadt. Die Hochebene selbst wird durch einen von Norden nach Süden verlaufenden Taleinschnitt, das Tyropöon-Tal, in zwei Hügelketten geteilt. Der Standort der alten befestigten Stadt war der südliche Teil des östlichen Höhenzugs, der nur hundert oder hundertfünfzig Meter breit ist. Der nördliche Teil des Höhenzugs, der Berg Morija, ein von alters her geheiligter Boden, auf dem Salomo seinen Tempel errichtete und wo jetzt die al-Aksa-Moschee steht, ist höher und flacher. Im Norden geht der Höhenzug in eine Bergkette über, die das Rückgrat Palästinas bildet. Die früheste Siedlung in Jerusalem befand sich am östlichen Höhenzug, in der Nähe einer Quelle, die als Gihonquelle, der christliche Jungfrauenbrunnen, bekannt ist. Diese liegt im Kidron-Tal am Fuß des Höhenzugs, etwa dreihundertzwanzig Meter von dessen südlichem Rand entfernt. Das Gebiet war wie ein verlängertes Dreieck, mit dem Berg Morija oder Tempelberg im Norden und den Tälern Kidron und Tyropöon rechts und links. Die Archäologen bezeichnen dieses Gelände – ohne den Tempelberg – als Stadt Davids, den Standort der alten Festung.
Untersuchungen der Oberfläche begannen vor beinahe zweihundert Jahren, und von der Mitte des 19. Jahrhun-

derts an rückte Jerusalem mehr und mehr ins Zentrum des archäologischen Interesses. Die ersten systematischen Ausgrabungen unternahm zwischen 1867 und 1870 Sir Charles Warren im Auftrag des neugegründeten Palestine Exploration Fund. Warren entdeckte eine Mauer entlang des östlichen Kamms des östlichen Höhenzugs. Weiter südlich legte R. A. S. Macalister im Verlauf seiner Ausgrabungen, die er zusammen mit J. G. Duncan zwischen 1923 und 1925 durchführte, einen weiteren Teil dieses Verteidigungswalls frei. Macalister fand auch einen mächtigen Turm, den er mit David und dessen Sohn und Nachfolger Salomo – wie es in der Bibel heißt – in Verbindung brachte. In diesem Turm sah er eine spätere Ergänzung zu der ursprünglichen Verteidigungsanlage der Jebusiter.

Wie wir bereits oben gesehen haben, brachte Thutmosis III. Jerusalem kampflos in seine Gewalt. Der Satz »Salomo baute den Millo und schloß die Lücke in der Stadt Davids, seines Vaters« im Ersten Buch der Könige (11,27) brachte Macalister und Duncan zu der Auffassung, dieser Turm sei die Stelle, von der aus David in die Stadt eindrang. Sie beanspruchten deshalb, den Beweis für die Bresche in der Mauer sowie für ein an ihrer Stelle errichtetes Bauwerk gefunden zu haben. Dieses Bauwerk betrachteten sie als eine Art Befestigung, die die Mauer an diesem Punkt verstärken sollte.

Der biblische Bericht über David und seine Nachfolger sowie über deren Ausbau Jerusalems schraubte Macalisters Erwartungen hoch. Er hoffte, bei seinen Ausgrabungen eine durchbrochene Stadtmauer zu finden, eine neue Mauer an ihrer Stelle sowie einen Turm oder ein anderes Bauwerk an der Stelle der Bresche.[1] Und anscheinend glaubte er, genau dasselbe an einem Ort zweihundert Meter südlich der heutigen Moschee und oberhalb der Gihon-

quelle im Kidron-Tal gefunden zu haben: »All dies entspricht genau dem, was wir gefunden haben. Die Außen-
mauer der Böschung war praktisch dem Erdboden gleich-
gemacht. Die Steine waren zur Stadtseite hin wild
durcheinandergeworfen, allerdings sind noch Spuren des
ursprünglichen Maueraufbaus erhalten geblieben. Denn
diese großen Steine waren schwer zu bewegen und blieben
liegen, wohin sie gefallen waren. Und da wir meinten,
alles, was als Bresche König Davids identifiziert werden
könnte, sei ein bedeutendes nationales Monument, ließen
wir sie ebenfalls liegen, außer, wenn es nicht anders möglich war, weil wir ein, zwei punktuelle Grabungen am
Hang durchführen mußten ...
Innerhalb dieser Bresche und um sie auszugleichen, verlief
eine lange Mauer beinahe schnurgerade in ostwestlicher
Richtung. Sie war etwa einen Meter dick und in einer Höhe
von etwa zwei Meter vierzig erhalten. An ihrem gegenwärtigen östlichen Ende war sie von späteren Hinzufügungen
überlagert. Diese Mauer wies eine Besonderheit in ihrer
Konstruktion auf, die man an anderen Stellen der ausgegrabenen Mauer nicht festgestellt hatte. Es waren wech-
selnde Verläufe großer Steine und kleiner Steinscherben.
Genau dies war den Umständen nach zu erwarten gewesen. Die Erbauer dieser Mauer konnten die große Bresche
des jebusitischen Walls als Steinbruch benutzen. Doch die
großen Steine des Walls waren schwer zu bewegen. Deshalb zerschlugen sie sie in kleinere Stücke. Dabei blieben
eine Menge Steinsplitter übrig, die sie auf eben beschriebene Weise in die Mauer einbauten. An beiden Endpunkten
der Mauer befindet sich ein starker Turm. Diese Mauer
brachten wir mit dem David zugeschriebenen Bauwerk in
Verbindung ...
Auf ihr (auf der Mauer) wurde ein quadratischer Turm

errichtet; und ein kleines Mauerstück blieb stehen, welches einer jener Türme gewesen zu sein scheint, die durch einen Gang miteinander verbunden sind. Diese Konstruktion, die die Bresche [«Millo« = Füllung] ausfüllt, wagen wir als den lange verschollenen Millo zu identifizieren.«[2]

Macalister scheint mit seiner Beschreibung sagen zu wollen, er habe endlich einen soliden archäologischen Beweis, der die biblische Geschichte von Davids Eroberung Jerusalems in den ersten Jahren des zehnten Jahrhunderts vor Christus bestätige. Doch die Fragen, die Macalister mit seinen Schlußfolgerungen löste, warfen neue Probleme auf hinsichtlich der Methode, mit der – wie im Zweiten Buch Samuel beschrieben – David die Stadt einnahm: Er bediente sich nämlich eines Schachts. Am östlichen Höhenzug lokalisierte Macalister einen Wasserschacht, der einen Zugang zu der Gihonquelle fast direkt unten im Kidron-Tal bot. Nur ragte der obere Teil dieses Schachts etwa fünfundzwanzig Meter über die Mauerlinie, die Macalister gefunden hatte. Dies wäre für die Bewohner gewiß eine unbefriedigende Lösung gewesen, um in Zeiten der Belagerung Zugang zu den Wasserquellen zu haben.

Die britische Archäologin Kathleen Kenyon beschäftigte sich mit diesem Problem, als sie an Ausgrabungen an jenem Ort im Jahr 1961 teilnahm. Sie begann mit den Grabungen am Wasserschacht östlich von Macalisters Grabungsort und fand heraus, daß die alten Bewohner der Stadt einen Tunnel gegraben hatten, um sich die Wasserversorgung zu sichern. Zuerst versuchten sie, einen Schacht senkrecht hinunter zu graben, scheiterten jedoch an der Härte des Gesteins. Dann gruben sie einen winkelförmigen Stollen mit Treppen, der in einem Schacht mündete, der wiederum zur Quelle hinunter führt. Durch diesen Schacht konnte man Wasser holen, ohne von den die

Stadt belagernden Feinden gesehen zu werden, Wasser
geholt werden. Man nimmt an, daß mit dem Begriff
»Schacht«, wie er im Zweiten Buch Samuel in der Geschichte der Eroberung Jerusalems durch David benutzt
wird, dieses System gemeint ist.

Von dem Schacht auf dem Höhenzug den Hang hinunter
bis zur Quelle schaufelte man einen Graben. Schon zu
einem frühen Zeitpunkt der Ausgrabungen war klar, daß
die Annahme, die Mauer sei Teil der jebusitischen Stadt,
falsch war: »Ein Graben … wurde vom Fuß von Macalisters ›Davidsturm‹ aus angelegt, der 27,25 Meter tief hinunter führte. Bald wußte man jedoch, daß der Turm nicht
aus der Zeit Davids stammte.«[3] Der Turm, den man als
Davids Werk zur Stärkung der Abwehr gegen die Jebusiter
betrachtet hatte, war, so fand man heraus, auf den Trüm-
mern von Gebäuden errichtet worden, die aus dem siebten
Jahrhundert vor Christus datierten, und der Turm selbst
datierte erst aus dem dritten oder zweiten Jahrhundert vor
Christus. Zudem zeigten die Funde aus dem Graben, der
in den Hang gebaut worden war, daß die »früheste Mauer
am Rand der Böschung zu Beginn der Mittleren Bronzezeit
(II A; um 1800 v. Chr.) in den natürlichen Felsen gebaut
worden war. Sie ist zweieinhalb Meter breit und aus riesigen Felsblöcken erbaut. Aufgrund der Funde im Mauer-
fundament muß diese definitiv in die Mittlere Bronzezeit II
datiert werden … Dies war die Mauer, die die Stadt bis in
die Zeit der israelitischen Monarchie hinein schützte.«[4]

Spuren einer Ausbesserung wurden nicht gefunden: »Vom
topographischen Standpunkt aus ist vollkommen klar,
weshalb die Mauer an dieser Stelle errichtet worden ist. Sie
wurde am Abhang errichtet, damit der Eingang in den
ersten zur Quelle führenden Schacht noch innerhalb der
Stadtmauer lag.«[5]

Obwohl archäologische Ausgrabungen aller Art in Jerusalem seit damals noch eineinviertel Jahrhunderte weitergingen, wurde bisher kein Beweis für die These gefunden, daß die Stadt zur Zeit des Stammeskönigs David im frühen zehnten Jahrhundert vor Christus gewaltsam eingenommen wurde oder daß in der Stadt zu jener Zeit irgend etwas erbaut worden war. So hat der Stammeskönig David weder historische noch archäologische Spuren hinterlassen.

Trotz der Beweise für die Existenz des in der Bibel erwähnten Millo datiert er nicht aus der Zeit des Stammeskönigs David oder seines Nachfolgers, sondern aus der Zeit der Nachfolger Thutmosis' III. Im Ersten Buch der Könige (9,27) wird erzählt, daß Salomo, der Nachfolger Davids, einen Millo erbaute. Es wird heute jedoch allgemein angenommen, daß dieser Millo eine Art Füllung war, um die Stadt zu vergrößern und ihre Verteidigung zu stärken. Kathleen Kenyon konnte auch dieses Problem lösen. Man fand heraus, daß wegen des steilen östlichen Hangs eine Reihe abgestufter Terrassen geschaffen wurden, die mit Steinen aufgefüllt und von einer Steinmauer gestützt wurden, welche sich vom Fundament der Stadt aus erhob: »Die früheste ummauerte Stadt Jerusalem erstreckte sich gegenwärtigen Erkenntnissen nach also den östlichen Höhenzug hinauf, wobei die Gebäude den steilen Anstieg des Höhenzugs hinauf gebaut wurden. Der nächste Schritt in der Anlage der Stadt erfolgte offenbar im vierzehnten Jahrhundert vor Christus … Im Jahr 1961 wurde nachgewiesen, daß auf der oberen Seite des Höhenzugs ein raffiniertes System von Plattformen errichtet wurde, mit dem Ziel, die sehr beschränkte Fläche auf dem Hügel zu erweitern. In diesem Jahr wurden diese Plattformen in allen Einzelheiten untersucht. Der Teil des Komplexes, der einen solch eindrucksvollen Abschluß der Ausgrabungstätigkeit im

Jahr 1961 bildete, war bereits im siebten Jahrhundert vor
Christus in Gebrauch und wahrscheinlich sogar schon Bestandteil der babylonischen Anlage gewesen ...
Er bestand im wesentlichen aus Stützmauern, die parallel
zur Hügelkette verlaufen und eine Füllung stützen. Diese
wurde durch eine Art Strebepfeiler stabilisiert, die in rech-
tem Winkel zum Abhang errichtet waren. Diese Strebepfeiler waren nicht in sich selbst stabil, da sie zum größten
Teil nur von der Dicke eines Steins waren. Doch sie waren
dicht nebeneinander, im Abstand von etwa einem Meter,
gebaut worden. Der freigelegte Teil der Mauer scheint von
außen her entlang einer Grundlinie gebaut worden zu sein.
Zu beiden Seiten waren zusätzliche Füllungen vorhanden,
denen gegenüber jeweils ein Strebepfeiler errichtet worden
war, der sich gegen diese Grundlinie lehnte ... und der
größte Teil des untersuchten Areals lag südlich dieser Linie. Höchstwahrscheinlich hatte es eine ganze Reihe solcher Abschnitte gegeben, von denen jeder von außen her
entlang einer ähnlichen Grundlinie errichtet worden war.
Die Füllung der einzelnen Abschnitte war unterschiedlich:
An manchen Stellen war sie ganz aus losem Schotter, an
anderen aus Erde und manchmal aus dünnen Schichten,
die wie aus Torf oder Lehmziegeln aussahen (nur daß die
Schichten dafür viel zu breit waren und feste Abschlüsse
hatten), was schwer zu interpretieren ist.
In der Füllung selbst machten wir keine großen Funde,
doch es gab immerhin viel Keramik, darunter ein paar
Scherben mykenischer Herkunft und Milchschalen aus
weißem geschlammtem Ton II, die bewiesen, daß diese
Füllung etwa aus dem vierzehnten Jahrhundert vor Christus stammte ...«[6] Dies war die Zeit, als Amenophis III.,
Urenkel von David/Thutmosis III. und Vater von Mo-
se/Echnaton, in Ägypten regierte und Jerusalem drei Jahr-

zehnte nach dem Tod Thutmosis III. in seine Gewalt brachte.

»Der Aufbau war kunstvoll ausgeführt und offenbar das Ergebnis einer durchdachten Stadtplanung. Er erstreckte sich zunächst einmal auf etwa 18,5 Meter Länge an der (Ost-)Seite der Mauer und war damit genauso breit wie ein Gebäude. Es war jedoch leicht einzunehmen, denn die so entstandene Plattform konnte nur bestehen, wenn die Stützmauern dem beträchtlichen Druck der Füllung dahinter standhalten konnten. Diese Stützmauern bestanden aus grob zurechtgehauenem Mauerwerk, das ausgezeichnet hielt, solange es völlig intakt war, doch schnell zusammenfiel, wenn es erst einmal beschädigt war. Feindliche Invasionen und Naturereignisse wie Erdbeben oder sturzbachartige Regenfälle konnten solche Beschädigungen verursachen ...«[7]

Zwar gibt es in den Geschichten über die Eroberung Jerusalems durch König David und die Inbesitznahme des heiligen Bodens auf dem Berg Morija genaue historische Hinweise. Doch alles spricht dafür, daß diese Ereignisse nicht in der Zeit des Stammeskönigs David in der ersten Hälfte des zehnten Jahrhunderts vor Christus stattfanden, sondern bereits fünfhundert Jahre früher, als David (Thutmosis III.) die Stadt während seiner Belagerung Megiddos zu seiner Residenz machte. Seit dieser Zeit hieß die Festung mit ihrem neuen Namen Urusalim und wurde mit dem König David und seinen Nachkommen in Verbindung gebracht.

ANHANG F

KÖNIG DES FRIEDENS

Salomo erbte ein riesiges Reich. Er »war Herrscher über alle Reiche vom Euphrat bis zum Land der Philister und bis an die Grenze Ägyptens« (1 Könige 5,1). Wie schon erwähnt, bestand dieses Reich vom fünfzehnten bis zum dreizehnten Jahrhundert, danach gehörte Nordsyrien bis zum Euphrat nicht mehr dazu, und der gesamte asiatische Teil des Imperiums ging um die Mitte des zwölften Jahrhunderts verloren. Von da an bis zur zweiten Hälfte des sechsten Jahrhunderts, als die Perser Ägypten eroberten, konnte sich kein König mehr damit brüsten, über ein Reich vom Nil bis zum Euphrat zu herrschen. Deshalb kann Salomo nicht der Nachfolger des Stammeskönigs David gewesen sein, denn im zehnten vorchristlichen Jahrhundert gab es kein Reich, das er hätte erben können.

Jenes Reich hatte ursprünglich Thutmosis III. geschaffen. Sein Thronfolger war Amenophis II. (ca. 1436–1414 v. Chr.), ebenfalls ein kriegerischer König, dem man eine solche Körperkraft nachsagte, daß er eine handbreitdicke Metallscheibe mit seinem Pfeil durchbohren konnte. Zu Beginn seiner Regierungszeit marschierte er in Nordsyrien ein, um einen Aufstand niederzuschlagen. Bei seiner Rückkehr nach Theben brachte der König sieben Anführer der Rebellen mit, die mit dem Kopf nach unten in seinen Schiffen gefangengehalten und dann an den Mauern Napatas im nördlichen Sudan aufgehängt wurden. Anschließend versuchte er, sein Reich noch weiter nach Kleinasien hin

auszudehnen. Der Nachfolger von Amenophis II. war sein
früh verstorbener Sohn Thutmosis IV. (ca. 1413–1405
v. Chr.), »als ein Versuch mit zweifelhaften Absichten und
Ausmaßen unternommen wurde, die militärischen Aktivitäten der Ägypter in Syrien fortzusetzen«[1].
Zweiunddreißig Jahre nach dem Tod des großen Eroberers
Thutmosis III. »bestieg sein Urenkel den Thron Ägyptens.
Drei Generationen hatten genügt, um den Traum der frühen Potentaten der Achtzehnten Dynastie zu verwirkli-
chen: Ägypten war die uneingeschränkte Führungsmacht
der bekannten Welt. Ägyptens Kuriere zogen ungehindert
durch den Nahen Osten, nach Babylon, ins Königreich der
Hethiter, nach Mitanni (Nordmesopotamien) und Zypern;
die ägyptische Handelsflotte kreuzte nach Byblos, Tyrus,
Ugarit (in Syrien), Kreta und zur griechischen Ägäisküste,
ohne von Piraten belästigt zu werden. Unermeßlicher
Reichtum floß von den Goldminen des Sudans und den
abgelegenen mittelafrikanischen Regionen ins Land; jähr-
lich trafen die Tributzahlungen aus dem Norden ein, auf
dem Rücken herbeigeschleppt von den eingeschüchterten
Kanaanitern und Hurritern.«[2] Als Herrscher dieses riesigen Reiches zwischen Nil und Euphrat nahm Amenophis III. eine einzigartige Stellung in der Geschichte des
Alten Orients ein. Später wurde er bekannt als »der große
Horus, der König der Könige, der Herrscher der Herrscher … Unter Amenophis III. hatte Ägypten die Position
einer absoluten Weltmacht erlangt, wie sie sie noch nie
zuvor erreicht hatte und danach nie mehr erreichen
sollte.«[3]
Warum sollte Amenophis III. als Salomo in die Geschichte
eingehen? Die Antwort liegt darin, daß der Name »Sicherheit« oder »Frieden« bedeutet. Abgesehen von einer unbe-
deutenden militärischen Operation im nördlichen Sudan

in seinem fünften Regierungsjahr, herrschte unter Amenophis III. fast immer Frieden. Er war der erste König des
Ägyptischen Reiches, der keine Feldzüge im westlichen
Asien unternahm. Vielmehr vertraute er auf Bündnisse,
den Austausch von Geschenken und diplomatischen Briefen mit den anderen Königen der damals bekannten Welt,
um eine Atmosphäre freundschaftlicher Beziehungen zwischen Ägypten und den anderen Ländern aufzubauen. Um
der Friedenssicherung willen ging der weitsichtige Pharao
auch mehrere Ehen mit ausländischen Prinzessinnen ein –
mit zwei aus Syrien, zwei aus Mitanni, zwei aus Babylonien sowie mit einer aus Arzawa im Südwesten Kleinasiens. Welcher Reichtum und Luxus in jener Epoche herrschte, zeigt sich daran, daß Gilukhepa, eine seiner Frauen aus
Mitanni, angeblich mit einem Gefolge von 317 Dienerin-
nen in Ägypten eintraf.

Sein Ruf, der weise Nachfahre des David zu sein, wurde
auch dadurch gefördert, daß er die beiden Abstammungslinien der Familie Thutmosis' III. vereinte. Nach dem Tod
seines Vaters heiratete der damals etwa zwölf Jahre alte
Amenophis III. seine minderjährige Schwester Sitamun,
um gemäß ägyptischer Sitte den Thron zu erben. Aber kurz
darauf heiratete er noch Teje, die Tochter von Josef dem
Patriarchen und die Ur-Ur-Enkelin von Thutmosis III. und
Sara, und machte sie – nicht Sitamun – zu seiner königlichen Gemahlin.

KRÖNUNG

Ähnlichkeiten zwischen Amenophis III. und Salomo finden wir in der biblischen Darstellung der Krönung des letzteren. Nach den Angaben der Bibel wurde auf Davids Geheiß Salomo zum »König von Israel« (1 Könige 1,34) gesalbt. Die Salbung des Königs vor der Thronbesteigung war eine ägyptische, keine kanaanäische Gepflogenheit, obwohl im vorhergehenden Ersten Buch Samuel darauf hingewiesen wird, daß diese Sitte sowohl bei Saul als auch bei dem Stammeskönig David zur Anwendung kam. Doch das eigentliche hebräische Wort, das verwendet wurde, lautet *MeSHeH* und ist vom ägyptischen *MeSeH* abgeleitet. Nach der Salbung, so heißt es weiter, habe David gesagt, Salomo solle kommen und »sich auf meinen Thron setzen« (1 Könige 1,35). Nirgendwo in der Bibel wird berichtet, Saul oder der Stammesfürst David hätten einen Thron gehabt, und in zwei früheren Passagen des Alten Testaments – bei der Ernennung von Josef dem Patriarchen zum Obersten Verwalter des Pharao (»Nur um den Thron will ich höher sein als du« [Genesis 41,40] und in der Geschichte von der Erschlagung des Erstgeborenen des »Pharao, der auf dem Thron saß« [Exodus 12,29]) – bezeichnet der Begriff den Sitz der pharaonischen Macht. Der deutsche Bibelwissenschaftler Otto Eissfeldt vertrat die Ansicht: »Man kann sich vergleichsweise leicht vorstellen, wie der im Ersten Buch der Könige (10, 18–20) beschriebene Thron ausgesehen hat, der aus Gold und Elfenbein war, sechs Stufen hatte und im Audienzsaal stand ... In seiner großzügigen Verwendung von Gold kann er zweifellos mit dem wunderbar erhalten gebliebenen Sessel von Tutanchamun verglichen werden.«[4] Andere Aspekte in der Darstellung der Krönung Salomos im Ersten Buch der

Könige – das Blasen der Hörner, der Ausruf »Es lebe König
Salomo« und die prozessionsartige Begleitung des Königs
zum Thron – entsprechen den ägyptischen Sitten, doch in
den Berichten über die Krönung Sauls und des Stammeskönigs David finden wir nichts Vergleichbares.

Der Vorstellung vom Königtum, die den Hebräern ursprünglich fremd war, wurde in der israelitischen Theologie ein ähnlicher Platz zugewiesen wie bei den Ägyptern,
und sie kommt in den biblischen Büchern zum Ausdruck,
die sich mit der Zeit ab dem Stammeskönig David befassen: »Nach Ansicht einiger Gelehrter hat sich Israel, als es
die Institutionen des Königtums von den Heiden übernahm, zugleich auch die heidnische Vorstellung vom Königtum und das Ritual, das es angeblich mit allen Nach-
barn gemeinsam hatte, angeeignet. Demnach wurde der
König als Gott oder Halbgott angesehen.«[5] Eine derartige
Situation lag weder bei Saul noch bei dem Stammesfürsten
David vor – sie waren lediglich Oberhäupter der verbündeten Stämme –, sondern betraf vor allem den König David
und seine Dynastie. Unter diesem Herrschergeschlecht
wurde wie in der ägyptischen Tradition der König als Sohn
der Gottheit betrachtet. »Mein Sohn bist du. Heute habe ich
dich gezeugt«, sagt in den Psalmen 2,7 Jahwe zu König
David. Und von Salomo sagt er: »Ich will für ihn Vater sein,
und er wird für mich Sohn sein« (2 Samuel 7,14). Der Herr
der Israeliten bezeichnet seinen königlichen Sohn nun auch
als »Gesalbten« (Psalmen 2,2; 18,50; 20,6).

Die traditionelle Vorstellung vom Königtum beruhte darauf, daß der König und seine Nachfahren eine Art heiliges
Recht hatten, über ihr Volk zu herrschen und von ihm
Gehorsam zu verlangen. Denn die alten Könige wurden als
von den Göttern abstammende Halbgötter angesehen. Allerdings beinhaltete der israelitische Gedanke vom auser-

wählten Volk nicht dieses Königsbild. Israel (Jakob) und
seine Nachkommen hatten einen Bund mit Gott geschlossen, daß sie ihm folgen würden und er sie dafür siegreich
über ihre Feinde machen würde. In dieser Stammesgesell-
schaft gab es keinen einzelnen Menschen oder ein Herrschergeschlecht, dem man einen rechtmäßigen Anspruch
auf die Herrschaft zubilligte. Daß David als der Sohn Gottes angesehen und ihm ein Herrschaftsrecht zuerkannt
wurde, stellte also eine Neuheit in der israelitischen Geschichte dar.

EHEN

Wie die Bibel schreibt, »verschwägerte sich [Salomo] mit
dem Pharao, dem König von Ägypten. Er nahm eine Tochter des Pharao zur Frau und brachte sie in die Davidstadt«
(1 Könige 3,1). Dies deutet darauf hin, daß er ein Mitglied
des ägyptischen Königshauses war, nicht der Familie des
Stammesfürsten David; man weiß nämlich aus den Amarna-Briefen, daß ägyptische Pharaonen niemals ihre Töchter
mit ausländischen Herrschern verheirateten. Doch seine
erste Ehe schloß Amenophis III. mit seiner minderjährigen
Schwester Sitamun. Der Versuch des Bibelerzählers, Salomos Verbindung mit der Pharaonentochter ins zehnte Jahrhundert vor Christus zu verlegen, ist mißglückt, doch die
Überlieferung der Eheschließung an sich paßt zu den historischen Fakten, die uns über Amenophis III. vorliegen.
Der Bericht von dieser Eheschließung ist nur deshalb überliefert worden, um sie einer anderen Tatsache gegenüber-
zustellen: Obwohl Salomo angeblich siebenhundert fürst-
liche Frauen und dreihundert Nebenfrauen hatte (1 Könige

11,3), waren diese allesamt Ausländerinnen: »König Salomo liebte neben der Tochter des Pharao noch viele andere
ausländische Frauen: Moabiterinnen, Edomiterinnen, Sidonierinnen, Hethiterinnen« (1 Könige 11,1). Diese Liebe
zu ausländischen Frauen ist auch für Amenophis III. belegt, der nach der Eheschließung mit Sitamun, die ihm den
Thron sicherte, die Israelitin Teje, die Tochter von Juja
(Josef), heiratete, sowie die oben genannten sieben Prinzessinnen.

Die Erwähnung der Pharaonentochter als Salomos Hauptfrau läßt darauf schließen, daß sie – wie auch bei Amenophis III. – eine Frau aus seinem eigenen Volk war. Wäre
Salomo König von Israel gewesen, könnte man erwarten,
daß in der Bibel eine israelitische Frau genannt wird, die
seinen Nachfolger zur Welt bringt – um so mehr, da nach
israelitischer Tradition die Abstammungslinie nach der
Mutter bestimmt wird. Aber in der Salomo-Geschichte ist
nur von ausländischen Frauen die Rede, angefangen mit
der Tochter des Pharao. Selbst der Kronprinz Rehabeam
soll der Sohn einer Ammoniterin gewesen sein (1 Könige
14,21).

Diese Geschichte beruht auf der Grundlage, daß Amenophis III. Teje, eine Israelitin, zur Königin machte, was zur
Folge hatte, daß deren Sohn später abgewiesen wurde, weil
seine Mutter eine Ausländerin war.

DIE BRANDSCHATZUNG GEZERS

Der ägyptische König, dessen Tochter mit Salomo verheiratet wurde, bleibt ungenannt, doch es heißt von ihm, er
sei »heraufgezogen, hatte Geser erobert und eingeäschert,

die Kanaaniter, die darin wohnten, getötet und die Stadt
als Brautgeschenk seiner Tochter, der Frau Salomos, gegeben« (1 Könige 9,16). Man weiß weder den Namen des
Pharao noch den genauen Zeitpunkt dieses Ereignisses,
doch es kann nicht in dem Zeitraum stattgefunden haben,
der nach konventionellem Verständnis als Salomos Herrschaftsperiode angesehen wird (ca. 965–925 v. Chr.). Es
gibt keinen Hinweis darauf, daß irgendeiner der Könige
der schwachen Einundzwanzigsten Dynastie, die verläßli-
chen Angaben zufolge 945 v. Chr. endete, Kriegszüge in
Westasien unternahm. Außerdem ist bekannt, daß Gezer,
das im judäischen Hochland etwa dreißig Kilometer westlich von Jerusalem lag, im zehnten vorchristlichen Jahrhundert zum Herrschaftsgebiet der Philister gehörte. Wie
sollte es dann möglich sein, daß der betreffende Pharao
gegen die Kanaaniter anstatt gegen die Philister kämpfte?
Tatsächlich werden die Philister nirgendwo in der Geschichte Salomos erwähnt – ein weiteres Anzeichen dafür,
daß er regiert haben muß, *bevor* die Ägypter durch den
massenhaften Einfall der »Seevölker« in der zweiten Hälfte
des zwölften Jahrhunderts vor Christus die Herrschaft
über Palästina verloren.

Da Salomo ein riesiges und gesichertes Reich besaß und
keine Kriege führen mußte, konnte er sich darauf konzen-
trieren, zahlreiche Neuerungen und Veränderungen im
ägyptischen Staatswesen einzuführen.

ANHANG G

REBELLION

Nach Otto Eissfeldt zeichnete sich die Herrschaft Salomos durch fünf charakteristische Eigenschaften aus, die allesamt eher mit dem Leben und der Zeit Amenophis' III. in Verbindung gesetzt werden können als mit dem Stammesfürsten David, der vier Jahrhunderte später lebte:

1. Veränderungen in der israelitischen Militärorganisation, wobei der Kampfwagen als wichtige Kriegswaffe eingeführt wird;
2. die Schaffung neuer Verwaltungsbezirke;
3. Baumaßnahmen in großem Stil, darunter der königliche Palast und der dazugehörige Tempel sowie befestigte Militärlager für die Garnison im Norden;
4. Veränderungen im Steuersystem;
5. die Verfeinerung der Hofzeremonie und die Pflege diplomatischer Beziehungen zu ausländischen Fürsten.[1]

Wenden wir uns zunächst der Frage der Militärorganisation zu:

In der Geschichte der Menschheit konnten zu allen Zeiten diejenigen, die das technisch höherentwickelte Kriegsgerät besaßen, ihre Feinde im Kampf besiegen, sofern sie nicht rein zahlenmäßig unterlegen waren. Nur im Falle der biblischen Geschichte von David will man uns glauben machen, er habe mit seiner schwachen Streitmacht von sechshundert Kriegern und ein paar ungeübten Männern

einiger Stämme sowie mit primitiver Ausrüstung – in einer
Zeit, da die Philister bereits Eisenwaffen kannten – alle
mächtigen Königreiche Westasiens mit ihren befestigten
Städten und schnellen Kampfwagen schlagen können.
Dies entsprach natürlich nicht der tatsächlichen Situation,
sondern ist auf den Versuch des biblischen Erzählers zurückzuführen, die Leistungen des mächtigen Thutmosis' III. mit den Taten des israelitischen Stammesfürsten zu
verknüpfen.
König David (Thutmosis III.) verfügte tatsächlich über eine
starke, gut ausgebildete und straff organisierte Armee, die
mit den besten Kampfwagen seiner Zeit ausgerüstet war,
sonst wäre er nicht in der Lage gewesen, sich ein so riesiges
Reich zu schaffen. Der amerikanische Philologe Alan Richard Schulman hat jedoch gezeigt[2], daß der Kampfwagen
zu dieser Zeit lediglich einen Teil der Armee bildete. Erst
zu Beginn der Regierungszeit Amenophis' III. wurden die
Wagenlenker zu einer von der Infanterie getrennten Einheit.
Es war daher, wie es in der Bibel heißt, Salomo im Gewande
Amenophis' III., der die Kampfwagen zu einer eigenen
Kampftruppe machte. Wie viele Kampfwagen hatte er? Im
Alten Testament wird als eine Zahl »vierzehnhundert«
(1 Könige 10,26) genannt. Aus historischen Quellen wissen
wir, daß zur Zeit des Großen Reiches in einigen kanaanäischen Garnisonen etwa dreißig Kampfwagen vorhanden
waren, während der ausgegrabene Stallbereich der alten
befestigten Stadt Megiddo – der größten in Palästina, die,
wie wir an früherer Stelle gesehen haben, fälschlicherweise
auf das zehnte Jahrhundert vor Christus datiert wurde –
ausreichend Platz für etwa einhundertundfünfzig Wagen
geboten hätte. Eine Wagenstreitmacht dieser Größe konnte
nicht in kurzer Zeit aufgestellt werden, da zur Beherr-

schung dieser entwickelten Waffe ein jahrelanges speziel-
les Training notwendig war: »Der Wagenlenker mußte
eine lange und gründliche Ausbildung absolvieren und
blieb in der Armee, solange er kampftauglich war, zumindest aber einige Jahre; das heißt, er mußte Berufssoldat
werden.«[3]
Obwohl in ägyptischen Berichten die Herausbildung einer
Berufsarmee von der Zeit Thutmosis' III. an bestätigt wird,
gibt es nicht einmal in der Bibel selbst einen Hinweis
darauf, daß zur Zeit des Stammesfürsten David oder seines
Nachfolgers ein derartiges Militärsystem in Israel existierte. Und wenn ein König im zehnten Jahrhundert vor Christus einen so mächtigen und unabhängigen Kampfver-
band besessen hätte, wäre er nach dem Tod des Königs
sicherlich nicht spurlos verschwunden, wie es bei dem
biblischen Salomo der Fall ist.

Der Bibel nach wurde das Reich, das Salomo erbte, in der
Zeit seiner Herrschaft zu einem gewissen Grad geschwächt: »(Salomo) hinterließ [das Reich] nicht ganz in
dem Umfang, in dem er es übernommen hatte. Zunächst
gab es Schwierigkeiten mit Edom (...) Hadas [machte]
Salomo eine Zeitlang zu schaffen, doch mit welchem Erfolg
oder welche Maßnahmen der König gegen ihn ergriff, ist
uns nicht bekannt. Salomo verlor wohl nie die Kontrolle
über Edom ... Die Unruhen in Syrien waren schwerwie-
gender. Salomo hatte die Oberhoheit über die aramäischen
Länder ... übernommen ... (Seine Stellung) geriet ernsthaft
ins Wanken, als sich Rezon, vormals ein Untertan Hadad-
Esers, mit einer Schar verwegener Männer der Stadt Damaskus bemächtigte und sich dort zum König ausrufen
ließ (...) Wir wissen nicht, ob und mit welchem Erfolg
Salomo etwas gegen Rezon unternahm, noch warum in-

nerhalb seiner Regierungszeit sich dieses ereignete. Aber
der Text legt den Schluß nahe, daß er über Rezon nie Herr
werden konnte. Es bleibt ungewiß, welche Gebiete Salomo
in Syrien aufgeben mußte. Er behielt vermutlich wenig-
stens nominell die Kontrolle über seine aramäischen Besitzungen, abgesehen von Damaskus, doch war sein Einfluß
in Syrien geschwächt.«[4]

Diese Aufstände werden in den Amarna-Briefen, den diplomatischen Schriften, die sich auf die Regierungszeit
Amenophis' III. beziehen, erwähnt. In den Briefen von palästinensischen Königen, insbesondere von Abdi-Kheba
aus Jerusalem, ist von ständigen Unruhen im Gebiet von
Edom und Südpalästina die Rede: »Das ganze Land des
Königs ist in Aufruhr.«[5] Die nomadischen Khabiri griffen
zu Beginn des vierzehnten Jahrhunderts vor Christus, also
zur Zeit der Herrschaft Amenophis' III. und der kurzen
Alleinherrschaft seines Nachfolgers Echnaton, mehrere
Stadtstaaten in Südpalästina an. In einem anderen Brief an
den Pharao nennt Abdi-Kheba den Ursprung der Rebellen:
»Sie kämpften bis hin zum Seeri (Berg Seir in Edom) gegen
mich.«[6]

Diese Schwierigkeiten in Südpalästina waren jedoch nicht
so gravierend, daß sie die Macht des Königs in diesem
Gebiet in irgendeiner Weise geschwächt hätten. In Nordsyrien war die Situation allerdings weitaus kritischer.
Noch bevor Amenophis III. den Thron bestieg, festigte das
Königreich Mitanni, das östlich des Euphrat im nördlichen
Mesopotamien lag und von Thutmosis III. geschlagen
worden war, erneut seinen Einfluß auf die Stadtstaaten in
Nordsyrien. Amenophis III. schloß angesichts dieser Bedrohung einen Friedensvertrag mit dem König von Mitanni und heiratete zwei mitannische Prinzessinnen. Außerdem sandte er dem König von Mitanni jedes Jahr dreißig

Einheiten Gold als Gegenleistung dafür, daß dieser den
nordsyrischen Teil seines Reiches schützte: »Wir wissen,
daß es mit Mitanni eine definitive Übereinkunft gab, die
mehr oder weniger mit Grenzproblemen zu tun hatte ... Es
ist sehr gut möglich, daß zu dieser Zeit die Grenze des
tatsächlichen Machtbereichs Ägyptens eine Linie nördlich
von Gubla (Byblos an der nordphönizischen Küste) darstellte ... die landeinwärts nach Süden zur Stadt Kadesch
am Orontes (in Nordsyrien) führte.«[7] Anders gesagt, das
Reichsgebiet, das Ägypten in dieser Zeit verlor, lag zwischen Kadesch am Orontes, nördlich von Damaskus, den
Grenzen des kleinasiatischen Königreichs der Hethiter im
Norden und den Grenzen von Mitanni im Osten.
Doch die Probleme Amenophis' III. in diesem Gebiet waren damit noch nicht beseitigt. Gegen Ende seiner Regierungszeit war die Macht des Königs über den nördlichen
Teil des Reiches einschließlich Damaskus durch den mächtigen Hethiterkönig Suppiluliuma gefährdet. Dieser stellte
auch für Mitanni, Ägyptens Verbündeten in diesem Gebiet, eine Bedrohung dar. Akizzi, der Herrscher über die
nordsyrische Stadt Qatna, die ein paar Kilometer nördlich
von Kadesch lag, erwähnte diese Gefahren in seinen Briefen an Amenophis III.: »An König Annumuria (Amenophis III.), Sohn der Sonne, meinen Herrn, so (spricht) dein
Diener Akizzi. Siebenmal beuge ich mich zu Füßen meines
Herrn. Mein Herr in diesem meinem Land, ich fürchte
mich. Mögest du den, der dein Diener unter dem Joch
meines Herrn ist, schützen. Ich stehe nicht auf gegen das
Joch meines Herrn. Siehe, ich habe Furcht vor meinen
Feinden ... dieses Land gehört zu deinen Ländern: Die
Stadt Qatna ist deine Stadt ... die Soldaten und Wagenlenker der Regierung meines Herrn haben Korn und Getränke, Ochsen und Vieh bekommen ... nun der König des

Landes der Hethiter ... Männer, die zerstören, dienen dem
König des Landes der Hethiter: er schickt sie voran. Mein
Herr, Asiru (der König des nordsyrischen Landes Amurru
an der nordphönizischen Küste, der von Hethitern dazu
angestachelt wurde, ägyptische Stellungen in Syrien zu
erobern) vertreibt meine Diener, die Männer der Stadt
Qatna ... aus dem Land der Herrschaft meines Herrn; und
siehe, (er nimmt) Besitz von den nördlichen Ländern meines Herrn.«[8]

In einem späteren Brief informierte Akizzi den König darüber, daß das Land Ubi westlich von Damaskus bedroht
sei: »So wie Damaskus ... schreckerfüllt ist vor den verbündeten Feinden und flehentlich die Hände erhebt zu Füßen
des Königs, genauso erhebt die Stadt Qatna die Hände.«[9]

Zusammenfassend kam Frederick J. Giles, ein kanadischer
Ägyptologe, der eine Studie über die Amarna-Briefe erstellte, zu dem Schluß, daß »die meisten Briefe, die von
dem angeblichen Zusammenbruch des ägyptischen Reiches in der Amarna-Periode handeln, aus der Regierungszeit Amenophis' III. stammen«.[10] Und an späterer Stelle
heißt es bei ihm: »Zur Zeit des Todes Thutmosis' III. war
(das Reich) sicherlich um einiges größer als beim Tode
Amenophis' III. Doch dieses offensichtliche Zusammen-
schrumpfen war vermutlich eher auf politische Ursachen
zurückzuführen als auf militärische Niederlagen.«[11] Der
biblische Bericht von den Veränderungen im Reich König
Davids zur Zeit Salomos stimmt also mit den historischen
Berichten über Ereignisse in der Regierungszeit Amenophis' III. überein.

Die Amarna-Briefe werfen auch ein wenig Licht auf den
biblischen Bericht, in dem festgestellt wird: »Damals trat
König Salomo zwanzig Städte in der Landschaft Galiläa an
Hiram (den König von Tyrus) ab« (1 Könige 9,11). Der

Name des Königs von Tyrus in diesen Briefen ist aber nicht Hiram, sondern Abimilichi. Aus diesen Briefen wissen wir, daß »der König, mein Herr, mich zum Wächter der Stadt Tyrus, der ›königlichen Magd‹ ernannt hat ... Ich bin ein Beamter des Königs.«[12] In einem anderen Brief mit der Nummer 99, der sich im Museum in Berlin befindet, bittet Abimilichi den König, ihm eine weitere Stadt zu geben: »Möge der König, mein Herr, seinem Diener Unterstützung zuteil werden lassen und seinem Diener die Stadt Huzu geben.«[13] In wieder einem anderen Brief mit der Nummer 29, der im Britischen Museum aufbewahrt wird, weist der König von Tyrus darauf hin, daß eine andere ägyptische Stadt seiner Kontrolle unterstellt worden war: »Und nun soll die Stadt Sarbitu für den König, meinen Herrn, von der Stadt Tyrus bewacht werden.«[14]

Im selben Brief findet sich ein Hinweis darauf, daß noch mehrere Städte Amenophis' III. unter der Herrschaft Abimilichis standen: »Ich vernahm den freundlichen Boten meines Herrn ... siehe, sagte er, o König, mein Herr, daß das Gebiet durch die Anwesenheit vieler Soldaten gesichert werden soll; und der Diener sagt im Auftrag seines Herrn, daß meine Ebene mein Land ist bis hin zu meinem Hochland, bis hin zu der Ebene meiner Städte ... Du bist der Sonnengott, den er verkündet hat; und der Beschluß ist endgültig und immerwährend ... Und weil es ermißt, daß der König, mein Herr, gerecht ist, gehorcht unser Land dem Land, das mir gegeben ist. Dies sind die Worte Abimilichis an den Sonnengott.«[15]

Wie es scheint, erhielt Abimilichi eine gewisse Macht über Galiläa, über das er dem Pharao berichtete: »Der König der Stadt Khasura (Hazor, die galiläische Festungsstadt) verläßt seine Stadt und zieht hinaus mit Männern von adeligem Blut.«[16]

ANHANG H

BEZIRKSBEAMTE

Das politische System Israels bis zur Zeit Salomos war, folgt man der Bibel, die Stammesorganisation. Dann hob Salomo die Stammeseinteilung auf und vereinigte Israel mit anderen Teilen des Reiches und schuf eine politische Einheit: »Salomo hatte zwölf Statthalter für ganz Israel, die den König und sein Haus versorgten. Je einen Monat im Jahr hatte ihn jeder zu versorgen« (1 Könige 4,7). Doch wenn wir die Sache genauer betrachten, fällt uns auf, daß dieses Verwaltungssystem nicht das des palästinischen Israel, sondern des ägyptischen Reiches ist.

»Die alttestamentliche Überlieferung läßt die Stämme Israels rein genealogisch entstehen aus der Familie eines gemeinsamen Ahnherrn auf dem Weg über seine Söhne, die ihrerseits zu Ahnherren der einzelnen Stämme werden und dann wieder mit ihren Söhnen die Ahnherren der verschiedenen Sippen liefern, aus denen die Stämme bestehen … Diejenigen menschlichen Gesellschaften, die auf dem natürlichen Blutszusammenhang beruhen, sind Familie, Großfamilie und Sippe. Die Sippe ist die größte, in noch erkennbarem Blutszusammenhang stehende Gruppe, während der Stamm bereits eine unter geschichtlichen Voraussetzungen zustande gekommene Sippengemeinschaft darstellt.«[1]

An der Spitze der Großfamilie steht ein Oberhaupt, die Sippe hingegen wird von einer Ältestenversammlung geleitet, die für gewöhnlich zugleich die Oberhäupter der

Großfamilien sind. Obwohl wir ein Verzeichnis der israelitischen Stämme und ihrer Sippen im Buch Numeri besitzen (26,5–51), institutionalisierten sie sich erst nach der
Landnahme in Kanaan und der Ansiedlung in ihrer neuen
Heimat. Diese Institutionalisierung geschah zur Zeit der
Richter, zwischen der Landnahme Kanaans im dreizehnten Jahrhundert vor Christus und der Regierungszeit Sauls
gegen Ende des elften Jahrhunderts vor Christus: »In dieser
Zeit existierte Israel in der Form eines sakralen Bundes der
zwölf Stämme, mit einem gemeinsamen Heiligtum als
Zentrum.«[2] Deshalb lebte zu jener Zeit jeder Stamm eigen-
ständig in seinem eigenen Land und unter der Führung
seiner Ältesten, doch mit einem gemeinsamen spirituellen
Zentrum.

Doch bedroht von den Angriffen der Philister, die, in Stadtstaaten organisiert, sich im Kampf um dieselben Gebiete
zusammentaten, spürten die Israeliten ebenfalls die Notwendigkeit, sich gemeinsam unter einem Oberhaupt gegen ihre Feinde zu organisieren: »Deshalb versammelten
sich alle Ältesten Israels und gingen zu Samuel nach Rama.
Sie sagten zu ihm: Du bist nun alt, und deine Söhne gehen
nicht auf deinen Wegen. Darum setze jetzt einen König bei
uns ein, der uns regieren soll, wie es bei allen Völkern der
Fall ist« (1 Samuel 8,4–5). So wählte Samuel Saul, einen
Sohn des Kisch, eines wohlhabenden Benjaminiters, und
ernannte ihn zum König. Er wurde von allen Stämmen
anerkannt, was jedoch die politische Situation keineswegs
über Nacht änderte. Denn jeder Stamm regelte wie bisher
seine Angelegenheiten für sich, auch Saul, der weiterhin
seine Felder bebaute. Dies änderte sich erst, als der Ammoniter Nahasch die Stadt Jabesch belagerte und drohte,
Schande über die dort ansässigen Israeliten zu bringen,
damit sie sich ihm unterwarfen: »Saul kam gerade hinter

seinen Rindern vom Feld her und fragte: Was haben denn
die Leute, daß sie weinen? Sie erzählten ihm, was die
Männer von Jabesch berichtet hatten. Als Saul das hörte,
kam der Geist Gottes über ihn, und sein Zorn entbrannte
heftig. Er ergriff ein Gespann Rinder und hieb es in Stücke,
schickte die Stücke durch Boten in das ganze Gebiet von
Israel und ließ sagen: Wer nicht hinter Saul und Samuel in
den Kampf zieht, dessen Rindern soll es ebenso gehen. Da
fiel der Schrecken des Herrn auf das ganze Volk, und sie
rückten aus wie ein Mann« (1 Samuel 11,5–7).

Obwohl im Krieg gegen die Philister Saul mit Kriegern aus
allen zwölf Stämmen Israels kämpfte, behielten die Stämme im Alltag ihre Unabhängigkeit und waren nur vereint
in der Anerkennung Sauls als ihres Anführers gegen den
Feind. Die Tatsache, daß David nach Sauls Tod als König
von Juda und dann, nach dem Tod von Sauls Sohn Isch-
boschet als König von ganz Israel (die restlichen über
Zentralpalästina und Galiläa verstreuten Stämme) anerkannt wurde, deutet darauf hin, daß er zwei verschiedene
Stammesverbände unter seiner Herrschaft hatte. In der
Zeit des Stammeskönigs David gab es nicht einen Einheits-
staat mit festgelegten Grenzen und einem festen Regie-
rungssystem. Die Daten aus den Annalen Thutmosis' III.,
die in die biblische Geschichte Davids eingegangen sind,
haben, wie wir gesehen haben, einen falschen Eindruck
von David als einem Herrscher über ein großes Reich
hervorgerufen. Es gibt keinen Beweis dafür, daß es ein
politisches System für die Verwaltung eines solch riesigen
Reiches gegeben hat, das zu jener Zeit aus Hunderten von
voneinander unabhängigen Reichen bestand. Weder gab
es ein Steuersystem noch eine organisierte Armee zur Bewachung der Grenzen. Die biblische Geschichte Salomos
legt den Schluß nahe, daß ein ausgefeiltes politisches Sy-

stem – und damit das Ende der Stammesgesellschaften und
die Integration der Bevölkerung in ein politisches Einheits-
system unter der Herrschaft eines Königs und einer Zentralregierung – innerhalb seiner vierzigjährigen Regierungszeit entstand und nach seinem Tod sofort wieder
verschwand.

Eine Analyse der Geschichte um Salomo ergibt, daß sie sich
stark auf ägyptische Erfahrung stützt. Schon seit 3000
v. Chr. kontrollierte die ägyptische Verwaltung die Aktivitäten in den beiden Reichen Ägyptens. Sie organisierte den
königlichen Hof und die Wirtschaft im Namen des Königs,
der der offizielle Besitzer des Landes war. Palastbeamte
waren für die einzelnen Verwaltungseinheiten verantwortlich. Dort gab es jeweils einen weiteren hohen Beamten, der einen örtlichen Beamtenapparat leitete. Während
der Zeit des ägyptischen Großreichs – und insbesondere
während der Zeit Thutmosis' III. – wurde das politische
System reorganisiert, um den Bedürfnissen der Zeit zu
genügen; später wurde es von Amenophis III. weiter aus-
gebaut. Zu jener Zeit wurde das Reich aus Gründen der
Besteuerung in zwölf Verwaltungseinheiten aufgeteilt.
Diese Organisation benützte der biblische Erzähler für seine Geschichte über jenen König, den die Welt unter dem
Namen Salomo kennt.

DER GROSSE BAUMEISTER

Salomo genießt einen Ruf als wichtiger Schöpfer großarti-
ger Bauten von wahrhaft königlichen Ausmaßen. Er ließ
»den Tempel, seinen Palast, den Millo und die Mauern von
Jerusalem, Hazor, Megiddo und Geser« (1 Könige 9,15)

erbauen; außerdem »das untere Bet-Horon sowie Baala
und Tamar in der Steppe ... dazu alle Vorratsstädte, die
ihm gehörten, die Städte für die Wagen und ihre Mannschaft und was er sonst in Jerusalem, auf dem Libanon und
im ganzen Bereich seiner Herrschaft zu bauen wünschte«
(1 Könige 9,17–19). Weitere Hinweise auf die Vielzahl seiner Bauwerke, unter anderem die »Vorratsstädte, die er in
Hamat« errichten ließ, finden sich im Zweiten Buch der
Chronik (8,4–6). Aus diesen biblischen Erwähnungen läßt
sich schlußfolgern, daß Salomo 1. Garnisonen und Befestigungen, 2. den Millo, 3. einen königlichen Palast und 4. einen Tempel erbauen ließ.

GARNISONEN

Es gibt archäologische Funde, die dies für drei der oben
genannten Fälle nachweisen: bei Hazor, Megiddo und Geser. Hazor war eine große kanaanäische Stadt im oberen
Galiläa, die dem heutigen Tell el-Qidah gleichgesetzt werden kann, das vierzehn Kilometer nördlich des Sees von
Galiläa liegt. Diese Stadt war eines der größten Handels-
zentren im Gebiet des Fruchtbaren Halbmonds, und wir
finden Hinweise darauf sowohl in ägyptischen als auch in
mesopotamischen Texten, die im achtzehnten Jahrhundert
vor Christus entstanden sind. Megiddo, das heutige Tell
el-Mutesellim, war die größte der alten befestigten Stadtstaaten Kanaans über dem Jesreel-Tal Zentralpalästinas.
Geser in den Ausläufern des Gebirges Juda östlich von
Jerusalem war ebenfalls eine wichtige Festungsstadt. Alle
drei Stadtstaaten gehören zu den westasiatischen Städten,
die Thutmosis III. in der Mitte des fünfzehnten Jahrhun-

derts vor Christus eroberte. Dies bestätigten auch archäologische Funde, die die Zerstörung dieser Städte zu jener
Zeit nachweisen.

Außerdem wurden in allen drei Fällen Funde gemacht, die
ein halbes Jahrhundert danach, während der Regierungszeit Amenophis' III., großangelegte Rekonstruktionsarbei-
ten bestätigen. Neue königliche Paläste, Tempel, Wohn-
bauten und Befestigungswälle wurden errichtet. In jedem
Fall wurde ein lokaler Regent ernannt, der dem Pharao
Tribut zahlen mußte und dafür die Unterstützung einer
ägyptischen Garnison genoß. Ägyptische Funde, so eine
Kartusche Amenophis' III., stammen aus jener Zeit; das
gleiche gilt für Ausgrabungen in anderen Städten Kanaans,
etwa in Bet-Schean, zwischen dem Jesreel-Tal und dem
Jordan gelegen, und in Lachisch, ungefähr dreißig Kilometer südöstlich von Aschkalon im südlichen Kanaan. Es gibt
auch Belege für den Wohlstand und den Handel dieser
Städte. In jener Zeit des vierzehnten Jahrhunderts vor Christus waren diese Städte blühende Metropolen.

Im zehnten Jahrhundert vor Christus jedoch sieht die Sache
völlig anders aus. Obwohl wir auch aus dieser Zeit Belege
für eine Zerstörung dieser drei Städte haben, müssen – wie
bereits oben erwähnt – die Angriffe der Seevölker entlang
der gesamten östlichen Mittelmeerküste von Anatolien im
Norden bis Ägypten im Süden ins zwölfte Jahrhundert vor
Christus datiert werden. Auf diese Welle der Zerstörung
folgten zweihundert Jahre später Wiederaufbaumaßnah-
men, und zwar in der Mitte des zehnten Jahrhunderts vor
Christus. Von dieser, durch archäologische Funde gestütz-
ten Chronologie unbeeindruckt, kam Yigael Yadin nach
seinen Ausgrabungen in Hazor zu folgendem Schluß: »Auf
der Grundlage von Stratigraphie, Keramik und biblischen
Bezügen müssen diese Befestigungsanlagen (in Hazor) in

die Zeit Salomos datiert werden.«[3] Auf welche Beweise stützt er sich dabei?

In Hazor kam er nach Untersuchungen der Schicht XII (also der Zeit nach der Zerstörung der Stadt durch die Seevölker im zwölften Jahrhundert vor Christus) zu dem Schluß, daß nach »einer gewissen Pause am Beginn der Eisenzeit eine kleine Siedlung entstand ... Diese Siedlung, die man nicht als Stadt bezeichnen kann, bestand zum größten Teil aus ... Zelten und Hütten«. Danach folgte eine Schicht, die er der Zeit des Stammeskönigs David zuschrieb und bei der er »keine nachvollziehbaren Bauten« entdeckte. Über die Schicht X schreibt er dann: »Diese Schicht zeigt Hazor als befestigte Stadt. Ihre Hauptcharakteristika sind eine Kasemattenmauer und ein großes Tor mit sechs Kammern, drei auf jeder Seite, und zwei den Durchgang flankierenden Türmen.«[4] Yadin fand ähnliche Konstruktionen in Geser und in Megiddo.

Dies ist ein dürftiger Beweis, auf dem die Zuordnung von Bauten zu einem König gründet, für dessen Existenz wir außerhalb der Bibel überhaupt keinen Beweis besitzen. Es ist deshalb nicht überraschend, daß Yadin keine Inschriften fand – anders als im Fall von Amenophis –, die auf einen König namens Salomo hindeuten, oder sonst irgendein Zeugnis für ein salomonitisches Königreich. Auch findet sich im Alten Testament kein Beweis dafür, daß Salomo eine befestigte Stadt »mit Kasemattenmauern und einem großen Tor mit sechs Kammern, drei auf jeder Seite, und zwei den Durchgang flankierenden Türmen« gebaut hat. Andererseits jedoch haben wir in allen drei Städten Hinweise auf die Philister, auf eine Zeit der Invasion der Seevölker; und zwar in Form von Keramik und Eisenwaren. Wie können wir also sicher sein, daß die Bautätigkeit, die Yadin auf der Grundlage nicht tragfähiger Beweise König

Salomo zuschreibt, nicht in Wirklichkeit ein Versuch der
Seevölker war, Hazor wiederaufzubauen, nachdem sie es
im zwölften Jahrhundert vor Christus zerstört hatten?

DER MILLO

Wie oben bereits erörtert, gelang es der britischen Archäologin Kathleen Kenyon, die Überreste des Millo (Füllung)
freizulegen, der eingefügt worden war, um den oberen Teil
des Felsens zu verbreitern – auf dem die alte Festung
Jerusalem erbaut wurde –, indem man ihre Grenzen den
Hang hinunter nach Osten erweiterte. Es gelang Kathleen
Kenyon, die erste Konstruktion des Millo ins vierzehnte
Jahrhundert vor Christus zu datieren, in die Zeit Amenophis' III. Für eine Datierung des Millo ins zehnte Jahrhundert vor Christus, jene Zeit, in der Salomo David auf dem
Königsthron folgte, wurden hingegen keine Hinweise ge-
funden.

ANHANG I

DIE KÖNIGIN VON SABA
UND DER SEE AUS GLAS

Eine der größten baulichen Leistungen, die Salomo zugeschrieben werden, war der neue Wohnsitz des Königs, der angeblich nach dreizehn Jahren fertiggestellt wurde. Dieser große Palast soll nördlich der Altstadt von Jerusalem und südlich der Tempelanlage gestanden haben, doch nach Salomos Tod wird er nicht mehr erwähnt. Außerdem sind keine Überreste eines derartigen Palastes gefunden worden, obwohl man umfangreiche Grabungen in und um Jerusalem vorgenommen hat. Wenn wir jedoch die biblische Schilderung von Salomos Königspalast mit dem großen Palast Amenophis' III. in Theben vergleichen, wird augenfällig, daß der Bibelerzähler eben diesen Königssitz beschrieben hat.

Aus dem Ersten Buch der Könige 7,2–12 erfahren wir, daß Salomos Palast aus fünf Gebäuden bestand. Diese waren: 1. das Wohnhaus des Königs, 2. das Haus für die Tochter des Pharao, »die er geheiratet hatte«, 3. die Thronhalle, 4. eine Säulenhalle, 5. das Libanonwaldhaus. Die Fundamente bestanden aus wertvollen Steinblöcken, während Balken aus libanesischem Zedernholz das Dach trugen.

Obwohl Theben das Religions- und Verwaltungszentrum Ägyptens war, befand sich bis zur Zeit von Amenophis III. der Hauptwohnsitz des Königs in Memphis am Westufer des Nils, einige Kilometer südlich der Großen Pyramide von Gizeh. Da er über den enormen Reichtum seines Im-

periums verfügte und keine Kriege führen mußte, begann
Amenophis III. in Theben mit dem Bau einer großen königlichen Anlage. Sein eigener Palast wurde im achten Herrschaftsjahr fertiggestellt, der gesamte Komplex hingegen
erst gegen Ende des dritten Jahrzehnts seiner Herrschaft.
Die Ägypten-Expedition des New Yorker Metropolitan
Museum of Modern Art legte zwischen 1910 und 1920 die
Palastanlage frei. Aus dem Resultat dieser Ausgrabungen
ist ersichtlich, daß die in der Bibel erwähnten Gebäude
lediglich Teile eines größeren Komplexes waren.

DAS WOHNHAUS DES KÖNIGS

»Das älteste und bedeutendste Gebäude, der Palast des
Königs, nimmt das südöstliche Viertel des großen Komple-
xes ein; an der Ostseite angegliedert sind die Küchen,
Amtsräume und Vorratskammern.«[1] In diesem Palast be-
fanden sich auch die Räume des königlichen Harems, die
mit einem kleineren Palast verbunden waren, in dem die
Königin Teje lebte, die Tochter des Obersten Königlichen
Verwalters Juja.

DAS HAUS FÜR DIE TOCHTER DES PHARAOS

Wie bereits erwähnt, heiratete Amenophis III. seine Schwester Sitamun, die Tochter von Thutmosis IV., um nach
ägyptischer Sitte der rechtmäßige Thronfolger zu werden:
»... der große Nordpalast ... scheint der Wohnsitz einer äußerst bedeutenden königlichen Dame, höchstwahr-

scheinlich der Königin Sitamun, gewesen zu sein. Im westlichen Teil des Gebäudes waren Vorratskammern und
Werkstätten untergebracht, und noch weiter westlich befinden sich die Überreste einer Siedlung für Arbeiter.«[2]

DIE THRONHALLE

»Die Empfangsräume bestehen aus einer großen, annä-
hernd quadratischen Halle mit mehreren Reihen hölzerner
Säulen und einem Thronpodest, auf das der Eingangskor-
ridor ausgerichtet ist, sowie aus einem zweiten, kleineren
Hypostylon mit einem Thronpodest, einem Thronraum
und einem Schlafraum.«[3]

DIE SÄULENHALLE

Nördlich des Gesindebereichs »befindet sich der königliche Audienzpavillon, der etwas erhöht über dem angren-
zenden Gelände liegt; seine Nordfassade weist einen bal-
konartigen Vorsprung auf, der in einen tiefergelegenen
Kolonnadenhof ragt.«[4] (»Salomo baute die Säulenhalle ...,
davor eine Halle mit Säulen und einem Vordach« [1 Könige 7,6].)

DAS LIBANONWALDHAUS

Dies war eine »Festhalle, angefertigt für die zweite Seth-
Feier von Amenophis III.«[5], ein großes Gebäude mit Säu-
len, das den nördlichsten Teil der Palastanlage einnahm.
Zu diesem Komplex gehörten auch Häuser für andere
Mitglieder der Königsfamilie sowie für Hofbeamte und
Diener. Genau wie die Bibel sagt, bestanden sämtliche
Säulen aus Holz, das aus dem Libanon importiert worden
war.

»Die Decke war aus Holzbalken, die auf der Unterseite mit
Putzträgern und Putz verkleidet waren. Darauf befanden
sich in den Amtsräumen sowie im Schlafzimmer des Pharao Gemälde der geiergestaltigen Schutzgöttin Nechbet. In
den anderen Räumen waren die Decken mit Darstellungen
von Weinstöcken verziert, die von Rosetten und schach-
brettartigen Mustern umrahmt waren, sowie mit Spiralen
und Stierköpfen, ähnlich den ägäischen Ornamenten.
Nach derselben Technik waren die Fußböden so bemalt
worden, daß sie einem Teich mit Papyrus, Lotos und Vögeln glichen.«[6]

Nach Badawys Beschreibung des Bodens im kleineren Hypostylon mit dem Thronpodest ist anzunehmen, daß ein
im Koran erzähltes Ereignis, nämlich der Besuch der Königin von Saba bei König Salomo, nur in diesem Raum
stattgefunden haben kann: »Der Boden gleicht einem Was-
serbecken voller Fische, Wasserpflanzen, schwimmenden
Enten, Gänsen und Landvögeln, das mit Papyrus und
Pflanzenbeeten eingesäumt ist.« Der Koran berichtet über
den Besuch der Königin von Saba: »Gesprochen ward zu
ihr: ›Tritt ein in die Burg.‹ Und da sie sie sah, hielt sie sie
für einen See und entblößte ihre Schenkel. Er sprach: ›Siehe, es ist eine Burg, getäfelt mit Glas.‹ Sie sprach: ›Mein

Herr, siehe, ich sündigte wider mich selber, und ich ergebe mich mit Salomo Allah, dem Herrn der Welten«« (Ameisen-Sure, Vers 44).[7]

DER TEMPEL

Die Bibel schildert, wie Salomo auf dem Berg Morija im Norden Jerusalems einen Tempel baute. Angeblich wollte auf diesem seit alters geheiligten Grund Abraham seinen Sohn Isaak auf einem Steinaltar als Opfer darbringen. Später brachte David die heilige Lade hierher, und jener Steinaltar wurde das Allerheiligste von Salomos Tempel. Da an dieser Stelle heute der islamische Felsendom steht, ist es nicht möglich, hier Grabungen vorzunehmen und nach Salomos Schrein zu suchen. Was deutet dennoch darauf hin, daß Amenophis III. der König war, der Salomos Tempel erbaute?

Der Tempelbau wird im sechsten Kapitel des Ersten Buchs der Könige geschildert. Wir erfahren, daß das Gotteshaus ein rechteckiges, nach Osten ausgerichtetes Gebäude mit einem Vestibül oder einer Vorhalle war. In dieser wurden zwei freistehende Säulen errichtet; die auf der Südseite nannte man Jachin, die auf der Nordseite Boas. Dahinter lag der Hauptraum des Heiligtums, der lediglich kleine Fenster unter dem Dach hatte und ringsum von einem dreistöckigen Anbau mit Kammern umgeben war. Im hinteren Teil des Tempels schließlich befand sich das Allerheiligste, ein quadratischer, fensterloser Raum, in dem die Bundeslade untergebracht war. Angeblich begann Salomo mit den Bauarbeiten in seinem vierten Herrschaftsjahr und schloß sie im elften Jahr seiner Regierungszeit ab.

Man weiß, daß Amenophis III. zahlreiche Tempel erbauen
ließ, und zwar sowohl in Ägypten als auch in Kanaan. Er
begann mit seiner Bautätigkeit im zweiten Regentschafts-
jahr. Zu Ehren der verschiedenen Götter (einschließlich ihn
selbst) errichtete er einen Tempel in Hermiopolis gegenüber von Amarna, zwei in Karnak, drei in Nubien, den
großen Tempel in Luxor, den Totentempel nördlich seiner
Palastanlage in West-Theben sowie zahlreiche Tempel in
all den kanaanäischen Städten, in denen ägyptische Truppen stationiert waren. Zwar sind keine Überreste von dem
Totentempel in West-Theben gefunden worden, doch zwei
Statuen des sitzenden Königs, die den Eingang des Tempels flankierten, sind erhalten geblieben. Wie den beiden
Säulen vor Salomos Tempel, so hatte man auch diesen
Namen gegeben. Die nördliche Statue wurde als Memnon-
Koloß bekannt, eine Bezeichnung, die auf Besucher aus
dem antiken Griechenland zurückgeht. Links von dieser
Statue befindet sich eine kleinere Darstellung der Königs-
mutter, der Königin Mutemuja, rechts davon steht seine
Frau, die Königin Teje. Aus dem oberen Teil der Statue
drang, wenn sich der Stein erwärmte, ein fein klingender
Ton, was daher rührte, daß sie bei einem Erdbeben im Jahre
23 n. Chr. beschädigt wurde und einen Sprung hatte. Die
südliche Statue hieß Herrscher der Herrscher und hatte
eigene Priester.
Auf der als »Israelstele« bekannten Säule, die aus diesem
Tempel stammte und auf der später Merenptah den in
seinem fünften Herrschaftsjahr geführten Krieg gegen Li-
byen beschrieb, befinden sich auch Originalinschriften von
Amenophis III.; er bezeichnete den Tempel als »eine im-
merwährende Festung aus Sandstein, über und über mit
Gold verziert, mit silberglänzenden Böden und sämtlichen
Eingängen aus Elektrum (einer Silber-Gold-Legierung). Sie

ist breit und sehr lang, geschmückt für die Ewigkeit und festlich angetan mit dieser außerordentlich großen Stele. Königliche Statuen aus Granit, Quarzit und kostbaren Steinen, gemacht für die Ewigkeit, vergrößern [den Tempel]. Sie sind höher als die Himmel: Ihre Strahlen sind in den Gesichtern der Menschen wie die aufgehende Sonne ... Die Werkstätten [des Tempels] sind voller Sklaven und Sklavinnen, den Kindern von Oberhäuptern aller Länder, die meine Majestät erobert hat. Seine Lagerhäuser sind mit unermeßlichen Reichtümern angefüllt. Er ist umgeben von den Dörfern der Syrer, bevölkert von den Kindern von Oberhäuptern; sein Vieh ist zahlreich wie der Sand am Meer, Millionen über Millionen.«[8]

So wie beim Tempel des Salomo, der nach den Angaben der Bibel aus großen Mengen kostbarer Materialien erbaut wurde, wurden auch bei den Tempeln von Amenophis III. neben dem Zedernholz aus dem Libanon verschiedenste Edelmetalle verwendet: »Die schriftlich belegten Mengenangaben für die Metalle und Edelsteine, die im Montu-Tempel (einem Tempel in Karnak) verbaut wurden, sind erstaunlich: 2,9 Tonnen Elektrum, 2,25 Tonnen Gold, 832 Tonnen Kupfer, 567 Kilogramm Lapislazuli, 98 Kilogramm Türkis, 1,35 Tonnen Bronze und über 9 Tonnen Blattkupfer (?). Das war der Ertrag dessen, was Ägypten in ein Weltreich investiert hatte!«[9]

Wenn man den Grundriß des Tempels Salomos, der in der Bibel beschrieben wird, mit verschiedenen Typen ägyptischer Tempel vergleicht, lassen sich einige Ähnlichkeiten erkennen: »Dieser Grundriß erinnert stark an den dreiteiligen Grundriß der ägyptischen Kulttempel im Neuen Reich. Die baulichen Merkmale, etwa die Holzvertäfelung im Inneren, eine mit Türmen flankierte vordere Vorhalle sowie die Kerubim, scheinen typisch für einen ägyptisierenden Stil zu sein.« [10] Die Kerubim wurden als Schutzfiguren angesehen, die man für gewöhnlich in ägyptischen Tempeln findet, und in Salomos Tempel in Jerusalem wurde die Bundeslade angeblich unter den ausgebreiteten Flügeln der Kerubim aufgestellt.

Obwohl der Tempel Salomos den ägyptischen Tempeln in wesentlichen Elementen ähnelt, so weist er doch auch einige nicht-ägyptische Bestandteile auf.

Eissfeldt meint: »Die Hypothese, ägyptische oder assyrische Tempel könnten den Phöniziern – und über diese auch dem Bauwerk Salomos – als Vorbild gedient haben, schien voll und ganz gerechtfertigt.« Er fährt jedoch fort: »Ein ägyptischer Tempel in Betschean, der aus dem vierzehnten Jahrhundert vor Christus stammt (der Zeit Amenophis' III.), entspricht dem Tempel des Salomo.«[11]

Daß Amenophis III. in fast jeder kanaanäischen Stadt, in der sich eine ägyptische Garnison befand, einen Tempel baute, haben Ausgrabungen in Hazor, Betschean, Lachisch, Megiddo und Gezer bewiesen. Yadin berichtet folgendes über den aus dem vierzehnten vorchristlichen Jahrhundert stammenden Tempel bei Hazor: »Der Tempel bestand im wesentlichen aus drei Bauten, die in nordsüdlicher Ausrichtung hintereinander angelegt waren, und die Eingänge zu den jeweiligen Räumen lagen auf einer Achse. Die Vorhalle: Sie befindet sich auf der Südseite des Tempels, was die wichtigste Neuerung in den (Bauplänen der) früheren (Tempel auf demselben Gelände) darstellte. Die Vorhalle ist etwas schmaler als der Hauptraum und diente als eine Art Eingangshalle zum eigentlichen Tempel. Doch im Unterschied zur Schicht 2 war sie direkt mit dem Hauptgebäude verbunden. (Auf jeder Seite des Eingangs zur Vorhalle befand sich ein Basaltorthostat [eine Standfigur] mit einem Löwenrelief).

Der Hauptraum: Dieser war in den Grundzügen identisch mit der Vorhalle des früheren Tempels.

Das Allerheiligste: Es stellte einen breiten Raum dar, ähnlich dem des früheren Tempels, und hatte eine rechteckige Nische in der Nordmauer. In der Mitte des Raums befanden sich die Sockel zweier Säulen, die das Dach trugen. Vom Grundriß her ähnelt dieser Tempel ... dem Tempel Salomos.«[12]

Archäologische Funde belegen also, daß zur Zeit von Amenophis III. in Kanaan mehrere Tempel gebaut wurden, die dem biblischen Tempel Salomos gleichen. Daß die Gottheit in einer Lade getragen wurde, die im Allerheiligsten des Tempels aufbewahrt wurde, ist eine durch und durch ägyptische Sitte. Die Bewachung der Bundeslade durch die beiden Kerubim, die ihre Flügel darüberbreiteten, entspricht der Schutzfunktion des geflügelten Gottes Horus, der in allen ägyptischen Tempeln als Beschützer des heiligen Wesens in Erscheinung trat. Die beiden Säulen oder Bildnisse am Tempeleingang weisen auf die rein ägyptische Vorstellung hin, daß das spirituelle Element zweigeteilt wird und man dazwischen hindurchgehen muß, um zum inneren Element zu gelangen.

Aus den Amarna-Briefen, von denen sechs Schreiben des Jerusalemer Königs Abdi-Kheba an Amenophis III. gerichtet sind, geht hervor, daß eine nubische Garnison in Jerusalem stationiert war. Sie befand sich im südöstlichen Teil des heiligen Hochlands des Berges Morija, wo man Überreste dessen fand, was man für Stallungen des Salomo hielt. Tatsächlich gehörten sie den berittenen Truppen von Amenophis III. Die einzig mögliche Schlußfolgerung lautet, daß in Jerusalem, wie in vielen anderen Garnisonsstädten auch, ein Tempel gebaut wurde, für den als Bauplatz nur der Berg Morija in Frage kam – jener Ort, an dem heute der

Felsendom steht, wurde damals von den Einheimischen als
heilige Stätte verehrt, und hier hatte Thutmosis III., der
Urgroßvater von Amenophis III., die Lade des ägyptischen
Gottes aufbewahrt.

Zusammenfassend läßt sich sagen, daß es historische und
archäologische Belege für Bauten gibt, die aus der Herrschaftsperiode von Amenophis III. stammen und mit dem
Bauwerk übereinstimmen, welches Salomo zugeschrieben
wird. Doch nichts spricht dafür, daß dieses Bauwerk auf
das zehnte vorchristliche Jahrhundert, in dem Salomo angeblich regierte, zu datieren ist.

ANHANG J

DIE WEISHEIT SALOMOS

Um ein Reich beherrschen zu können, das sich von Ägypten bis zum fernen Euphrat erstreckte, war ein komplexes Steuer- und Verwaltungssystem erforderlich.

STEUERN

Nahezu alle Wissenschaftler stimmen darin überein, daß das Steuersystem, welches laut Bibel von Salomo eingeführt wurde, genau mit jenem System übereinstimmt, das in Ägypten zur Zeit des großen Reiches gültig war. Von dessen ersten Anfängen an war es üblich, daß sämtliche Produktionszweige einen Teil ihrer jährlichen Erzeugnisse als Steuerzahlung abgaben. Da der Pharao als Besitzer des Landes galt, war er es auch, der diese Steuer auf die verschiedenen Institutionen des Staates – wie zum Beispiel Tempel, Paläste, Garnisonen – verteilte.

Nachdem Thutmosis III. das neue ägyptische Reich gegründet hatte, waren auch Fremde, die sich innerhalb seiner Grenzen aufhielten, gezwungen, dieselbe Steuer zu zahlen. Wie wir gesehen haben, war zu diesem Zweck das gesamte Reich, einschließlich Ober- und Unterägyptens, in zwölf Gebiete unterteilt worden. Jedes dieser Gebiete unterstand einem hohen Beamten, und es wurde erwartet, daß es genügend Steuern entrichtete, um damit den Bedarf

des Landes für einen Monat des Jahres zu decken. Die
Ähnlichkeit zwischen dieser Regelung und dem System,
das angeblich von Salomo eingeführt wurde, ist erstaunlich: »Auch Salomo teilte ein bestimmtes Gebiet in zwölf
Distrikte ein und verlangte von jedem, daß er Lebensmittel
und Material für einen Monat des Jahres lieferte. Wie im
Falle der ägyptischen *htr* (Steuer) hatten die Abgaben, die
den Israeliten auferlegt wurden, den Zweck der Unter-
haltsdeckung: ›Salomo hatte zwölf Statthalter für ganz
Israel, die den König und sein Haus versorgten. Je einen
Monat im Jahr hatte ihn jeder zu versorgen‹ (1 Könige
4,7) ... ›Jene Statthalter, jeder in seinem Monat, versorgten
den König Salomo und alle, die zu seinem Tisch Zutritt
hatten‹ (1 Könige 5,7) ... Und ebenfalls wie die Ägypter
verwendete auch Salomo die Abgaben dazu, seine Garnisonen mit Vorräten zu beliefern ... Die Versorgung der
Garnisonen mit Hilfe der jährlichen *htr* (Abgabe) war zur
Zeit des ägyptischen Reiches in Palästina üblich ... Höchstwahrscheinlich bediente sich Salomo bewußt dieser bekannten ägyptischen Steuererhebung, um die Organe seiner Zentralregierung mit Bedarfsgütern zu versorgen.«[1]
Die biblischen Aussagen über die Steuerabgaben unter
Salomo stammen in der Tat unmittelbar aus ägyptischen
Quellen, die sich auf die Zeit des großen Reiches und
Amenophis III. beziehen.

BÜROKRATIE

Das Oberhaupt der vereinigten Stämme Israels hätte zur
Ausübung seiner Amtsgeschäfte keiner umfangreichen
Bürokratie bedurft. Von Saul heißt es lediglich, er habe

Abner als Befehlshaber seiner Armee gehabt. Doch um den administrativen Aufgaben eines großen Reiches gewachsen zu sein, benötigten sowohl König David als auch Salomo eine hochentwickelte Verwaltung. Das plötzliche Auftreten einer solchen Verwaltung in der israelitischen Gesellschaft entbehrte jeglicher Grundlage in der Vorgeschichte Israels und veranlaßte daher die Wissenschaftler, ihren Ursprung im Ausland zu suchen: »Des öfteren ist angenommen worden, daß unter David und Salomo die Hofämter teilweise nach dem Vorbild der königlichen Verwaltung in Ägypten gestaltet wurden.«[2]

Die Namen der Hofbeamten Davids sind im Zweiten Buch Samuel 8,16–18 und 20,23–26 zu finden, diejenigen Salomos im Ersten Buch der Könige 4,2–6. Im Falle Salomos tauchen in der Liste der Beamten die Priester, die Schreiber, der Befehlshaber der Armee, der Palastvorsteher und ein Aufseher über die Fronarbeiten auf. All diese neuen Ämter ähneln denjenigen, die Thutmosis III. und Amenophis III. einführten.

Selbst die Zwangsarbeit für die Bauprojekte des Königs soll erstmals Salomo sowohl für gebürtige Israeliten als auch für Fremde eingeführt haben: »König Salomo ließ Leute aus ganz Israel zum Frondienst ausheben. Dieser umfaßte 30 000 Fronpflichtige« (1 Könige 5,13). Die Zahl der höheren Beamten spricht dafür, daß es eine große Anzahl von Beamten niedrigeren Ranges gab. Im Ersten Buch der Könige 9,23 ist allein von fünfhundertfünfzig Beamten die Rede, die die Arbeit überwachten. Die Verwandtschaft zwischen Salomos Hofämtern und dem altägyptischen System liegt auf der Hand. Es heißt, David, der Vorgänger Salomos, habe seine Verwaltung zumindest teilweise nach ägyptischem Vorbild gestaltet. Ein Autor hat sogar ausdrücklich darauf hingewiesen: »Einer seiner Beamten hatte

einen ägyptischen Namen (Schischa, 1 Könige 4,3) und war
vermutlich Ägypter.«[3]
Wie in allen anderen Fällen auch war die Ähnlichkeit
zwischen der staatlichen Organisation unter den Königen
David und Salomo und der Ägyptens nicht darauf zurückzuführen, daß sie sich an einem fremden System orientierten, sondern eine Folge der Vermischung der ursprünglichen Quellen mit späteren Überlieferungen aus der Zeit
nach der Vereinigung der Stämme.

DAS GEHEIMNIS ZADOKS

Eine geheimnisvolle Gestalt ist der Priester Zadok, der
Salomo von Anfang an stark unterstützte und dann den
Platz Abjatars als Hohepriester des neuen Tempels in Jerusalem einnahm: »Die Gestalt Zadoks hat immer das Inter-
esse der alttestamentlichen Forscher erregt, und die Frage
seiner Abstammung ist nie richtig gelöst worden. Er taucht
plötzlich neben Abjatar unter der Jerusalemer Priesterschaft zur Zeit Davids auf, doch das Alte Testament liefert
keinerlei verläßliche Informationen darüber, woher er
kam.«[4]
Aufgrund seiner zweifelhaften und unklaren Abstammung wird die Lage noch komplizierter: »Ihm werden
zwei verschiedene Abstammungslinien zugeschrieben,
doch eine davon ist fast mit Sicherheit eine Textfälschung,
die andere eine fromme Erfindung aus späterer Zeit. Denn
während im Zweiten Buch Samuel 8,17 erklärt wird, er sei
der Sohn Ahitubs und somit offensichtlich der Familie Elis
zugehörig, heißt es im Ersten Buch der Chronik 24,23, er
gehöre dem Hause Eliazars an ... und im Ersten Buch der

Chronik 5,30–34 (und) 6,35-38 bekommt er schließlich einen vollständigen Stammbaum, der bis zu Aaron zurück-
reicht.«[5]

Zadok wurde während der Regierungszeit Salomos zum
Hohepriester ernannt, und seine Nachfolger hatten dieses
Amt bis zur Zeit des babylonischen Exils inne. Doch ist
mehrfach der Verdacht geäußert worden, daß er möglicherweise nicht aus Israel stammte: »Ich glaube ... man
muß in Zadok den vordavidischen Priester des Jebusiter-
schreins in Jerusalem sehen«, schrieb der einflußreiche
Harold Henry Rowley[6], an dem sich zahlreiche Bibelwissenschaftler orientierten, wenn es um die Identifizierung
Zadoks ging: »Es wird angenommen, daß Zadok ein Fremder war ..., der von David der Priesterschaft Jahwes zuge-
führt wurde.«[7]

Wir haben also die Situation, daß es zwar im Buch Levitikus heißt, die Familie Aarons sei von Mose in das Priesteramt berufen worden, nun aber Salomo dieses Amt einem
völlig Fremden und seiner Familie gegeben haben soll.
Sobald man aber Salomo mit Amenophis III. gleichsetzt,
bietet sich wie von selbst eine plausible Erklärung hierfür
an. Einer der wichtigsten Beamten des Königs war Juja,
Stellvertreter Seiner Majestät bei den Wagenlenkern, der
durch die Ehe des Königs mit Teje auch dessen Schwieger-
vater war. An anderer Stelle[8] habe ich Juja als Josef den
Patriarchen identifiziert, der die Israeliten nach Ägypten
brachte.

Im Babylonischen Talmud wird nun Josef an einer Stelle
Zadok (der Gerechte) genannt, und dieselbe Bezeichnung,
bei der das äquivalente Wort *siddiq* gebraucht wird, ist auch
im Koran zu finden, und zwar an jener Stelle, als der Pharao
ihn bittet, seinen Traum über die sieben guten Jahre, denen
sieben magere Jahre folgen würden, zu deuten (Sure XII,

V. 46). An wieder anderer Stelle[9] habe ich Argumente für
die beiden folgenden Abstammungslinien vorgebracht:

Josef der Patriarch	Josef der Patriarch
Teje	Eje
Mose (Echnaton)	Aaron

Ich habe des weiteren darauf hingewiesen, daß Mose und
Aaron keine wirklichen Brüder waren, wie das Alte Testament es nahelegt, sondern »Milchbrüder«, wie es bis heute
Brauch bei den Beduinen ist: Ejes Frau, die Königin Tej
(nicht zu verwechseln mit Königin Teje), stillte sowohl
Mose als auch ihren eigenen Sohn. So konnte Zadok zur
Zeit Salomos als Josef der Patriarch identifiziert werden,
als der große Vorfahre der Aaroniter, die folglich auch
ordnungsgemäß das Priesteramt innehatten.

DIE SALOMONISCHE WEISHEIT

In der Bibel wird Salomo als außerordentlich weise be-
schrieben: »So übertraf Salomo alle Könige der Erde an
Reichtum und Weisheit« (1 Könige 10,23). Doch wie wir
noch sehen werden, erhärtet auch dieses Attribut nur die
Hypothese, daß er mit Amenophis III. gleichzusetzen ist.
Zweifellos die bekannteste Geschichte über die Weisheit
Salomos ist der Streit zwischen zwei Müttern um ein Kind,
der im Ersten Buch der Könige 3,16–28 beschrieben wird.
Beide Frauen, die im selben Haus lebten, brachten einen
Jungen zur Welt. Doch einer der beiden Säuglinge starb,
und jede der beiden Frauen behauptete, das überlebende
Kind gehöre ihr, bis sie schließlich ihren Fall vor den König

brachten. Daraufhin befahl Salomo, das Kind mit einem Schwert entzweizuschneiden und jeder Frau eine Hälfte zu geben. So konnte augenblicklich festgestellt werden, wer die richtige Mutter war, denn diese versuchte, das Leben des Jungen zu retten, indem sie bat, er möge der anderen Frau gegeben werden.

Man kann nur schwerlich glauben, daß der König, der berufsmäßige Richter und Beamte hatte, sich persönlich in einen derartigen Streit zweier Frauen einmischte, die in der Bibel als Dirnen bezeichnet werden. Die Anregung für diese Geschichte liegt, wie ich glaube, in den Ereignissen um die Geburt Moses, der, wie ich bereits ausgeführt habe, der Sohn Amenophis' III. war. Sowohl aus der Bibel wie auch aus dem Koran geht klar hervor, daß das Leben des Kindes von Geburt an durch den Pharao bedroht war. Im Koran heißt es, Mose, der in einem Korb auf dem Wasser ausgesetzt worden war, sei von den Wächtern des Pharao an Land geholt worden, und die Frau des Pharaos, die nicht zu erkennen gab, daß sie die Mutter des Kindes war, bat darum, das Leben des Knaben zu schonen. Erst als der König befahl, das Kind zu töten, offenbarte sie ihm ihre Mutterschaft und gab den Säugling der königlichen Amme, die ihn in ihre Obhut nehmen und verbergen sollte. Die Tatsache, daß der König in einem solchen Fall persönlich zu Gericht saß, weist auch darauf hin, daß wir es mit zwei Frauen zu tun haben, die beide im königlichen Palast lebten: seine Frau, Königin Teje, die Mutter Moses (Echnatons), und Tej, deren Amme, die bereits seine Schwester Nofretete stillte.

Salomo gilt auch als Autor des Buches der Sprichwörter und der Weisheit: »Es steht außer Frage, daß der König tatsächlich der Verfasser der Bücher der Sprichwörter, der Weisheit und der Psalmen war: ... warum sonst wurde sein

Name damit in Verbindung gebracht? In welchem Verhältnis steht dieses Bild von Salomos Weisheit, seiner geistigen
Brillanz und literarischen Produktivität, zu der ganz anderen Deutung – nämlich daß seine Weisheit sich in scharf-
sichtiger Rechtsprechung ausgedrückt habe – in der be-
rühmten Geschichte vom Traum in Gibeon?«[10]
Bei seinem Versuch, den möglichen historischen Ursprung
dafür zu finden, daß Salomo oder seinem Hof die Weisheitsliteratur zugeschrieben wurde, fährt der Autor R. B.
Y. Scott fort: »Die Gründe liegen wohl in den bekannten
Verbindungen des Königs zum ägyptischen Hof, wo die
Weisheitsliteratur spätestens seit den Tagen des Mittleren
Königreichs in Blüte stand ... Sicherlich muß man davon
ausgehen, daß die Behauptung ... Salomo (oder sein Hof)
sei wegen der nach ägyptischem Vorbild geschaffenen
Weisheitsliteratur berühmt gewesen, vom historischen
Standpunkt her nicht unwahrscheinlich ist.«[11] Auch John
Bright bestätigt dies: »Daß Teile des Buches der Sprüche ...
auf das ägyptische Weisheitsbuch des Amen-em-ophe
(Amenophis' III.) ... zurückgehen, ist eine bekannte Tatsa-
che.«[12]

AUSLÄNDISCHE FRAUEN
UND FREMDE GÖTTER

Doch »König Salomo liebte neben der Tochter des Pharao
noch viele andere ausländische Frauen: Moabiterinnen,
Ammoniterinnen, Edomiterinnen, Sidonierinnen, Hethiterinnen. Es waren Frauen aus den Völkern, von denen der
Herr den Israeliten gesagt hatte: Ihr dürft nicht zu ihnen
gehen, und sie dürfen nicht zu euch kommen; denn sie

würden euer Herz ihren Göttern zuwenden. An diesen
hing Salomo mit Liebe« (1 Könige 11,1–2).
»Als Salomo älter wurde, verführten ihn seine Frauen zur
Verehrung anderer Götter, so daß er dem Herrn, seinem
Gott, nicht mehr ungeteilt ergeben war wie sein Vater
David. Er verehrte Astarte, die Göttin der Sidonier, und
Milkom, den Götzen der Ammoniter« (1 Könige 11,4–5).
Diese Ereignisse können wohl kaum mehr Bestätigung
erfahren als durch die historischen Zeugnisse, die uns über
die Regierungszeit Amenophis' III. vorliegen. Obwohl es
viele Hinweise dafür gibt, daß er zum Glauben an Aton,
den monotheistischen Gott der Amarna-Könige, bekehrt
wurde, verehrte er auch andere Götter. Gegen Ende seines
Lebens litt er an schweren Zahnerkrankungen, wie seine
Mumie zeigt, denn die Zähne waren stark beschädigt und
das Zahnfleisch von Abszessen übersät. Dies könnte der
Grund dafür gewesen sein, daß Tuschratta von Mitanni,
der Schwager von Amenophis III., ihm in dessen 35. Regierungsjahr ein Bildnis seiner Göttin Astarte schickte.

So gehörten also sowohl Thutmosis III., der historische
König David, als auch sein Großenkel Amenophis III., der
in der Bibel als König Salomo Berühmtheit erlangte, zu den
ägyptischen Königen der Achtzehnten Dynastie, die vier
bis fünf Jahrhunderte früher regierten, als die vorliegende
Fassung des Alten Testaments uns glauben machen will.
Gleichzeitig wurden sie chronologisch falsch eingeordnet, und zwar in die Epoche, die nicht nur auf den Exodus, sondern auch auf die Ansiedlung im Gelobten Land
folgte.
Aufgrund dessen wird ersichtlich, warum trotz der eifri-
gen Bemühungen von Bibelwissenschaftlern, Historikern
und Archäologen kein einziges Zeugnis gefunden wurde,

welches die sogenannte Zeit der Vereinigten Königsherr-
schaft von David und Salomo belegt. Das Fehlen eines
derartigen Beweises bedeutet nicht, daß es sich bei den
beiden nicht um historische Figuren handelt, sondern nur,
daß die Wissenschaftler sich durch die vorliegende Form,
in der die biblischen Überlieferungen präsentiert wurden,
täuschen ließen und ihr Beweismaterial in der falschen
Epoche gesucht haben.

CHRONOLOGIE

ca. 1480 v. Chr.:

Abraham und seine Frau Sara brachen von Kanaan nach Ägypten auf, wo er sie als seine Schwester ausgab. Pharao Thutmosis III. (David) (ca. 1490–1436 v. Chr.) heiratete sie. Als er erfuhr, daß Sara die Frau eines anderen Mannes war, schickte er sie und Abraham zurück nach Kanaan, wo sie Isaak, den Sohn des Pharao, zur Welt brachte.

ca. 1413 v. Chr.:

Josef der Patriarch (Juja) – der Enkel Isaaks und Sohn Jakobs – wurde in den letzten Tagen der Regierungszeit von Amenophis II. (ca. 1436–1413 v. Chr.) von seinen eifersüchtigen Halbbrüdern in die Sklaverei nach Ägypten verkauft.

Später wurde er Minister am Hofe von Thutmosis IV. (ca. 1413–1405 v. Chr.) und von dessen Sohn und Nachfolger Amenophis III. (Salomo) (ca. 1405–1367 v. Chr.).

ca. 1405 v. Chr.:

Amenophis III. heiratete seine minderjährige Schwester Sitamun, um den Thron zu erben, wie es ägyptische Sitte war; doch kurz darauf heiratete er Teje, die Tochter des Josef, und machte sie statt Sitamun zu seiner Großen Königlichen Gemahlin (Königin).

In den ersten Jahren der Regierungszeit Amenophis' III. erhielt Josef die Erlaubnis, seinen Vater Jakob, seine

Halbbrüder und den übrigen Stamm Israel aus Kanaan nachzuholen, und sie siedelten sich in Goschen im Ostdelta an.

ca. 1394 v. Chr.:
Echnaton (Mose) kam in der befestigten Grenzstadt Zarw zur Welt. Da er als Sohn eines ägyptischen Königs, Amenophis' III., und der Königin Teje, Josefs Tochter, ägyptisch-israelischer Abstammung war, stellte er eine Bedrohung der Achtzehnten Dynastie dar. Deshalb hatte sein Vater den Hebammen den Befehl gegeben, das Kind zu töten, falls es ein Junge sei. Als Teje das erfuhr, gab sie ihren Sohn in die sichere Obhut ihrer israelitischen Verwandten im nahegelegenen Goschen, das durch ein Gewässer mit Zarw verbunden war.

ca. 1382 v. Chr.:
Echnaton, gerade zwölf oder dreizehn Jahre alt, machte seinen ersten offiziellen Besuch in Theben, der Hauptstadt Oberägyptens.

ca. 1379 v. Chr.:
Echnaton wurde Mitregent seines Vaters. Um ihrem Sohn auch weiterhin das Thronrecht zu sichern, arrangierte Teje die Ehe mit seiner Halbschwester Nofretete, der Tochter Sitamuns, der eigentlichen Thronerbin.

ca. 1375 v. Chr.:
Als Echnaton für seinen monotheistischen Gott Aton in Karnak und Luxor Tempel erbauen ließ, kam es zu derartigen Feindseligkeiten, daß er auf Anraten seiner Mutter, der Königin Teje, eine neue Hauptstadt in Tell

el-Amarna gründete, die etwa auf halbem Weg zwischen Theben und dem heutigen Kairo liegt.

ca. 1367 v. Chr.:

Nach dem Tod seines Vaters wurde Echnaton der alleinige Herrscher und schloß die Tempel der alten ägyptischen Gottheiten. Dies führte zu zunehmendem Unmut, so daß er schließlich im Jahr 1363 v. Chr. gezwungen war, seinen Bruder Semenchkare als Mitregenten einzusetzen.

ca. 1361 v. Chr.:

Von seinem Onkel Eje (Efraim und Josef von Arimatäa) gewarnt, daß sein Leben in Gefahr sei, verzichtete Echnaton auf den Thron und floh mit einer Handvoll Anhänger nach Sinai. Unter seinen Gefolgsleuten befand sich Panehesi (Phineas, Pinchas), einer der Priester Atons in Amarna. Semenchkare überlebte Echnatons Abdankung nur um wenige Monate. Sein Nachfolger auf dem Thron wurde dann Echnatons Sohn Tutanchamun.

ca. 1361 v. Chr.:

Tutanchamun (Jesus) kam im Alter von zehn Jahren als Tutanchaton auf den Thron. Er versuchte, einen Kompromiß zwischen Aton und den alten ägyptischen Gottheiten zu finden, und in seinem vierten Regierungsjahr änderte er seinen Namen von Tutanchaton in Tutanchamun.

ca. 1352 v. Chr.:

Tutanchamun brach nach Sinai auf, um Echnatons Anhänger zu überreden, wieder nach Ägypten zurückzukehren und dort in Frieden zu leben. Allerdings sollten sie akzeptieren, daß es unterschiedliche Vorstellungen von Gott und seiner Verehrung gibt. Er wurde am Vorabend des Paschafestes, im April, von dem Priester Panehesi gefoltert und gehängt, da man ihn als Verräter am Glauben betrachtete.

Eje, der zweite Sohn Josefs und der mächtigste Mann jener Zeit in Ägypten, verlangte die Herausgabe des Leichnams Tutanchamuns und bestattete ihn im Tal der Könige.

ca. 1352 v. Chr.:
Eje regierte vier Jahre lang, dann kam er auf mysteriöse Weise ums Leben.

ca. 1348 v. Chr.:
Auf Eje folgte Haremhab auf dem Thron, der biblische Pharao, der den Israeliten Frondienste auferlegte, ein Armeegeneral, der sich durch die Heirat mit Königin Nofretetes Schwester Mutnesmet das Thronrecht gesichert hatte.

ca. 1335 v. Chr.:
Mit dem Tod Haremhabs kam eine neue, die Neunzehnte Dynastie, an die Macht. Sein hochbetagter Wesir, Ramses I., der König, der »Josef nicht kannte«, folgte ihm auf dem Thron. Als Echnaton davon erfuhr, kehrte er aus dem Sinai nach Ägypten zurück und versuchte, den Thron zurückzugewinnen. Er scheiterte jedoch, da Ramses I. die Macht über die Armee besaß. Dann führte er die Israeliten in die Wüste (Exodus).

ca. 1333 v. Chr.:

Als Sethos I. nach seinem Vater auf den Thron kam, nahm er die Verfolgung der Israeliten und deren Verbündeter, der Schasu, auf. Der Grund dafür war mit größter Wahrscheinlichkeit die Tatsache, daß Echnaton – entweder kraft seiner Autorität oder mit Gewalt – in den militärisch geschützten Siedlungen der Ägypter im Sinai Wasser für seine Begleiter zu erhalten suchte. Echnaton starb in der darauffolgenden grausamen Schlacht.

ANMERKUNGEN

BUCH EINS: DER ROTE FADEN

Kapitel 1: Der Skandal der Schriftrollen vom Toten Meer

1. Dupont-Sommer, *The Jewish Sect of Qumran and the Essenes*, S. 150.
2. *The Journal of Jewish Studies II*, Nr. 2, S. 67–99.
3. Burrows, *The Dead Sea Scrolls*, S. 330.
4. Allegro, *The Sacred Mushroom and the Cross* [dt.: *Der Geheimkult des heiligen Pilzes*].
5. Mowry, *The Dead Sea Scrolls and the Early Church*, S. 1.
6. Baigent und Leigh, *The Dead Sea Scrolls Deception* [dt.: *Verschluß-sache Jesus*, S. 135].

Kapitel 3: Stumme Zeugenschaft

1. Smith, *Jesus Not a Myth*, S. 15.
2. Flavius Josephus, *Jüdische Altertümer*, S. 525–526.
3. Ibid., S. 526.
4. Ibid., S. 515.
5. Smith, *Jesus Not a Myth*, S. 16f.
6. Bruce, *Jesus and Christian Origins Outside the New Testament*, S. 42.
7. Flavius Josephus, *Jüdische Altertümer*, S. 667.

Kapitel 4: Ein schädlicher Aberglaube

1. Couchoud, *The Enigma of Jesus* [frz. Orig.: *Mystère de Jesus*, Paris 1924].
2. Ibid.

Kapitel 5: Der Nazoräer

1. Baigent und Leigh, *The Dead Sea Scrolls Deception*, S. 174 [dt.: *Verschlußsache Jesus*, S. 220].
2. Black, *The Scrolls and Christian Origins*, S. 69.

Kapitel 6: Ein anderer Ort, eine andere Zeit

1. beispielsweise b. Gitt., 56b.
2. Ali (Übers.), *The Meaning of the Glorious Quran*, S. 421.

Kapitel 7: Der Mensch, der von Gott gesandt war

1. Whiston (Übers.), *The Works of Flavius Josephus*, S. 616 [dt.: Flavius Josephus, *Der Jüdische Krieg, De bello Judaico*, S. 171].
2. Ibid., S. 491.
3. Herford, *Christianity in Talmud and Midrash*, S. 347.
4. Whiston (Übers.), *The Works of Flavius Josephus*, S. 543–4 [dt.: Flavius Josephus, *Der Jüdische Krieg, De bello Judaico*, S. 190].
5. Ibid., S. 484.
6. Baigent und Leigh, *The Dead Sea Scrolls Deception*, S. 132 [dt.: *Verschlußsache Jesus*, S. 170–171].

Kapitel 8: Der leidende Gottesdiener

1. North, *The Suffering Servant in Deutero-Isaiah*, S. 24.
2. Ibid., S. 25.

Kapitel 9: Das Leben nach dem Tod

1. North, *The Suffering Servant in Deutero-Isaiah*, S. 54.
2. Sigmund Freud, *Der Mann Mose und die monotheistische Religion*, Frankfurt/Main 1960, S. 113.
3. Wells, *Did Jesus Exist?*, S. 66.
4. Brandon, *Myth, Ritual and Kingship*, S. 275.

5. Apuleius, *Der Goldene Esel*.
6. North, *The Suffering Servant in Deutero-Isaiah*, S. 70.
7. Dupont-Sommer, *The Essene Writings from Qumran*, S. 131 [dt.: *Die essenischen Schriften vom Toten Meer*, S. 143].
8. Ibid., [S. 37f].
9. Ibid., [S. 138].
10. Ibid., [S. 144].

Kapitel 10: Erinnerungen an die Vergangenheit

1. Hanson, A. T., *Jesus in the Old Testament*, S. 7.
2. Hanson, R. P. C., *Allegory and Event*, S. 79.
3. Hanson, *Jesus in the Old Testament*, S. 6.
4. Ibid., S. 27.
5. Ibid., S. 58.
6. Migne, *Origenis Op. Omn., Selecta in Genesim, PG*, Bd. 2.

Kapitel 11: Tod in der Wüste

1. Rot und Wigoder, *The New Standard Jewish Encyclopaedia*, S. 191.
2. Osman, *Stranger in the Valley of the Kings*.
3. Osman, *Moses: Pharao of Egypt*.

Kapitel 12: Der rote Faden

1. Dupont-Sommer, *The Essene Writings from Qumran*, S. 266 [dt.: *Die essenischen Schriften vom Toten Meer*, S. 287].
2. Ibid., S. 266 [S. 287].
3. Im September 1991 wurde ich zum Sechsten Internationalen Ägyptologenkongreß nach Turin eingeladen, um einen Vortrag über die Ähnlichkeit zwischen den Kriegsannalen Thutmosis' III. und der biblischen Darstellung der Kämpfe des Königs David zu halten. (Dieses Thema wird hier in den Kapiteln 22 und 23 behandelt.) Professor Manfred Bietak, der renommierte Wiener Archäologe und Leiter des österreichischen Teams, das derzeit Ausgra-

ANMERKUNGEN

bungen im Ostdelta vornimmt, pflichtete mir in einem persönlichen Gespräch am Rande des Kongresses bei, daß die Verweise der ägyptischen Geschichte auf die Schasu in der Weise zu verstehen sind, daß sie sich auf den Bund jener Beduinenstämme mit den Israeliten beziehen.
4. Osman, *Moses: Pharaoh of Egypt*.
5. Osman, *Stranger in the Valley of the Kings*.

Kapitel 13: Die Verschleierungstaktik

1. Allegro, *The Dead Sea Scrolls*, S. 130f.
2. Die Wissenschaftler haben erkannt, daß der Vers bei Levitikus – »... Am zehnten Tag dieses siebten Monats ist der Versöhnungstag ... « (23,27) – eine Zeitangabe enthält, die nicht auf Mose zutrifft: »Bei dem Befehl zur Feier des Versöhnungstages, wie er in Levitikus 16 auftaucht, handelt es sich um eine sehr viel spätere Hinzufügung zum Pentateuch.« *The Jewish Encyclopaedia*, Bd. 5, S. 378.

Kapitel 14: Und die Mauern stürzten ein

1. Kenyon, *The Bible and Recent Archaeology*, S. 75.
2. *Encyclopaedia Judaica*, Bd. 2, S. 471.
3. Kenyon, *The Bible and Recent Archaeology*, S. 75f.
4. Yadin, *Hazor* (1975), S. 145.
5. *Encyclopaedia Judaica*, Bd. 10, S. 271.
6. Romer, *Testament*, S. 69.

Kapitel 15: Die Evangelien

1. Allegro, *The Dead Sea Scrolls*, S. 155.
2. Robertson, *Jesus and Judas*, S. 51.
3. Dupont-Sommer, *The Essene Writings from Qumran*, S. 90 [dt.: *Die essenischen Schriften vom Toten Meer*].
4. Wells, *Did Jesus exist?* S. 145.
5. Wells, *The Early Christians*, S. 255.

6. Dupont-Sommer, *The Essene Writings from Qumran*, S. 91 [dt.: *Die essenischen Schriften vom Toten Meer*].

BUCH ZWEI: DAS HAUS DES MESSIAS

Kapitel 16: Kind der Sünde

1. Osman, *Stranger in the Valley of the Kings*.
2. Conder, *The Tell Amarna Tablets*.
3. Polano (Übers.), *Selections from the Talmud*, S. 72.

Kapitel 17: Das Verbergen der sündigen Tat

1. Ein Bericht darüber, wie der Herr Jakob den Namen Israel gibt, folgt später in diesem Kapitel.

Kapitel 18: Die Seevölker

1. Pritchard, *Ancient Near Eastern Texts*, S. 262.
2. Gardiner, *Egypt of the Pharaohs*, S. 285.
3. Ibid., S. 284.
4. Ibid., S. 285, 287.
5. Kenyon, *The Bible and Recent Archaeology*, S. 63.

Kapitel 19: Das Gelobte Land

1. Osman, *Stranger in the Valley of the Kings* und *Moses: Pharaoh of Egypt*.
2. Osman, *Moses: Pharaoh of Egypt*.
3. Ibid. Der Grund, weshalb die Namen von Mose und den Israeliten in Karnak nicht erwähnt sind, liegt darin, daß Mose der abgesetzte Pharao Echnaton war und nach seinem Sturz alles getan wurde, um seinen Namen aus dem Gedächtnis der Ägypter auszulöschen.

4. *Journal of Egyptian Archaeology*, Bd. 50, 1964, S. 66.
5. Ibid.
6. Ibid., S. 67.
7. Ibid., S. 65.
8. Ibid., S. 67.

Kapitel 20: Die beiden Davids

1. In einer der vielen Schlachten gegen die Philister, von denen im
   Zweiten Buch Samuel berichtet wird, finden wir einen weiteren
   Bezug zu Goliat:
   »… Elhanan, der Sohn Jairs aus Betlehem, [erschlug] den Bruder
   Goliats aus Gat, dessen Speer einem Weberbaum glich« (2 Samuel
   21,19, zitiert nach der englischen King-James-Bibel). Die Einfüh-
   rung des »Bruders« von Goliat in diesen Text ist Teil der biblischen
   Textredaktion und resultiert aus der Tatsache, daß zuvor bereits
   eine Geschichte der Tötung Goliats durch David im Ersten Buch
   Samuels erzählt wurde. Der englische Text der *Holy Bible Revised
   Standard Version* in der Übersetzung aus den Originalsprachen
   wurde im Jahr 1611 zum erstenmal veröffentlicht und später
   wiederholt überarbeitet, wobei man dann einfach schrieb: »Elhanan erschlug … Goliat aus Gat«. Dies stimmt mit dem masoretischen Text überein, einer »differenzierteren« Fassung früher hebräischer Texte. Die *New English Bible*, von Oxford und Cambridge
   University Press im Jahr 1970 gemeinsam veröffentlicht, läßt ebenfalls den »Bruder« unerwähnt und beschränkt sich darauf zu
   sagen: »Elhanan … erschlug Goliat aus Gat.« Die Verwirrung um
   diese Textstelle erklärt sich daraus, daß manche Wissenschaftler
   meinen, Elhanan sei Davids ursprünglicher Name (siehe auch
   Anhang C).

Kapitel 21: Die Reise in den Himmel

1. Redford, *History and Chronology of the Eighteenth Dynasty of Egypt*,
   S. 86.
2. Breasted, *Ancient Records of Egypt*, Bd. 2, S. 60–61.
3. Ibid., S. 61.

4. Osman, *Moses: Pharao of Egypt*.
5. Maspero, *The Struggle of the Nations*, S. 289.
6. Ibid.
7. Hayes, *The Scepter of Egypt*, Teil II, S. 116–117.

Kapitel 22: Armageddon

1. Gardiner, *Egypt of the Pharaohs*, S. 190.
2. Stern, *Encyclopaedia of Archaeological Excavations in the Holy Lands*, Bd. 3, S. 831.
3. Pritchard, *Ancient Near Eastern Texts*, S. 236–237.
4. Ibid., S. 237.
5. Ibid., S. 238.
6. Gardiner, *Egypt of the Pharaohs*, S. 194.
7. Maspero, *The Struggle of the Nations*, S. 265.
8. Pritchard, *Ancient Near Eastern Texts*, S. 238.

Kapitel 23: Die Geschichte zweier Städte

1. Stern, *Encyclopaedia of Archaeological Excavations in the Holy Lands*, S. 845.
2. Ibid., S. 846.
3. Ibid., S. 850.
4. Ibid.
5. Ibid., S. 851.
6. Simons, *Handbook for the Study of Egyptian Topographical Lists Relating to Western Asia*, S. 112, 118.

Kapitel 24: Jerusalem, die Stadt Davids

1. Pritchard, *Ancient Near Eastern Texts*, S. 236.
2. Osman, *Moses: Pharaoh of Egypt*.
3. Stern, *Encyclopaedia of Archaeological Excavations in the Holy Lands*, Bd. 3, S. 590.
4. Pritchard, *Ancient Near Eastern Texts*, S. 236.
5. Thomas, *Documents from Old Testament Times*, S. 39, 43.

Kapitel 25: Jerusalem, Stadt des Friedens

1. Simons, *Handbook for the Study of Egyptian Topographical Lists Relating to Western Asia*, S. 34.
2. Finkelstein, *The Archaeology of the Israelite Settlement*, S. 18.

Kapitel 26: David und Abraham

1. Wagner, *Abraham and David*, S. 127.
2. Ibid., S. 138f.
3. Ibid., S. 138.
4. Osman, *Stranger in the Valley of the Kings*.
5. Clements, *Studies in Biblical Theology*, 2. Reihe, Bd. 5, Abraham and David, S. 64.
6. Wagner, *Studies on the Ancient Palestinian World*, S. 132f.
7. Clements, *Studies in Biblical Theology*, S. 55.
8. Maspero, *The Struggle of the Nations*, S. 267f.
9. Osman, *Stranger in the Valley of the Kings*.
10. Clements, *Studies in Biblical Theology*, S. 10f.

Kapitel 27: David und Batseba

1. Gray, *A History of Jerusalem*, S. 67.

BUCH DREI: CHRISTUS DER KÖNIG

Kapitel 28: Das lebende Abbild des Herrn

1. *Journal of British Archaeology*, 1928, Bd. 14, S. 74.
2. Carter und Mace, *The Tomb of Tutankhamen*, 1927, Bd. 2, S. 85.
3. Redford, *History and Chronology of the Eighteenth Dynasty of Egypt*, S. 156.
4. Osman, *Moses: Pharao of Egypt*.
5. Redford, *Akhenaten the Heretic King*, S. 201.
6. Morenz, *Egyptian Religion*, S. 36 [dt.: *Ägyptische Religion*, S. 38].
7. Heute noch ist in Oberägypten das traditionelle Einsalben mit Krokodilfett üblich, das die sexuelle Potenz stärken soll.
8. Gardiner, *Egyptian Grammar*, S. 475, und Faulkner, *A Concise Dictionary of Middle Egyptian*, S. 32.
9. Morenz, *Egyptian Religion*, S. 38 [dt.: *Ägyptische Religion*, S. 40].
10. Ibid., S. 39 [S. 40].

Kapitel 29: Die Jungfrauengeburt

1. Boslooper, *The Virgin Birth*, S. 28.
2. Ibid., S. 28; Die Tatsache, daß Matthäus (1,16) und Lukas (1,27) Josef, den Verlobten Marias, mit König David in Zusammenhang bringen, hat nichts mit dem Kind zu tun, das selbst von König David abstammte, nicht von Josef.
3. Ibid., S. 30.
4. Ibid., S. 46.
5. Ibid., S. 49.
6. Pages, *The Gnostic Gospels*, S. 75.
7. Allegro, *The Dead Sea Scrolls*, S. 171.
8. *Journal of Egyptian Archaeology*, 1970, Bd. 56, S. 194f.

Kapitel 30: Die heilige Familie

1. Osman, *Moses: Pharaoh of Egypt*.
2. *A Brief Description of the Principal Monuments of the Egyptian Museums*, S. 144f.
3. *Journal of Egyptian Archaeology*, 1990, Bd. 76, S. 97.
4. Carter und Mace, *The Tomb of Tutankhamen*, Bd. 1, S. x-xi.

Kapitel 31: Der Verborgene

1. Redford, *Akhenaten the Heretic King*, S. 205.
2. Ibid., S. 208.
3. Carter und Mace, *The Tomb of Tutankhamen*, S. 118f.
4. Redford, *Akhenaten the Heretic King*, S. 210.
5. Bromiley, *The International Standard Bible Encyclopaedia*, Bd. 2, S. 807.
6. Yahuda, *The Language of the Pentateuch in its Relation to Egyptian*, Bd. 1, S. xxvi.
7. Leusden, *Biblica Hebraica*, S. 7.

Kapitel 32: Beweise aus dem Grab

1. Leek, *Tutankhamun's Tomb Series*, Bd. 5, S. 19.
2. Harrison und Abdalla, »The Remains of Tutankhamen«, in: Antiquity, Bd. 46, 1972, S. 9.
3. Ibid.
4. Ibid., S. 11.
5. Ibid., S. 12.
6. Ibid., S. 13.
7. Ibid., S. 9.
8. Bennett, »The Restoration Inscription of Tutankhamun«, *in: Journal of Egyptian Archaeology*, Bd. 25, 1939, S. 9.
9. Carter und Mace, *The Tomb of Tutankhamen*, Bd. 3, S. 123–126.
10. Ibid., S. 126.
11. Ibid., S. 132.
12. Ibid., S. 134.
13. Ibid., S. 203.

14. Ibid., Bd. 2, S. 228.
15. Ibid., Bd. 2, S. 196.
16. Maspero und Daressy, *The Tombs of Haramhabi and Toutankhamanou*, S. 129f.

Kapitel 33: Die verlorenen Schafe

1. Brownless, *The Meaning of the Qumran Scrolls for the Bible*, S. 9.

ANHANG A:

Altes und Neues Testament
1. Zitiert bei Wells: *The Early Christians*, S. 109–111.

ANHANG B:

Die Zerstörung Hazors
1. Simons, *Handbook for the Study of Egyptian Topographical Lists Relating to Western Asia*, S. 177.
2. Yadin, *Hazor* (1976), S. 145.
3. Ibid.
4. Yadin, *Hazor* (1972), S. 37.
5. Ibid., S. 87.
6. Ibid., S. 92.
7. Ibid., S. 36.
8. Furumark, *The Mycenean IIIC Pottery*, S. 262f.
9. Yadin, *Hazor* (1972), S. 129f.

ANHANG C:

David und Goliat
1. *Encyclopaedia Judaica*, Bd. 7, S. 757.
2. Ibid.

ANHANG D:

Die Autobiographie Sinuhes
 1. Die Übersetzung von *Die Autobiographie Sinuhes* beruht auf der
    Arbeit von Alan H. Gardiner, *Note on the Story of Sinuhe*, sowie auf
    The Literature of Ancient Egypt von William Kelly Simpson.
 2. *The Times Atlas of the Bible*, S. 32.
 3. Simpson, *The Literature of Ancient Egypt*, S. 64.

ANHANG E:

Der Jungfrauenbrunnen
 1. *Second Quarterly Report on the Excavation of the Eastern Hill of
    Jerusalem*, Palestine Exploration Fund, S. 63.
 2. Ibid., S. 63–65.
 3. Kenyon, *Jerusalem*, S. 23.
 4. Stern, *Encyclopaedia of Archaeological Excavations in the Holy Lands*,
    Bd. 2, S. 594.
 5. Ibid.
 6. Kenyon, *Palestine Exploration*, *Quarterly*, Jan.–Juni 1963, S. 12f.
 7. Ibid., S. 13.

ANHANG F:

König des Friedens
 1. Redford, *Akhenaten the Heretic King*, S. 20.
 2. Ibid., S. 34.
 3. Ibid., S. 35.
 4. Eissfeldt, *The Cambridge Ancient History*, Bd. 2, S. 597.
 5. Bright, *A History of Israel*, S. 205 [dt.: *Geschichte Israels*, S. 217].

ANHANG G:

Rebellion
 1. Eissfeldt, *The Cambridge Ancient History*, Bd. 2, S. 588f.
 2. Ibid., S. 589.

3. Ibid., S. 590.
4. Bright, *A History of Israel*, S. 193 [dt.: *Geschichte Israels*, S. 203f.].
5. Conder, *The Tell Amarna Tablets*, S. 140.
6. Ibid., S. 145.
7. Giles, *Ikhnaton*, S. 174.
8. Conder, *The Tell Amarna Tablets*, S. 11f. (Brief Nr. 36 im Britischen Museum).
9. Bezold, *The Tell el-Amarna Tablets in the British Museum*, S. 1xix.
10. Giles, *Ikhnaton*, S. 159.
11. Ibid., S. 174.
12. Bezold, *The Tell el-Amarna Tablets in the British Museum*, S. 1vii.
13. Ibid., S. 101.
14. Ibid., S. 103.
15. Ibid.
16. Ibid., S. 101f.

ANHANG H:

Bezirksbeamte

1. Noth, *The Old Testament World*, S. 63f., [dt.: *Die Welt des Alten Testaments*, S. 58].
2. Ibid., [S. 60].
3. Stern, *Encyclopaedia of Archaeological Excavations in the Holy Lands*, Bd. 2, S. 485.
4. Ibid.

ANHANG I:

Die Königin von Saba und der See aus Glas

1. Hayes, »Inscriptions from the Palace of Amenhotep III«, in: *Journal of Near Eastern Studies*, Bd. 10, Nr. 1, 1951, S. 35.
2. Ibid., S. 35–36.
3. Badawy, *A History of Egyptian Architecture*, S. 49.
4. Hayes, »Inscriptions from the Palace of Amenhotep III«, S. 36.
5. Ibid.
6. Badawy, *A History of Egyptian Architecture*, S. 50.
7. Ali (Übers.), *The Meaning of the Glorious Quran*, S. 539.

8. Badawy, *A History of Egyptian Architecture*, S. 339.

9. Redford, *Akhenaten the Heretic King*, S. 45.

10. Badawy, *Architecture in Ancient Egypt and the Near East*, S. 166.

11. Eissfeldt, *The Cambridge Ancient History*, Bd. 2, S. 599.

12. Stern, *Encyclopaedia of Archaeological Excavations in the Holy Lands*, Bd. 2, S. 480.

ANHANG J:

Die Weisheit Salomos

1. Redford, *Studies on the Ancient Palestine World*, S. 154–156.

2. Ibid., S. 141.

3. Bright, *A History of Israel*, S. 184, [dt.: *Geschichte Israels*, S. 198].

4. Rowley, »Zadok and Nebushtan«, in: *Journal of Biblical Literature*, 1939, S. 113.

5. Ibid.

6. Ibid., S. 123.

7. Eissfeldt, *The Cambridge Ancient History*, Bd. 2, S. 604.

8. Osman, *Stranger in the Valley of the Kings*.

9. Osman, *Moses: Pharaoh of Egypt*.

10. Scott, »Solomon and the Beginnings of Wisdom in Israel«, in: *Wisdom in Israel and in the Ancient Near East*, S. 265.

11. Ibid.

12. Bright, *A History of Israel*, S. 199 [dt.: *Geschichte Israels*, S. 210].

BIBLIOGRAPHIE

Ali, Abdullah Yusuf, (engl. Übers.), *The Meaning of the Glorious Quran*, London 1976.

Allegro, John Marco, *The Sacred Mushroom and the Cross*, London 1970 [dt.: *Der Geheimkult des heiligen Pilzes. Rauschgift als Ursprung unserer Religionen*, Wien, München u. a. 1971].

ders., *The Dead Sea Scrolls*, London 1964.

Apuleius, *The Golden Ass*, London 1956 [dt.: *Metamorphosen oder Der goldene Esel*, Berlin 1956].

Badawy, Alexander, *A History of Egyptian Architecture*, Los Angeles 1968.

ders., *Architecture in Ancient Egpyt and the Near East*, Cambridge/Mass. u. London 1966.

Baigent, Michael, u. Leigh, Richard, *The Dead Sea Scrolls Deception*, London 1991 [dt.: *Verschlußsache Jesus: die Qumran-Rollen und die Wahrheit über das frühe Christentum*, Stuttgart u. München 1991].

Bennett, John, »The Restoration Inscription of Tutankhamun«, in: *Journal of Egyptian Archaeology*, 1939.

Bezold, C., *The Tell el-Amarna Tablets in the British Museum, London*, London 1892.

Black, Matthew, *The Scrolls and Christian Origins*, London 1961.

Boslooper, Thomas, *The Virgin Birth*, London 1962.

Brandon, S. G. F., *Myth, Ritual and Kingship*, Oxford 1958.

Breasted, James H., *Ancient Records of Egypt*, Chicago 1906.

Bright, John, *A History of Israel*, London 1960 [dt.: *Geschichte Israels*, Düsseldorf 1966].

Bromiley, Geoffrey W., *The International Standard Bible Encyclopaedia*, Grand Rapids/Michigan 1982.

Brownless, William Hugh, *The Meaning of the Qumran Scrolls for the Bible*, New York 1964.

Bruce, F. F., *Jesus and Christian Origins Outside the New Testament*, London 1974.

Burrows, Millar, *The Dead Sea Scrolls*, London 1956 [dt.: *Die Schriftrollen vom Toten Meer*, Tübingen 1960].

Carter, Howard, u. Mace, A. C., *The Tomb of Tutankhamen*, London 1923.

Clements, Ronald E., *Studies in Biblical Theology*, zweite Reihe, Bd. 5, *Abraham and David*, London 1967.

Conder, C. R., *The Tell Amarna Tablets*, London 1893.

Couchoud, Paul Louis, *The Enigma of Jesus*, London 1924 [frz. Orig.: *Le Mystère de Jésus*].

Dupont-Sommer, André, *The Jewish Sect of Qumran and the Essenes*, London 1954.

ders., *The Essene Writings from Qumran*, Oxford 1961 [dt.: *Die essenischen Schriften vom Toten Meer*, Tübingen 1960].

Eissfeldt, Otto, *The Cambridge Ancient History*, Cambridge 1975.

Encyclopaedia Judaica, Jerusalem 1971–1972.

Faulkner, Raymond O., *A Concise Dictionary of Middle Egyptian*, Oxford 1962.

Finkelstein, Israel, *The Archaeology of the Israelite Settlement*, Jerusalem 1988.

Freud, Sigmund, *Moses and Monotheism*, London 1951 [dt.: *Der Mann Moses und die monotheistische Religion*, Frankfurt/M. 1960].

Furumark, Arne, *The Mycenean IIIC Pottery*, Skrifter Utgivna Av Svenska Institutet I Fom, Opuscula Archaelogica, Bd. 3, Lund/Schweden 1944.

Gardiner, Alan, *Egypt of the Pharaohs*, Oxford 1961.

ders., *Egyptian Grammar*, London 1950.

ders., *Note on the Story of Sinuhe*, Paris 1916.

Giles, Frederick J., *Ikhnaton*, London 1970.

Gray, John, *A History of Jerusalem*, London 1969.

Hanson, Anthony Tyrrell, *Jesus in the Old Testament*, London 1965.

Hanson, R. P. C., *Allegory and Event*, London 1959.

Harrison, R. G., und Abdalla, A. B., »The Remains of Tutankhamen«, in: *Antiquity*, Bd. 46, Gloucester 1972.

Hayes, William C., *The Scepter of Egypt*, Cambridge/Mass. 1959.

ders., »Inscriptions from the Palace of Amenhotep III«, in: *Journal of Near Eastern Studies*, Bd. 10, Nr. 1, 1951.

Herford, R. Travers, *Christianity in Talmud and Midrash*, London 1903.

Jewish Encyclopaedia (Chefredaktion: Isidore Singer), New York und London 1904.

Journal of British Archaeology, 1928, Bd. 14.

Journal of Egyptian Archaeology, Bd. 14, 1928; Bd. 25, 1939; Bd. 50, 1964; Bd. 56, 1970; Bd. 76, 1990.

Journal of Jewish Studies II, Nr. 2, 1951.

Kenyon, Kathleen M., The Bible and Recent Archaeology, überarb. Ausgabe, hrsg. von P. R. S. Moorey, London 1987 [frühere Ausg. dt.: *Die Bibel und das Zeugnis der Archäologie*, Düsseldorf 1980].

dies., *Jerusalem*, London 1967.

dies., *Palestine Exploration Quarterly*, Jan.–Juni 1963.

Leek, F. Filce, *Tutankhamun's Tomb Series*, Bd. 5, Oxford 1972.

Leusden, Jan, *Biblia Hebraica*, hrsg. von R. Kittel, Stuttgart 1945.

Maspero, Gaston, *The Struggle of the Nations*, London 1896.

ders. (mit George Daressy), *The Tombs of Haramhabi and Toutankhamanou*, London 1912.

Migne, J. P., *Origenis Op. Omn., Selecta in Genesim*, PG, Bd. 2, Paris 1957.

Morenz, Siegfried, *Egyptian Religion*, London 1973 [dt.: *Ägyptische Religion*, Stuttgart 1960].

Mowry, Lucetta, *The Dead Sea Scrolls and the Early Church*, Chicago 1962.

North, Christopher R., *The Suffering Servant in Deutero-Isaiah*, London 1956.

Noth, Martin, *Die Welt des Alten Testaments*, Berlin 1953.

Osman, Ahmed, *Stranger in the Valley of the Kings*, London 1987.

ders., *Moses: Pharaoh of Egypt*, London 1990.

Pages, Elaine, *The Gnostic Gospels*, London 1982.

Polano, H. (engl. Übers.), *Selections from the Talmud*, London 1894.

Pritchard, J. B., *Ancient Near Eastern Texts*, Princeton 1955.

Redford, Donald B., *History and Chronology of the Eighteenth Dynasty of Egypt*, Toronto 1967.

ders., *Akhenaten the Heretic King*, Princeton 1984.

ders., *Studies on the Ancient Palestine World*, Toronto 1972.

Robertson, J. M., *Jesus and Judas*, London 1927.

Romer, John, *Testament*, London 1988.

Rot, Cecil, u. Wigoder, Geoffrey, *The New Standard Jewish Encyclopaedia*, London 1970.

Rowley, Harold Henry, »Zadok and Nebushtan«, in: *Journal of Biblical Literature*, Bd. 59, Philadelphia 1939.

Scott, R. B. Y., »Solomon and the Beginnings of Wisdom in Israel«, in:

Wisdom in Israel and in the Ancient Near East, Leiden/Niederlande 1955.

Simons, J., *Handbook for the Study of Egyptian Topographical Lists Relating to Western Asia*, Leiden/Niederlande 1937.

Simpson, William Kelly, *The Literature of Ancient Egypt*, Yale 1972.

Smith, A. D. Howell, *Jesus Not a Myth*, London 1942.

Stern, Avi-Yonah und Ephraim, *Encyclopaedia of Archaeological Excavations in the Holy Lands*, Oxford 1977.

Thomas, D. Winton, *Documents from Old Testament Times*, London 1958.

Wagner, N. E., *Abraham and David*, Toronto 1972.

ders., *Studies on the Ancient Palestinian World*, Toronto 1972.

Wells, G. A., *Did Jesus Exist?*, London 1975.

ders., *The Early Christians*, London 1971.

Whiston, William (engl. Übers.), *The Works of Flavius Josephus*, London 1842 [Teilausgaben dt.: *Der Jüdische Krieg. De bello Judaico*, München 1974, sowie *Jüdische Altertümer*, Wiesbaden o. J.].

Yadin, Yigael, *Hazor*, London 1975 [dt. *Hazor. Die Wiederentdeckung der Zitadelle König Salomos*, Hamburg 1976].

ders., *Hazor*, The Schweich Lectures of the British Academy, Oxford 1972.

Yahuda, Abraham Schalon, *The Language of the Pentateuch in its Relation to Egyptian*, Oxford 1933 [dt.: *Die Sprache des Pentateuch in ihren Beziehungen zum Ägyptischen*, Berlin 1929].

A Brief Description of the Principal Monuments of the Egyptian Museums, Kairo 1964.

Second Quarterly Report on the Excavation of the Eastern Hill of Jerusalem, Palestine Exploration Fund, London 1924.

The Times Atlas of the Bible, 1987.

REGISTER